JEAN LASSALLE



# LA PAROLE DONNÉE

COLLECTION
DOCUMENTS

le
cherche
midi

## Avertissement

Pour mieux se repérer dans les lieux dont il est question dans cet ouvrage, le lecteur trouvera en fin de volume des cartes des Pyrénées, des Pyrénées-Atlantiques et du Haut-Béarn.

Une liste d'adresses Internet utiles se trouve également à la fin de l'ouvrage.


23, rue du Cherche-Midi, 75006 Paris.

Vous pouvez consulter notre catalogue général et l'annonce
de nos prochaines parutions sur notre site Internet :
cherche-midi.com

*Je suis conscient du fait que quelques-uns des sujets que j'aborde ici sont un peu longs. Je vous demande par avance de bien vouloir m'excuser, mais ils sont tous devenus des dossiers de société, avec la passion qui va forcément de pair. Je tenais une fois au moins à les présenter tels que je les ai vécus.*

*Je dédie ce texte qui constitue ma dernière folie à ce jour, ce texte certainement maladroit à bien des égards, parce que j'ai eu la prétention d'y présenter un peu de ma vie, avec ceux que j'ai côtoyés, mais dans lequel j'ai mis tout mon cœur :*

*à mon épouse Pascale, « la Parisienne » qui voilà vingt ans m'a rejoint et compris comme je ne croyais pas qu'on pût me comprendre ;*

*à Thibault, Geoffray, Alizée et Amaury qui sont le grand bonheur de notre vie,*

*à mon frère Julien, à Ginette et Isabelle mes sœurs qui s'efforcent de porter avec moi le testament ;*

*à l'ensemble de ma famille, toutes composantes réunies, que j'aime tant ; ils n'avaient rien, ils m'ont tout donné ;*

*La Parole donnée*

*à Marthe, ma très chère Marthe, complice de toujours, et qui n'a jamais douté ;*

*à Nicole Davenas, la maman de Pascale ;*

*à maman enfin, nous avons grandi ensemble ;*

*à tous ceux dont j'aurais voulu parler et qui se sont reconnus ;*

*à tous ceux à qui mon récit déplaira ;*

*à tous ceux qui pourraient l'aimer.*

« Ah oui, Jean Lassalle, le député de la grève de la faim ! » Parfois : « Celui qui chante dans l'hémicycle et qui a un accent à couper au couteau. » Ou encore : « Le proche de Bayrou qui a gagné la seule triangulaire de France aux législatives de juin 2007. » Voilà quelques-unes des phrases qui reviennent à mon propos. Elles prouvent, s'il en était besoin, que, comme tout personnage public, un homme politique est à la fois exposé et obscur. Et trop souvent réduit à quelques images plus ou moins simplistes.

Je n'échappe pas à cette règle. Certaines de mes actions ont été fortement médiatisées et ont su toucher nos concitoyens. Les uns en ont été choqués, d'autres les ont approuvées. Mais beaucoup n'en ont pas saisi le sens profond, celui que, depuis ma jeunesse, je m'efforce de donner à chacun de mes actes. En entonnant le chant des montagnards pyrénéens en pleine Assemblée nationale ou en me privant de nourriture pendant trente-neuf jours pour sauver l'usine de ma vallée, je n'ai agi ni sur un coup de tête, ni pour le plaisir de me confronter à ceux qui croient mener le monde depuis leurs fauteuils d'élus ou dans l'anonymat de leurs conseils d'administration. J'ai voulu ouvrir une voie, tracer un chemin alors que tant d'autres prétendent que, dans un monde aussi touffu et complexe, on ne peut même plus avancer.

D'où ce livre que j'ai entrepris. Récit de mon itinéraire, tel que je crois l'avoir vécu en m'efforçant jour après jour de rester au plus près de ce que j'aimerais être. Je ne veux y régler aucun compte avec personne, mais y témoigner pour les gens qui furent mes proches et pour tous ceux, connus ou inconnus, auxquels on donne d'autant moins la parole qu'on les croit inutiles et condamnés. Je veux aussi y raconter mes combats, mes peurs et mes rêves. Et je n'ai qu'un seul espoir : qu'il donne à ceux qui le liront envie de se battre pour ce qui leur est cher.

Car depuis mon enfance, je caresse un rêve : que les hommes puissent enfin redevenir maîtres de leur destin et de leur vie.

# 1

# UNE FERME EN VALLÉE D'ASPE

Je suis né dans la ferme de mes parents, en plein cœur du printemps pyrénéen, le 3 mai 1955. Comme je pesais presque 4,8 kilos, ma mère a mis près d'une semaine pour me mettre au monde. Ma constitution était donc solide. Mais je montrais peu de hâte à affronter un monde que, du cocon maternel où je me sentais si bien, je devais déjà juger difficile. Depuis ce jour j'arrive souvent en retard aux rendez- vous ; mes proches ne le savent que trop. Pourtant il ne s'agit pas d'un choix de ma part, encore moins d'une marque d'irrespect envers autrui. Simplement l'habitude vient de suffisamment loin pour qu'elle soit désormais ancrée dans mon être. J'en tire la leçon que tout doit arriver à son heure, qui n'est pas forcément la nôtre.

La ferme de mes parents est située au fond de la vallée d'Aspe, en lisière du petit village de Lourdios-Ichère, sur un versant dont la pente est si forte qu'elle est aussi difficile à arpenter qu'à travailler. On y accède par un chemin boueux, étroit et malcommode. Pour héberger nos bêtes, quatre-vingts brebis, une quinzaine de vaches, les cochons, les poules, l'âne, sept petites granges s'échelonnaient alors sur le flanc de la montagne. En période d'hiver, chaque jour il fallait en accomplir deux fois le tour pour donner à boire et à manger aux animaux, les faire sortir, changer leurs litières, vider le fumier. Le travail était démesuré pour un rapport financier plus que modeste.

Quand arrivaient les beaux jours, mon père conduisait ses brebis vers ce que l'on nomme chez nous « l'estive ». Elle se situait en haute vallée d'Aspe, au bord du lac d'Estaëns, en territoire espagnol. Il fallait d'abord suivre la route sur 60 kilomètres puis monter à travers la forêt puis les landes de haute montagne situées à quelques heures de marche de la route. C'était toute une épopée. Papa restait là-haut, solitaire et isolé, de début juillet à octobre. Ma première transhumance eut lieu alors que j'avais à peine un an. Comme je ne marchais pas encore c'est l'âne qui me portait. On avait placé de l'autre côté du bât une citrouille pour l'équilibre. Je serais bien en peine de vous délivrer le moindre souvenir de cette première expérience. Mais je veux croire qu'elle a forgé pour toujours cette âme de berger dont je suis si fier.

Ensuite, durant des années, mes parents m'ont emmené dans les montagnes, avec une prédilection pour un endroit particulier où mon père aimait conduire ses troupeaux, près de ce lac d'Estaëns. Vers 6 ou 7 ans, j'ai compris à mots couverts que mes parents m'avaient conçu là. Plus tard, mon père a été encore plus explicite.

« Ta mère et moi, nous nous aimions tellement fort que nous n'avons même pas eu le temps de rentrer dans la cabane », me confia-t-il avec un sourire attendri. J'ai donc été conçu en plein air, d'où mon goût pour la liberté, les grands espaces, ce vaste territoire pyrénéen qui jouxte l'Aragon, sa fête, sa démesure, son immense tendresse, sa musique de feu, son soleil – et, au-delà, le refus de toute chaîne ou forme d'entrave.

J'ai conservé maints souvenirs des estives vécues durant mon enfance, mon adolescence et le début de mon âge adulte. Ce furent d'abord des journées de jeux avec les petits Espagnols qui m'apprirent leur langue, puis de travail intense, car mon père ne gardait pas seulement nos brebis mais des troupeaux appartenant à des bergers qui ne pouvaient pas transhumer. Le site était grandiose, le silence et la solitude m'enivraient, je vivais cette proximité apaisante avec la nature et les bêtes comme un immense bonheur entrecoupé de méditations éperdues lors des nuits étoilées. Mais en quelques minutes, l'angoisse et la peur pouvaient fondre sur moi. Le vent tournait brusquement, l'orage féroce s'abattait sur nous, en même temps qu'un épais et noir brouillard. Il valait alors mieux être proche de la cabane et savoir où étaient les bêtes. Le cauchemar succédait immédiatement au rêve. Et c'est dans ces instants, surtout la nuit, que j'ai cru sentir mon cœur se briser dans ma poitrine lorsque soudain l'ours portait son attaque. C'était comme une déflagration. Le troupeau, inquiet, devenu brutalement fou, venait s'entasser avec violence contre la cabane dans un vacarme assourdissant.

Je me tapissais au fond de la couche, la poitrine en feu, étranglé par la peur, tandis que j'entendais mon père hurler dans la nuit et taper sur les tôles qui recouvraient la cabane. Parfois le silence revenait très vite. Ce qui m'était apparu une éternité n'avait duré que quelques minutes. Le fauve s'était contenté d'emporter une des brebis et avait disparu. Après avoir apaisé le troupeau et les chiens, papa rentrait à nouveau dans la cabane, toujours animé de la même fureur un peu désespérée : « Il faut tous les tuer ! » Puis, venant vers moi, il retrouvait sa douceur en me prodiguant des encouragements.

Parfois, le grand beau temps revenait dès le lendemain. Parfois, il fallait attendre des jours et des jours. Les attaques d'ours pouvaient alors se multiplier, provoquant les mêmes effets de panique et les mêmes dégâts. Mais lorsque le ciel était redevenu définitivement bleu, mon père retrouvait son optimisme.

« Ne t'en fais pas. C'est toujours comme ça. Tu vois, c'est le grand rythme séculaire de la nature. Il n'a pas varié depuis des temps immémoriaux. Qu'est-ce que tu veux ? Les ours aussi ont besoin de vivre. Quand ils ne prennent qu'une brebis, on la leur donne. Mais quand ils précipitent un troupeau entier du haut des falaises, ça alors, c'est inacceptable. Enfin, pour ce coup-ci, on s'en sort bien. C'est sûr, je n'aime pas l'ours. Mais dans le fond, il est comme nous, il fait partie de la création. Il est très intelligent. »

Et retrouvant définitivement sa bonne humeur, il concluait :

« Il ferait bien lui aussi de se mettre au travail, c'est trop facile de toujours se servir chez les autres. Et puis, cette peur, les brebis ne l'oublieront pas de sitôt. Pourvu qu'il n'y ait pas trop d'avortements cet hiver. »

Pouvait-il imaginer que dans ce monde difficile mais équilibré, des hommes, avec leur savoir urbain, méthodique jusqu'à la maniaquerie, écologiste jusqu'au dogmatisme, allaient bientôt se charger d'introduire le plus extrême désordre ?

*

Cette ferme nous venait du côté de mon père, dont la famille vivait là depuis des générations. Bien que terres et bâtiments se soient agrandis au fil du temps, le travail y avait toujours été plus difficile qu'ailleurs à cause de cette raideur de pente. Au début du siècle passé, mon arrière-grand-père, las des efforts démesurés que réclamait le travail sur cette ferme, était parti s'établir boulanger en Espagne pour y gagner l'argent nécessaire à un agrandissement futur de l'exploitation. Il y vécut plus de vingt ans, mais les épreuves ne l'épargnèrent pas là-bas non plus. Cinq de ses enfants succombèrent à la fièvre espagnole. Il revint à la ferme de Lourdios-Ichère quand sa femme tomba enceinte une nouvelle fois, se jurant de tout faire pour arrêter l'hécatombe qui frappait sa descendance. C'est ainsi que mon grand-père vit le jour. Depuis, la famille Lassalle n'a plus quitté l'endroit. J'ai eu la chance d'avoir deux grands-pères exceptionnels et deux grands-mères qui ne l'étaient pas moins. Comme tous les hommes de cette époque, ils avaient un point commun : la guerre de 14-18 ; blessés, ils s'en étaient sortis et avaient gardé de cette époque la même aversion sans limites. Jean Lassalle était un homme relativement cultivé, non pas qu'il ait été à l'école mais parce qu'il avait appris de lui-même. Très proche des bêtes, il l'était aussi des hommes qu'il comprenait parfaitement. Il fut un des tout premiers syndicalistes. C'était un homme auprès duquel on venait chercher parfois de très loin conseil et recours. Il était par ailleurs sourcier et avait fait creuser de nombreux puits. Antoine Lapedagne, mon grand-père maternel, s'il n'avait pas les mêmes connaissances, était un homme d'une grande finesse, tour à tour berger et menuisier. Aucun des corps de métiers de l'époque nécessaires à la survie d'une famille isolée à 1 000 mètres d'altitude ne lui était étranger. Il avait par ailleurs un côté troubadour. Dès son retour de la guerre, il s'était adonné à son métier de berger transhumant. En montagne l'été, il partait avec ses brebis dans de longues transhumances hivernales. N'hésitant pas à prendre le train, il avait même conduit son troupeau jusqu'à Paris en 1920. Les nombreux camarades de front dont il avait conservé l'adresse tout au long du périple lui procuraient l'occasion de maintes haltes. On profitait de son passage pour marier les enfants car il était un boute-en-train hors pair. Il avait par la suite raccourci son trajet, se contentant du Bordelais, puis de la Chalosse dans les

Landes. Il avait même été élu adjoint au maire de son village durant son absence.

Aujourd'hui, Julien, mon frère cadet, a repris le flambeau et, au prix d'un travail incessant et de sacrifices financiers énormes, est parvenu avec son épouse, pourtant venue de la ville, à moderniser un peu l'exploitation. Il a aujourd'hui quatre cents brebis laitières, pratique toujours la transhumance, mais sur une estive beaucoup plus rapprochée que celle de mon père. Il transforme lui-même tout son lait et fabrique le fameux fromage des Pyrénées.

La même tradition montagnarde et pastorale se retrouve du côté de ma mère. Si la ferme de ses parents nécessitait un travail moins rude, les conditions de vie y étaient encore plus difficiles que chez nous. Car l'exploitation était située à 1 000 mètres d'altitude, sur le territoire de la commune de Borce, à 50 kilomètres de Lourdios-Ichère en montant vers le col du Somport. Il fallait une heure à une heure et demie de marche pour y accéder depuis la route ou la gare ferroviaire d'Urdos. Même si ce temps ne remonte qu'à un demi-siècle, il nous est aujourd'hui difficile d'imaginer la vie des montagnards d'alors, sans route ni voiture, sans eau courante, sans téléphone ni télévision. Mes cousins allaient chaque matin à l'école et en revenaient le soir à pied. Pendant les périodes hivernales, leur père devait se lever en pleine nuit afin de pelleter la neige pour que les enfants puissent emprunter le chemin.

Ma mère et ses deux sœurs étaient dotées d'un solide caractère fait de culot, d'intelligence et d'une capacité à sentir les choses intuitivement. À leur manière toutes trois étaient des rebelles. Ma mère, la cadette, avait quitté le domicile familial à 17 ans pour épouser mon père. Quant à ses deux sœurs, elles s'étaient mariées à des réfugiés espagnols. L'un d'entre eux, combattant républicain convaincu au cours de la guerre civile, avait échappé de justesse aux geôles de Franco puis aux griffes de la Gestapo. Comme pour beaucoup de leurs camarades de cette époque, la chance et leur courage avaient voulu qu'ils se sortent de ces épreuves sans trop de dégâts. Autour d'eux rôdaient des histoires de combats clandestins, de fuites et de maquis, de viaducs plastiqués et de routes endommagées qui ont bercé mon enfance et fait mes délices. Sans un mot, le soir, à la veillée, j'écoutais ces mille témoignages de résistance qui, déjà, instillaient en moi un goût de la révolte qui ne m'a plus quitté.

En ces années où débutait la V^e^ République, les discussions politiques n'avaient rien à envier en vigueur à celles d'aujourd'hui. Entre mon père, dont la famille avait opté pour la démocratie chrétienne et qui, tout comme ses frères, vouait une admiration profonde au général de Gaulle, et de l'autre côté mes oncles devenus sympathisants communistes, les échanges pouvaient être virils tout en restant corrects. Aussi, dès que les deux familles se retrouvaient, les enfants savaient ce qui allait se passer : la discussion monterait vite puis, l'apéritif aidant, tout le monde se retrouverait dans le sentiment qui les sublimait tous, la liberté et la lutte contre le fascisme. Hommes et femmes entonnaient alors les chants traditionnels des montagnards. Ainsi les points de désaccord s'effaçaient-ils toujours devant l'essentiel : la force de la vie et de notre enracinement sur cette terre. Et comme tous chantaient superbement bien, aussi bien en espagnol qu'en français ou en béarnais, l'émotion était vite au rendez-vous. J'ai donc baigné dans une ambiance familiale où présent et passé se mêlaient, où les opinions s'échangeaient de manière parfois vive avant que les êtres ne se retrouvent. L'ensemble se nimbait à mes yeux d'une grande douceur, celle du sourire et de la beauté de mes cousines, les premières filles que j'ai osé regarder sans crainte. Qu'elles soient du côté de ma mère ou de mon père, je les trouvais toutes plus belles les unes que les autres. Et en plus elles chantaient divinement bien. C'est l'époque où, maladroit de mon corps et tout encombré de moi-même, je me sentais complètement désemparé face aux autres filles. Mais avec les cousines je nageais dans quelque chose qui ressemblait à un sentiment amoureux – du moins ce que j'en connaissais alors !

Ces discussions souvent enflammées qui rythmèrent mon enfance m'ont convaincu à jamais qu'être de gauche ou de droite, finalement, importe peu. Seuls comptent ce que les êtres accomplissent réellement pour leur région et leur pays, la conviction qu'ils y mettent, leur capacité à écouter les autres. Dans ce domaine comme dans d'autres, mes certitudes n'ont pas varié d'un pouce.

*

Je l'ai dit, ma mère s'était mariée très jeune et avait bientôt mis son premier enfant au monde. Ensuite naquirent ma sœur cadette, Ginette, puis mon frère Julien et enfin ma sœur Isabelle. À l'âge où la plupart des jeunes d'aujourd'hui poursuivent encore leurs études, ma mère s'est ainsi retrouvée à la tête d'une maisonnée de quatre enfants. Quant à son mari, de quinze ans son aîné, il tirait le diable par la queue pour nourrir sa famille et disparaissait chaque année pour plusieurs mois de transhumance. Il revenait alors à ma mère de s'occuper de tout, ferme, maison, famille. Une telle vie ne laissait guère le choix : il fallait tenir bon ou sombrer. Malgré mille difficultés et ses doutes constants, ma mère a tenu bon. Tout cela a renforcé chez elle un caractère déjà bien trempé, mais aussi développé une sensibilité exacerbée au prix dont il fallait payer la survie de sa famille. Notre dénuement était tel qu'avec les critères d'aujourd'hui on le situerait en dessous du seuil de pauvreté. Certes nous n'étions pas la seule famille du village à connaître des jours difficiles, mais notre sort relevait d'une forme de destin qui me semblait plus dur encore. Nous avions beau faire : le relief est un élément contre lequel on ne peut pas lutter.

Tout cela contribuait au mal-être de maman. Elle sentait que le temps tournait et qu'avec sa génération la vie des campagnes était en train de basculer. Elle voyait la plupart de ses amies épouser des gendarmes ou des instituteurs pour fuir une existence aussi pénible, et dont politiques et médias commençaient à entonner le grand air de la disparition programmée. Ma mère ne faisait pas exception. Lorsqu'on vous répète que la marche du temps vous condamne, difficile de ne pas voir dans la volonté farouche de certains paysans à se maintenir sur leurs terres une cause perdue. Pendant longtemps, elle s'est donc morfondue à l'idée que ses enfants devraient endurer ce que leurs aïeux avaient souffert. En plus son tempérament la poussait à la révolte ; révolte contre la misère toujours menaçante, révolte contre un avenir dont elle ne voulait pas pour ses enfants, et surtout pas pour ses filles, révolte contre les efforts surhumains qu'elle devait accomplir pour seulement assurer l'ordinaire. Et comme si toutes ces épreuves ne suffisaient pas, elle ne se sentait pas à son aise quand elle se rendait au village. Mon père voyait tout cela et le comprenait. Mais qu'y pouvait-il ? Malgré la complicité et l'amour qui les unissaient tous deux, il n'est donc pas surprenant qu'encore aujourd'hui je garde le souvenir de ma mère en proie à de terribles crises de désespoir.

Mais comme elle le dit joliment, nous avons grandi ensemble. Nous nous sommes donc épaulés, elle la si jeune femme, moi le petit garçon qui croissait à vue d'œil. Peu à peu, pour elle, le poids de la famille est devenu moins lourd, non pas parce que la vie était plus facile mais parce qu'elle avait compris : ce qui nous liait à cette terre tenait d'un destin commun plus que d'une fatalité. Surtout, elle a réalisé que si nos campagnes mouraient, c'est parce que des parents ne pouvaient se résoudre à ce que leurs enfants continuent à vivre ce que leurs pères avaient vécu, et non l'inverse. Il est vrai que les sollicitations étaient multiples et toujours à sens unique : entrer dans les administrations était plus facile et vivement encouragé, les emplois abondaient sur le tout nouveau bassin de Lacq, et rester chez nous apparaissait comme le choix irréaliste et fou d'une époque révolue. Mais tel est le système complexe des causes et des effets : dès que la matière grise a commencé à fuir le monde rural, celui-ci est logiquement entré en crise.

Ma mère a aussi compris que, pas plus que mon père ou mon frère Julien, je ne cherchais à m'opposer stérilement au monde qui nous entourait. Je suis un combattant qui n'aime pas les conflits. Toujours j'ai voulu apaiser, arranger, parler, me situer dans le débat et non dans l'opposition. Elle a alors rejoint un combat qui ne disait pas encore son nom, mais que nous menions tous au jour le jour : celui de notre survie et, au-delà, de celle de tous les habitants de notre vallée où l'exode rural frappait dur depuis déjà un siècle : 10 000 habitants en 1900, 2 700 en 1970. Elle était devenue une *pasionaria* de notre cause, une *pasionaria* de la terre ; elle a épousé les idées de mon père. De ce jour, elle n'a plus exercé de pression pour que ses fils partent vivre et travailler ailleurs. Même si le quotidien restait difficile, même si elle demeurait convaincue que la vie aurait été plus aisée en ville, elle avait accepté nos choix.

Telle a donc été la constante de ma vie, impulsée par mes parents et mes oncles. Leur sillon tenait en quelques principes simples mais forts : ce ne sera peut-être pas facile, mais on y arrivera ; et il nous faudra faire des choses étonnantes, sinon ce pays courra à sa perte, ce qu'un jour nos concitoyens, aujourd'hui aveugles aux périls qui les menacent, regretteront amèrement.

Malgré les épreuves, il était donc difficile chez les Lassalle de résister durablement à un optimisme fait de ténacité autant que de lucidité. Car la bonne humeur de mon père paraissait d'autant plus inaltérable qu'elle s'abreuvait à une source de jouvence : sa foi inébranlable dans les pouvoirs du lendemain. Par différence avec ma mère, souvent angoissée et soucieuse de notre avenir, il faisait montre de solides certitudes concernant les capacités de l'être humain à saisir les problèmes à bras-le-corps pour en trouver les solutions dès lors qu'il l'a enfin décidé. Non pas qu'il ait été, en quoi que ce soit, aveugle à ce que nous vivions, pas plus qu'aux enjeux de cette période charnière où le hasard nous avait placés. Mais il croyait plus aux destins des êtres qu'à la destinée des choses. Quand tout clamait autour de nous que montagnes et campagnes étaient vouées à mourir, lui continuait à croire à la force des combats et à la puissance de la volonté humaine.

Je dois autre chose à mon père ; il m'a transmis deux valeurs fondamentales, le sens du travail et celui des autres. Car la tradition altruiste était solidement enracinée dans la culture familiale. Mon grand-père et mon oncle paternels s'occupaient d'affaires municipales, de mutualité et de syndicalisme agricole. Mon oncle Joseph, en particulier, était un personnage. Aîné de mon père de deux ans, il s'était sacrifié pour que ses frères et sa sœur puissent se marier et que mon père garde les terres. Resté célibataire, Joseph s'était rapidement lancé dans l'action syndicale et la vie municipale. Intelligent et subtil, s'exprimant avec aisance, excellent danseur, il était aussi beau garçon que séduisant.

Ces deux personnages faisaient figure de véritables philosophes capables d'écouter les autres, d'analyser leurs problèmes, de leur parler. Leur sens du conseil était si pertinent que toute ma jeunesse a été bercée par la formule : « Lassalle va nous arranger ça. » Mon oncle Joseph, en particulier, n'avait pas son pareil pour démêler l'écheveau complexe des droits de passage, qui déclenchaient régulièrement des disputes entre voisins. Par le dialogue et la mise à plat des intérêts multiples, il parvenait à résoudre des conflits ancestraux qui empoisonnaient la vie de tout le monde. Je lui suis redevable de mille choses : ce sens du service public qui anime ma vie, l'habitude d'étudier les dossiers au cas par cas pour voir quelle solution leur apporter, la volonté d'arranger les choses entre les êtres et de trouver des solutions aux problèmes qui paraissent ne pas en avoir – ou auxquels des décideurs lointains apportent des réponses qui ont le don de mécontenter toutes les parties en présence.

*

Enfant, je ne parlais que les deux langues de nos montagnes : le béarnais et le *cheso* – mélange de béarnais et d'espagnol. Mon départ pour l'école, à 6 ans, constitua donc une double épreuve. Je devais quitter le cocon familial où je me sentais si heureux et plonger dans un monde extérieur mystérieux, donc hostile, où les autres parlaient une langue que je ne comprenais même pas. J'ai vécu ce départ comme un arrachement.

Les autres enfants du village, distant de 2 kilomètres, et dont les familles parvenaient à vivre apparemment un peu mieux que nous, ont dû le sentir. J'étais très grand, terriblement timide et d'une maladresse à faire peur. En classe, je ne comprenais pas l'intérêt des leçons. Je me perdais immédiatement dans mes rêveries. À la récréation, le ballon me tombait des mains. Cette situation dura des années. Tout au long de mes classes primaires et de collège, j'ai donc eu le sentiment de mener deux vies antagonistes et irréconciliables ; à l'école, je me sentais perdu dans un milieu où je ne trouvais pas ma place et dont je ne voyais pas l'utilité, alors qu'il y avait tant à faire à la maison. D'autant que, chez moi et dans les montagnes, je respirais à pleins poumons. J'étais très heureux ici, et très malheureux là.

Ce n'est pas faute d'avoir multiplié les efforts, car je ne voulais faire de peine ni à mes parents ni à mes maîtres. Mais la seule idée de partir pour l'école le lundi matin me rendait malade. Le temps n'arrangea rien. Les années passaient, et je me sentais toujours aussi gauche et différent des autres. Même cette langue que nous n'étions déjà plus que quelques-uns à parler couramment, le béarnais, était objet de railleries. Incapable de me rendre compte que ces différences faisaient ma richesse, je les vivais comme autant d'obstacles ; à mes yeux, elles m'isolaient, me coupaient des autres.

Au début, j'ai rencontré les mêmes problèmes au collège d'Arette. Et puis je suis parvenu à remporter quelques victoires. Je me souviens d'une partie de bras de fer gagnée de haute lutte contre un camarade réputé imbattable. Elle me valut une forme de considération nouvelle. Mais pour mon malheur, le bras de fer engagé avec les maths ne fut pas couronné du même succès ! Je n'y comprenais rien et ne voyais pas à quoi tout ce mystère pouvait bien servir. Ma chance fut que dans les autres matières, français, histoire, géographie... mes résultats étaient bons. Après mon brevet, que j'ai obtenu, j'ai pu bénéficier d'une orientation scolaire qui ouvrait sur l'avenir : poursuivre mes études en lycée agricole.

*

Un autre soleil, imprévu, s'était mis à briller. J'étais tombé secrètement amoureux de la fille de mon professeur de français ! Afin de parler son langage et, qui sait ? parvenir un jour à attirer son attention, je m'étais mis à m'intéresser aux livres. Réussissant cette fois-ci très bien à attraper la balle au bond, je me saisissais de tous les noms que le professeur prononçait dans ses cours. Comment celui de Platon, un jour, me tomba-t-il dans l'oreille ? Je ne m'en souviens pas. Toujours est-il que de cet instant, alors que je devais avoir 13 ou 14 ans, date ma passion pour les philosophes de la Grèce antique. Elle devint vite dévorante. J'empruntais des livres que je m'efforçais ensuite de lire chez moi jusque tard dans la nuit. Mais bientôt la modeste bibliothèque du collège ne suffit plus.

« Jean, me dit un jour mon professeur, tes parents devraient t'acheter l'encyclopédie des philosophes grecs. »

Mais elle n'était pas donnée. La collection complète coûtait, je m'en souviens, 1 300 francs. C'était une belle somme, surtout pour une famille qui était si pauvre qu'elle devait alors plus d'une année de factures au boulanger. Ma mère, déchirée entre son amour pour moi et les servitudes familiales, tenta de mettre mon père en garde contre une telle dépense. Ce dernier écoutait mais ne disait rien. Enfin, il trancha.

« Si ces livres peuvent aider Jean à comprendre comment marchent les choses, il faut les acheter. L'argent ne doit pas être un obstacle. Nous nous sommes sortis de situations bien pires. Nous trouverons la solution. Nous travaillerons plus. Et peut-être que la chance nous donnera un coup de pouce. »

C'était fait. Et c'est ainsi que, dans cette ferme où l'un des rares livres était une bible dont ma mère lisait un passage chaque jour, les œuvres de Platon, Aristote et autres philosophes grecs firent leur entrée.

Leur lecture fut un éblouissement. Au-delà de certaines idées que j'avais du mal à saisir, je comprenais l'esprit même de la politique telle que l'avaient conçue les Grecs : un art de l'échange et de la pensée libre, hors des préjugés, une volonté de rechercher ensemble la solution aux problèmes tels qu'ils se posaient à la cité. J'en éprouvais une profonde satisfaction. C'était cela, la pensée : une mise en commun des vérités, un cheminement à travers interrogations et doutes. Peu à peu je me mis à rêver d'un monde contemporain qui ressusciterait une pensée aussi peu dogmatique et où chacun serait détenteur d'une parcelle de pouvoir qu'il pourrait exercer en toute liberté et responsabilité. Aujourd'hui encore, je conserve intact ce rêve qui paraît à certains une espérance vaine. Je voudrais que les hommes puissent se parler directement, échanger sur les problèmes qui leur tiennent à cœur, pour élaborer ensemble les solutions les mieux adaptées, le politique ne jouant plus guère qu'un rôle de régulateur des débats et, *in fine*, de décideur. Je me suis souvent demandé si telle n'était pas une définition possible du centrisme. Celui-ci pose tant de problèmes à ceux qui voudraient nous ranger de force à droite ou à gauche, faisant ainsi de nous des hémiplégiques ! En fait, pour saisir la vie de nos concitoyens dans toutes ses nuances et ses contradictions, existe-t-il meilleure place qu'au milieu d'eux, c'est-à-dire au centre de la société vivante ?

Malheureusement cette découverte fut bientôt suivie d'une terrible déconvenue. De plus en plus intéressé par les civilisations antiques, j'avais voulu dérouler le fil de la pensée humaine pour comprendre comment était né l'État de droit. Je me suis donc penché sur la civilisation romaine en laquelle j'imaginais que la pensée grecque s'était prolongée. Quelle déception ! Autant la lecture des Grecs m'avait libéré, autant celle des Romains m'est apparue comme une sorte d'emprisonnement des forces vives de l'esprit. Le miracle grec avait été éphémère. Très vite, Rome avait refermé le carcan ; tout y était devenu rigide, la pensée, la société, la volonté de domination. Le libre examen avait fait place à la contrainte, et le règne de la force s'était imposé ; la loi des juristes et des militaires en était l'expression la plus parfaite. L'art lui-même avait perdu fantaisie et liberté. Le monstre technocratique était déjà en marche et, avec lui, une forme de pensée unique et de société collectiviste avant la lettre. Cette volonté farouche d'uniformisation, cette façon d'imposer le bien commun d'en haut et non de le laisser négocier par les individus eux-mêmes, n'était-ce pas la pensée romaine qui les avait un tant soit peu inspirées aux sociétés qui lui succédèrent ?

Cette découverte eut sur moi un effet déprimant. À coup sûr, l'organisation romaine avait permis d'aller si vite en besogne qu'elle avait encore de très beaux jours devant elle. Elle finirait même par tuer toutes les initiatives que voudraient prendre les individus. Les gens qui répugnent à des prises de risques accepteront toujours de se soumettre au joug d'un système fort, quitte ensuite à protester contre lui, voire à se révolter. Car la démocratie demande un don de soi, une intégrité, un sens des responsabilités qui ne sont pas acquis d'avance. Forcer le destin d'un coup est plus facile que de laisser les citoyens le construire. Les chefs d'État à poigne et les dictateurs l'ont depuis longtemps compris. Même si, fort heureusement, cela ne constitue pas une solution durable.

Je me souviens d'avoir évoqué ces états d'âme auprès de mon père. Il m'a écouté avec son habituelle bienveillance avant de me répondre.

« Tu as l'art de te casser la tête pour pas grand-chose. Fais confiance à la vie, aux forces qui sont en toi, et tu finiras bien par trouver des solutions. »

Ces paroles de bon sens n'ont pas eu l'effet escompté. Pendant plusieurs mois je me suis senti abattu. Mes lectures romaines avaient coupé les ailes qui commençaient à peine à me pousser. Je me suis rendu compte par la suite que l'histoire était moins tranchée entre Grecs et Romains, mais, à ce moment-là, c'est comme ça que je l'ai vécue, si douloureusement. Je ne voulais plus aller au lycée. J'y étais pourtant bien obligé. Alors, je me mis à somatiser en enchaînant maladie sur maladie. À un degré encore plus fort me revenaient les angoisses de mon tout jeune âge lorsqu'il m'avait fallu quitter ma famille pour suivre l'école. Le monde me semblait à nouveau hostile et impénétrable. Mon attention aux problèmes humains était sans doute devenue si aiguë que je ressentais comme une souffrance le fait de ne pas pouvoir les aborder. Contrairement à ce que j'avais pu rêver, une limite existait donc à l'action humaine, à cette recherche de bien et d'harmonie si chère aux penseurs grecs.

Loin de se résorber, cet état dépressif envahit peu à peu tout mon psychisme. La religion, dans laquelle ma famille m'avait élevé et où j'avais jusqu'alors puisé un réconfort moral quand les choses n'allaient plus, ne constitua plus un refuge allant de soi. Certains de ces mots me terrorisaient par leur caractère définitif : « jamais », « toujours », « éternité ». J'en percevais la charge existentielle terrible. Je me disais : « Un jour tu mourras, ce sera, pour toujours, sombrer dans l'éternité », et la panique s'emparait de moi, irrationnelle, terrible. Dès que je m'éloignais de mon cercle familier tout me paraissait absurde. Les hommes ne parviendraient jamais à s'arracher à leur misère, à la mort. Tout idéal était vain. Alors, comme il fallait faire quelque chose, le médecin prétendit que je devais changer d'air, et l'on m'envoya pour ma plus grande joie chez l'oncle Abel et la tante Marguerite, à Bedous, à 20 kilomètres de là. Je fis chez eux quelques excellents séjours ; il y avait bien sûr mon cousin Michel, mais aussi mes nombreuses cousines qui me dorlotaient avec beaucoup d'affection. Il y avait également un tourne-disques, la télévision, des chocolatines, et l'oncle Abel qui jouait si merveilleusement de l'acordéon. Oh, les séjours n'étaient pas bien longs, quelques jours seulement, mais j'avais l'impression d'aller mieux.

*

Ce sont donc les êtres qui m'ont tiré de l'ornière psychologique où je m'enfonçais ; aussi bien des gens de mon entourage immédiat que d'autres qui venaient de si loin qu'ils semblaient débarqués d'une autre planète. Tous m'ont appris à aborder les choses sous l'angle du vécu et non des grands principes, confirmant ainsi que la grande leçon des Grecs n'était pas lettre morte : l'homme est la mesure de toute chose.

Ce fut d'abord Alexis Arette-Lendresse. Aux côtés de mon père et de mon oncle Joseph, il appartient au très petit groupe de personnes que j'ai profondément admirées. Je le découvris à 12 ans au premier festival de la chanson béarnaise qui se tint à Siros en 1967. Il était un de ceux qui avaient lancé et animé ce festival. Alexis savait captiver la foule à un point que je n'ai jamais vu faire depuis. En plus il s'exprimait en béarnais, cette langue qu'on me reprochait d'utiliser à l'école. Ce type qui triomphait avec une langue que je croyais interdite, inutile et repoussée, prit aussitôt à mes yeux figure de dieu. Et puis il possédait un talent fou. En l'écoutant et en le regardant, pour la première fois de ma vie j'ai été stupéfait. Un tel personnage aussi à l'aise face à un public de 7 000 à 8 000 personnes me semblait inaccessible, une sorte d'idole. Je l'aurais écouté durant des jours présenter des groupes en alternant, avec un rare bonheur, humour et paroles d'engagement.

Car son rôle ne se limitait pas à amuser les gens. Toute l'action d'Alexis et de ses amis visait à revitaliser nos plaines et nos montagnes en redonnant vie et droit de cité aux traditions et à la langue béarnaise. Dès le premier instant mon rêve secret fut de pouvoir un jour lui succéder comme présentateur devant une foule de gens qui verraient en moi son successeur. Et c'est en effet ce qui, pour mon plus grand bonheur, se produisit quelques années plus tard. J'avais 21 ans à peine. Par la suite, nous sommes devenus amis. Oh ! Alexis n'est pas un personnage ordinaire et son parcours politique est loin d'être simple. Mais il est toujours resté le poète paysan des Béarnais et des Gascons, l'un des plus grands érudits que j'aie trouvés sur ma route.

Peu à peu, nous assistions ainsi à la renaissance d'un âge d'or culturel qui renouait avec des traditions que, depuis des décennies, la République centralisatrice avait failli éradiquer. À cette époque commencèrent d'émerger plusieurs conteurs béarnais. Et parmi eux, Marcelin de Lurbe. À la fois mime, artiste et conteur, doté d'un talent fou, il était capable de transmettre à une foule des sentiments dans lesquels monsieur Tout-le-monde se retrouvait. S'il était monté à Paris, je suis certain qu'il aurait pu mener une belle carrière à la Bourvil ou à la de Funès, dont il a l'étoffe. Son amitié, sa joie de vivre et son extrême sensibilité m'ont toujours accompagné. Jean-Claude Coudouy, quant à lui, faisait un véritable tabac avec son *« hil de pute »*, juron favori des Béarnais, littéralement « fils de p... ». Mais ce vocable n'a pas en béarnais la même connotation qu'en français. Il s'agissait d'un sketch, aussi subtil que drôle, définissant à merveille l'âme béarnaise.

Dans un style différent, un autre homme a beaucoup compté dans mes années de jeunesse. Il s'agit de l'Espagnol Armando Abadia, le maire de Jaca, capitale de la province du Haut-Aragon, rencontré lors du festival des Pyrénées qu'organisait un autre ami, Louis Haure, lui aussi homme d'histoire et de culture. Très tôt, la force de ses engagements m'a impressionné. Armando est convaincu qu'on peut reconstruire à partir de son territoire, que tout ne se passe pas plus à Madrid qu'à Paris ou, aujourd'hui, à Bruxelles. Ainsi, dès les années soixante il avait inventé des concepts de communication d'une nouveauté et d'une originalité incroyables. Par exemple, il distribuait à ses amis français des pare-soleil de voiture sur lesquels était écrit : *« Yo tambien ire a Jaca »* (« Moi aussi j'irai à Jaca ») – ce qui véhiculait un message fort : moi aussi, je caresse l'espoir secret qu'un jour, enfin, j'irai à Jaca. Il fallait oser jouer ce genre de carte. Dans une Espagne complètement flétrie par le franquisme, sans routes, vieillotte et étriquée, il entreprit de remettre à neuf la très vieille ville de Jaca. Il y construisit une patinoire et une piscine olympiques, et à deux reprises manqua d'un cheveu la désignation de sa ville pour l'organisation des Jeux olympiques. Cet homme avait été nommé maire par Franco puis, la démocratie revenue, élu et réélu à plusieurs reprises.

Son engagement au service de sa ville et de sa région lui valut des articles dans la presse internationale, dont *Le Monde diplomatique*. Il côtoya les rares chefs d'État modérés d'Amérique du Sud de l'époque, parmi lesquels le Chilien Allende. Cet homme, à l'énergie incroyable, doté d'une forte conscience personnelle et d'un profond sens de l'humain, fut très tôt l'un de mes modèles politiques. Il l'est resté.

Un personnage occupe une place à part dans mon panthéon personnel, malgré sa disparition précoce qui m'a causé une peine terrible alors que je n'avais que 18 ans : Jean Pitrau, le Basque, l'homme de la Soule, un ami de mon père et de mon oncle Joseph. Il portait une détestation aussi remarquable que constante à l'égard de tout ce qui était élu ou dignitaire. Il pensait que tout homme acceptant une responsabilité qui le distinguât des autres devait forcément se parjurer un jour ou l'autre. Je me suis souvent demandé ce qu'il penserait s'il nous voyait aujourd'hui, moi, Michel Arhancet, lui aussi conseiller général, et quelques autres de ses disciples, avec nos responsabilités actuelles. Ancien responsable de la FNSEA, dont rapidement il n'avait plus adhéré à la ligne politique, il avait créé un nouveau syndicat, l'Association au service des agriculteurs de montagne. Son diagnostic, qui rejoignait celui de mon père, était que les campagnes, la culture, les traditions, la paysannerie allaient disparaître et que si l'on voulait arrêter ce mouvement il fallait qu'émergent des leaders profondément convaincus et convaincants. Il avait ainsi repéré des jeunes et entrepris de leur apprendre le militantisme. Ses rencontres fréquentes avec mon père, mon oncle et Jean Bordenave, qui me passionnaient, m'ont mis en relation avec lui. Dès que j'ai commencé à participer aux stages d'animation qu'il organisait dans sa ferme, sur les hauteurs de La Madeleine, le personnage m'a impressionné. Par la seule magie de sa conversation, il détenait un pouvoir d'attraction exceptionnel sur les êtres. Sa voix, très basse, imposait le silence à tous. Au bout de quelques minutes, on était emporté par la force de ses convictions. Face à lui, le plus brillant intellectuel, le contradicteur le plus fin perdait ses moyens. Il fut le premier à m'avoir sensibilisé à ce qui attendait ces malheureux qui quittaient les campagnes et les montagnes ; selon l'analyse de Jean, ils ne tarderaient pas à devenir des êtres déracinés, avant que leurs enfants ne se retrouvent, loin de leurs repères, coupés de leur passé.

Vers 1967, Jean découvrit l'existence d'un mouvement franco-allemand, Jeunesse reconstruction, dont il nous entretint longuement. Il avait été mis en place par de Gaulle et Adenauer en 1960 pour créer des liens entre les jeunes de ces deux pays. Par la suite, ses activités s'étaient diversifiées. À force d'observer la jeunesse de Mai 68, il s'était dit : « Ces jeunes ont l'air d'avoir du caractère et de la générosité, mais ils ne savent pas quoi faire dans la vie. Et nous, ici, nous manquons de bras. On n'a qu'à les faire venir ici pour l'été. » Seul bémol : lui, le syndicaliste, trouvait ces jeunes gens trop bourgeois à son goût. À quoi mon père, avec son solide bon sens, répliquait :

« Qu'est-ce que tu veux que ça fasse ? Ce qui compte, c'est ce que les gens veulent faire. Et visiblement, ceux-là, ils s'ennuient dans la vie. À nous de leur proposer quelque chose, un boulot en échange de l'hébergement et de la nourriture, et ils vont venir. »

Ainsi, au cours de l'été 1968, grâce à l'association qu'avait dénichée Jean, arrivèrent les premiers jeunes. Certains s'installèrent chez nous, d'autres chez Jean Pitrau, Jean Bordenave, Jojo Etchevarne, Jean et Maïté Casavieille-Saule ou frère Pierre au presbytère d'Accous et progressivement dans les fermes alentour. Je commençais alors à échanger avec ces jeunes plus âgés que moi, venus de la ville, et qui appartenaient à un milieu bien différent du mien.

Les choses se sont corsées lorsqu'il fut décidé de faire venir des objecteurs de conscience, tous farouches opposants politiques au régime. C'était pittoresque. Les Renseignements généraux nous rendaient régulièrement visite, ce qui amusait mon père. Bien que gaulliste, il n'avait pas le sentiment de desservir le Général. D'abord parce qu'il se fichait de la politique au jour le jour. Ensuite, et surtout, parce qu'il faisait remarquer que c'est en agissant hors de la loi que de Gaulle avait sauvé son pays. À la maison, les débats allaient désormais bon train. Je les suivais avec passion. Militants politiques purs et durs, les jeunes gens cherchaient à tout prix à nous ouvrir les yeux sur notre condition.

« Vous vous faites exploiter pour vendre votre fromage, nous lançaient-ils. Envoyez-nous Jean à notre congrès, et vous verrez comment il le vendra, votre fromage. »

Et c'est ainsi que je me suis retrouvé à plusieurs reprises derrière un étal à vendre des fromages des Pyrénées à la fête de Lutte ouvrière ou de *L'Humanité*.

Au bout d'un moment tout cela a jeté un éclairage étrange sur notre famille. Non seulement ses moyens étaient plus que modestes alors que papa et mon oncle s'efforçaient de rendre service à tous ceux qui venaient le leur demander, mais en plus elle accueillait en été des jeunes révolutionnaires venus de la ville... Nous étions pourtant reconnus et aimés, à preuve l'élection régulière de mon oncle Joseph au conseil municipal de Lourdios-Ichère. N'empêche que certains trouvaient à redire. Les pauvres ! S'ils avaient su que parmi ces contingents gauchistes se trouvait, entre autres, le futur dirigeant des Brigades rouges italiennes, qu'auraient-ils encore pensé de nous ? Moi, cette diversité de gens et d'opinions me convenait. J'écoutais, je regardais, je faisais mon miel de tout. Malgré le caractère excessif de certains de leurs propos, ces jeunes gens qui suivaient de hautes études et possédaient aussi bien l'art de la parole que la capacité de démonstration m'ont appris à réfléchir et à m'exprimer.

En plus, ils travaillaient dur ! Sans doute leur ai-je pris ce rejet des chaînes, quelles qu'elles soient. Et aussi le sens du combat. Même dans les situations désespérées, celui-ci doit être permanent, car la victoire est toujours possible. Mais à la différence de leur vision de la société, j'ai rapidement compris que la vraie victoire n'écrase jamais l'autre ; elle se construit avec lui. Ce qui nourrit le véritable combat, ce n'est ni le rejet ni la haine de l'autre, mais une foi dans la réconciliation possible entre les êtres, la compréhension du monde qui nous entoure et du présent dans lequel nous vivons.

J'ai rapidement été conforté dans ce point de vue par l'arrivée en nombre de plus en plus important d'adeptes de la non-violence. Certains se revendiquaient même de Gandhi. C'est alors que je fis la connaissance de deux hommes qui allaient bouleverser ma vie. D'abord Bernard Bourguinat. Ingénieur agronome, originaire du nord-est de notre département, il parlait parfaitement le béarnais et chantait divinement bien. Il rentrait des États-Unis où il avait accompli son stage de fin d'études. Issu d'une famille nombreuse au caractère bien trempé, il avait été lui aussi subjugué par Jean Pitrau et sa volonté de redonner un sens à nos campagnes. Sa forte personnalité exerçait déjà un grand ascendant sur notre petit groupe. Il fréquentait la communauté de la Théophanie de Lanza del Vasto, dont il me parla longuement. Nous devînmes immédiatement amis. De dix ans mon aîné, il fut le témoin de mon adolescence et moi celui de son mariage. Il épousa Jacqueline, une fille d'un berger de la vallée, et, depuis trente ans, il est chevrier et de surcroît maire d'Aydius, un des villages les plus typiques de la vallée d'Aspe, qu'il a métamorphosé.

Le deuxième, Éric Petetin, d'origine bordelaise, nous est arrivé par le même circuit des objecteurs de conscience. À la fois féru de philosophie et guide de haute montagne, il resta chez moi pendant trois ans. Je me souviens encore de nos interminables conversations, que ma mère venait interrompre à 3 heures du matin, et de ses échanges avec mon oncle Joseph sur les problèmes du pacifisme. Comment pouvais-je imaginer alors qu'une dizaine d'années plus tard il allait devenir mon adversaire le plus emblématique et déterminé à l'occasion de la construction du tunnel du Somport ? L'un des plus grands regrets de ma vie, bien que je n'y fusse pour rien, est qu'il ait laissé un peu de lui-même et de sa fureur de vivre en homme libre dans une nature qu'il ne concevait que naturelle.

*

Telles furent donc mon enfance et une partie de mon adolescence, période fondatrice autour de laquelle tout s'est organisé. Dès ces années j'ai su que nous ne nous réduisions pas à ce que nous semblions être ; nous, c'est-à-dire ma famille, mais aussi les gens des âpres vallées montagnardes et au-delà l'ensemble des paysans. Cela s'apparentait à une promesse, certes informulée, mais dont les termes n'en étaient pas moins forts. Nous n'appartenions pas au cercle de ceux qui avaient droit de cité, cependant il faudrait bien que ces gens-là nous entendent et nous écoutent.

Un souvenir me reste en mémoire. Lors des conversations animées entre Jean Pitrau, mon père, mon oncle et moi, une idée revenait souvent.

« Il nous faudra un jour aller à Washington, disait Jean ; les Indiens n'avaient même pas idée de ce qu'ils auraient pu faire en s'y rendant. Ils n'ont pas cherché à comprendre les autres, à rentrer dans leur esprit pour les convaincre. Ils n'ont pas saisi que le pouvoir n'était pas dans les mains des pauvres soldats blancs qui venaient leur piquer leurs terres et leurs troupeaux, mais tout là-haut, dans les cercles de ceux qui siégeaient à Washington. C'étaient ceux-là dont il fallait ensemencer la pensée, et pas les autres. »

J'étais encore un enfant, et je lisais des bandes dessinées où les Indiens étaient très méchants et les Blancs, très courageux. Je les dévorais avec bonheur. J'avais donc du mal à saisir ce que Jean voulait dire. Il poursuivait :

« L'histoire des Indiens, c'est la nôtre. Et la tragédie qu'ils ont vécue pourrait bien nous arriver. Les Indiens vivaient leur vie sur leurs territoires jusqu'au jour où les Blancs sont arrivés chez eux. Mais pas en amis. Ils sont venus pour leur prendre ce qu'ils avaient, d'abord leurs troupeaux puis progressivement tout le reste, exterminer ceux qui résistaient et parquer les survivants dans des réserves pour récupérer leurs terres. La différence, c'est qu'aujourd'hui, dans ces contextes-là, les hommes ne se battront plus avec des fusils et des flèches. Ils utiliseront d'autres armes, tout aussi terrifiantes : des slogans et des caméras. Certaines idées finiront par prendre le dessus dans l'opinion, et un jour nous découvrirons que nous entrons dans le grand dessein qui était celui des Blancs face aux Indiens ; c'est-à-dire que nous serons devenus inutiles. Car conserver de la vie sur l'ensemble du territoire coûtera trop cher. Il faudra rassembler les gens pour mieux les contrôler, tenter de leur donner du travail et les distraire. Ne te méprends pas : les Indiens ont perdu alors qu'ils possédaient des esprits si brillants qu'ils ont compris très tôt que leur existence était en péril. Et aussi parce qu'ils manquaient d'exemple d'une telle situation dans leur passé. Ce n'est donc pas à la suite d'une erreur de diagnostic qu'ils ont péché ; mais par une soumission à ce qu'ils ont perçu comme étant un destin inéluctable. Car avec la force qu'ils avaient en eux, s'ils étaient montés à Washington, peut-être auraient-ils gagné.

« Un jour, il conviendra, sans jamais se désunir ici, que quelques-uns d'entre nous acceptent d'aller non pas à Washington mais à Paris. Il faudra à ces hommes de conviction bien du courage pour y entreprendre un travail de très longue haleine. Ils y retrouveront beaucoup de nos frères déracinés et parfois malheureux. Ensemble, il faudra non pas combattre mais faire front et expliquer encore, reprenait-il. D'abord, personne ne les comprendra, on ne les écoutera même pas. On se moquera d'eux puis on essaiera de les détruire. Mais s'ils sont tenaces, ceux qui les auront observés et écoutés finiront par les suivre. Les nôtres parviendront peut-être à leur ouvrir les yeux. Les Indiens ont perdu parce qu'ils ne sont jamais allés à Washington. »

## 2

## Face aux autres

Tous ces amis proches m'ont intéressé et influencé ; mais c'est mon père qui m'a orienté de façon décisive. L'idée qui domina sa vie de façon à la fois solennelle et optimiste, puis sur la fin désabusée et triste, c'est que les campagnes étaient en train de mourir et qu'un homme sensé ne pouvait s'y résoudre. Pendant longtemps, la campagne et la ville avaient formé un vieux couple qui marchait la main dans la main. Puis tous deux étaient tombés malades et, loin de s'appuyer l'un sur l'autre pour continuer à s'avancer, la même chute risquait de les précipiter à terre.

C'était il y a trente-cinq ans. Je voyais mon père un peu moins souvent parce que Julien, mon frère, avait pris ma place auprès de lui dans les estives. Pour ma part, je me consacrais pendant toutes les vacances, et chaque soir en rentrant du collège, à la conduite de la ferme avec ma mère, mon oncle Joseph et mes sœurs Ginette et plus tard Isabelle : il fallait faire les foins l'été, tout à la main, sur

15 hectares de pente escarpée exposée plein sud. Le seul engin motorisé dont nous disposions était une motofaucheuse que je m'échinais des heures durant à faire avancer coûte que coûte sur ces pentes abruptes. Elle ne fauchait que la moitié à peu près, le reste se coupait à la faux. C'est ainsi que les jours sans soleil étaient systématiquement consacrés à la fauche à la main. Tout le foin était rentré sur le dos ; nous transportions parfois une demi-heure durant un fardeau de 60 à 80 kilos du fond du champ jusqu'en haut de la grange. Puis il nous fallait attaquer la terrible échelle qui conduisait au fenil dans lequel, sous une température infernale, nous rangions le foin. L'hiver, il fallait répandre le fumier à la fourche sur ces pièces si pentues. Mais avant il convenait de le répartir en petits tas aux quatre coins de la prairie. Nous le chargions sur une épaisse branche de noisetier, nous tirions ensuite vers le bas. C'est ce qui explique que les granges se situent en haut des terres car, malgré la difficulté, le foin est plus facile à transporter sur le dos que le fumier. Nous procédions aussi avec l'aide des voisins à l'écobuage des landes publiques. Nous entretenions tous ensemble chemins, ruisseaux et gaves. La vie communautaire était très forte. Avec nos voisins, nous nous rendions des services quotidiens. Transhumances, semailles, récoltes et dépouillement du maïs, tonte des brebis, pèle-porc se faisaient en commun avec eux.

L'une des émotions les plus fortes de ma vie fut la première mise à mort à laquelle je me livrai sur un cochon. Je venais d'avoir 15 ans et, ce jour-là, tout le monde ou presque se ligua contre moi pour décréter qu'il me faudrait le saigner et l'éventrer.

Fidèles à la tradition, nous prîmes un solide casse-croûte, suivi du café et du pousse-café de circonstance. Puis nous, les hommes, nous nous levâmes pour aller saisir l'animal de plus de 200 kilos, tandis que les femmes s'affairaient à l'intérieur. (Seules ma mère et ma tante Madeleine sortiraient le moment venu avec une grande bassine et un long couteau de boucher aiguisé pour recueillir le sang destiné dans la soirée à faire les boudins.)

On aurait dit que ces cochons que l'on avait soignés et cajolés durant toute l'année avaient senti le danger mortel qui les guettait car ils s'étaient transformés soudain en véritables fauves. François Brusca, notre plus proche voisin, et moi, nous pénétrâmes dans la porcherie pendant que les autres tenaient la porte fermée. Sur les trois cochons de notre cheptel, il fallait en isoler un et accrocher à ses dernières dents, tout au fond de la gueule, une cordelette très résistante. Elle devait nous servir dans un premier temps à le tirer au-dehors, tandis que les autres le pousseraient énergiquement vers l'avant dès qu'il serait sorti. L'exercice de la cordelette exigeait dextérité et sang-froid de celui qui s'y employait et, bien que tremblant de tous mes membres, j'y réussis du premier coup. Nous le couchâmes de force sur la maie renversée qui permettrait ensuite, remise à l'endroit, de l'ébouillanter et de lui arracher ses poils.

Le bestiau devenu fou se débattait alors que les mains solides des hommes lui tenaient les quatre membres et s'appuyaient sur lui pour éviter qu'il ne saute ou ne bascule. C'était maintenant à moi d'agir. De ma main droite, j'enserrai ma main gauche contre sa gueule en l'enlaçant dans la cordelette. Il n'était plus que bave et fureur, ses yeux me jetaient des éclairs de mort. Je fus surpris, l'espace d'un instant, par l'étrange sérénité qui m'avait soudain gagné au moment même où j'étais animé d'une froide détermination. Je pris l'énorme couteau que l'on me tendait et, comme je l'avais déjà vu faire tant de fois les larmes aux yeux, je commençai à tâter le cou tendu de la bête pour bien percevoir l'endroit où j'allais enfoncer la lame jusqu'à la garde. Pour un coup d'essai, ce fut un coup de maître et j'atteignis même, fait rarissime, le cœur. Le sang gicla violemment de sa gorge percée tandis que maman s'était mise en position pour le recueillir. Les hommes, d'un seul coup libérés, tout en restant très concentrés, saluèrent aussitôt la qualité de mon coup de couteau et l'animal mourut très vite dans un terrible soubresaut et un râle violent. Mes membres s'étaient remis à trembler tandis que je libérais ma main recouverte de son sang. D'où m'était venu ce brusque accès de force sauvage qui, annihilant complètement mes sentiments, m'avait rendu à ce point féroce ? Mon père, qui n'avait pas participé à la scène, s'approcha de moi très doucement et me félicita : « Tu sais, je suis fier. Ce que tu viens de faire, jamais je n'ai pu le faire. »

Comme toujours, la fête dura presque toute la nuit. Mais je n'y étais pas vraiment. La scène repassait en boucle dans ma tête et je ne pouvais m'empêcher de m'interroger encore et encore sur les ressorts obscurs qui animent l'homme à certains moments. Mais j'avais tué mon premier cochon et je sentais, pour la première fois de ma vie peut-être, des regards admiratifs se poser sur moi. J'allais pendant l'hiver en tuer une trentaine d'autres chez des voisins ou des oncles aux yeux desquels, depuis ce jour-là, j'avais grandi.

Comme il n'y avait pas de télévision et qu'elle nous fascinait, tous les jeunes se retrouvaient le soir chez le charpentier Acin, l'un des seuls à en posséder une qui marchât un tant soit peu. Malgré ses 140 kg et ses 70 ans, il grimpait encore au sommet du clocher pour en réparer les trous. Sa famille chaleureuse nous recevait à bras ouverts lors des matchs du tournoi des Cinq Nations ou pour une représentation de « La piste aux étoiles ». Rarement d'ailleurs, vu la qualité de l'image, le titre d'une émission ne m'a paru si adapté !

Les plus grands moments de retrouvailles pour notre communauté avaient lieu – comme encore aujourd'hui – à l'église, les bons comme les mauvais jours. J'ai toujours beaucoup aimé notre petite église Saint-Isidore, qui avait été entièrement restaurée par Louis Pretou, un autre de mes oncles, l'époux de Julie (l'unique sœur de mon père), lui aussi maire dans les années cinquante. Il avait fait de même pour la mairie et l'école, avec l'aide de son fidèle et très jeune adjoint Justin Cauhapé, lui-même père de Jean-Jacques, l'un de mes adjoints actuels. J'aimais la sérénité et la paix qui se dégageaient de cet édifice. Pour cette raison, j'ai aimé toutes les églises que j'ai rencontrées au cours de mes périples. Après le repas du midi, lorsqu'elles étaient désertes, je m'y réfugiais discrètement pour de longues siestes réparatrices, en m'étendant sur un banc obscur. Mais la nôtre avait quelque chose de particulier et de plus fort encore dans son infinie modestie ; j'y ai tant aimé ses messes de minuit où de si belles voix chantaient à l'infini les soirs de Noël !

Papa restait sur les estives l'été et s'en allait durant l'hiver avec une partie des bêtes sur les propriétés qu'il louait en plaine. En effet, il avait augmenté le troupeau et le seul fourrage de la maison ne suffisait plus à nourrir ce dernier. Les autres bêtes restaient à la ferme où nous nous en occupions tous les jours. Après une journée d'école, je rentrais donc pour reprendre les travaux, voire chercher les vaches ou les chèvres qui ne rentraient plus seules depuis le début du printemps. Je vivais alors pleinement dans mes courses folles à travers la montagne, les poumons en feu. Ce contact avec la terre et les bêtes, cet univers à la fois si simple, si beau et si changeant, déclenchaient immédiatement mon bonheur. Les conversations avec mon oncle, et lorsqu'il était là avec mon père, me faisaient grandir. Avec toute la simplicité, la sincérité et l'intelligence dont il était capable, il m'ouvrait son cœur.

« Regarde autour de toi combien le monde change. La scolarité obligatoire jusqu'à 16 ans et la quasi-disparition de l'apprentissage sont en train de vider nos campagnes en accélérant le départ des jeunes : collège, lycée, premier emploi à Paris, le mouvement est irrémédiable. Mais le plus grave, c'est qu'avec chaque départ d'un jeune, autre chose disparaît : tout un savoir-faire et un "savoir-être" ancestraux. Le phénomène est récent chez nous, mais il ne va pas cesser de grossir. Dieu sait si notre pays a connu des saignées depuis deux siècles et que les campagnes leur ont payé un lourd tribut. Eh bien, ce qu'aucune guerre n'a réussi à faire, ce que la misère n'est pas parvenue à détruire, c'est la prospérité et la paix qui en viendront à bout. Si on n'y prend garde, dans quelques années le peuple des campagnes aura disparu. Et ce jour-là, le fil qui relie les hommes à la terre comme à leur passé sera rompu. »

J'écoutais en silence ce qui ressemblait à une prophétie mais que, à certains signes que j'avais moi-même pu observer, je savais déjà être une réalité. Depuis quelques années, l'exode rural prenait des proportions inquiétantes, et loin de s'en soucier, les décideurs semblaient s'en réjouir comme d'un signe de progrès. C'était l'époque où gauche comme droite ne juraient que par la croissance économique « à la ville ». Mon père poursuivait son constat désabusé.

« Si encore on pouvait imaginer que tous ces gens qui partent vont être heureux ailleurs, pourquoi pas ? Ce ne serait qu'un changement de monde comme il s'en est déjà tant produit par le passé. Mais je te parie que la plupart d'entre eux seront fort malheureux. Et ils ne pourront même pas le montrer parce que lorsqu'on s'en va, c'est forcément pour réussir et on se doit d'afficher cette réussite en toutes circonstances. Et tant pis si les nuits sont longues... Je ne connais pas bien la ville, mais j'aime son univers. Lorsqu'elle est organisée, la ville offre aux hommes le luxe, le repos, la tranquillité, le confort et une certaine forme d'intimité. Elle renferme des merveilles d'architecture et d'art. Et puis elle brise les relations parfois étouffantes de la campagne par l'anonymat. »

Je ne pouvais m'empêcher alors de penser à ce mot de Goethe que j'avais lu quelque part : « La campagne est liberté mais la ville affranchit. » Mon père poursuivait :

« Sauf que cette ville dont je te parle, où peut-on encore la trouver ? Dans quelques centres très protégés et réservés aux affaires et aux belles résidences. Car la ville, comme la campagne, est un organisme humain ; pour vivre, il lui faut s'organiser. Quelle que soit sa taille, elle doit garder la structure d'un village : un centre autour duquel les différentes fonctions de la vie sociale sont distribuées avec harmonie. Quand tu te baladeras dans une grande ville, ce n'est pas ce que tu constateras. Par exemple, le Bordeaux de ma jeunesse a beaucoup changé. Bientôt, le centre-ville ne renfermera que des magasins et des centres d'affaires. Les habitants en seront alors chassés et devront partir vivre de plus en plus loin, dans des banlieues sans âme, sans passé, sans organisation. Ce jour-là, ils découvriront qu'ils ne sont plus ni de la ville ni de la campagne. Ils se seront laissé déraciner, mais sans pouvoir s'enraciner ailleurs. Car dès que le développement des quartiers et des banlieues devient anarchique, le lien entre les habitants se dilue avant de se perdre. Et le mouvement se fait à une vitesse dont tu n'as pas idée ! La plupart des gens se retrouveront beaucoup plus pauvres que ceux d'ici. La nostalgie les envahira alors, et ils n'auront de cesse de vouloir revenir au pays. Ceux qui en auront les moyens s'achèteront une résidence secondaire, une de ces maisons que leurs pères ou grands-pères auront quittées quelques années plus tôt. Les autres viendront visiter les derniers vieux parents encore accrochés à leur terre. Et tous ne rêveront que d'une chose : venir passer leur retraite à la campagne. Mais jamais ils ne retrouveront le pays qu'ils ont jadis quitté. Et pour une raison très simple : en partant, et bien malgré eux car ils n'y pouvaient rien, ils ont contribué à le faire mourir un peu. Oh ! tout le monde se retrouvera bien à la Toussaint, du moins tant qu'il nous restera des prêtres, pour partager ensemble le souvenir de nos chers disparus et fleurir leurs tombes. Mais après... »

Mon père craignait même qu'un jour vienne l'abandon des cimetières. Cette vision, je l'ai d'autant plus faite mienne que l'histoire du dernier demi-siècle est venue en tout point la confirmer. Le droit lui-même est devenu urbain : 60 à 70 % du territoire, sur lesquels évoluent à peu près 30 000 communes, vivent dans une relation de plus en plus ténue vis-à-vis de l'administration publique. Les écoles, les bureaux de poste, les brigades de gendarmerie, maintenant les tribunaux et bientôt les hôpitaux, tous ces porteurs de République irriguant l'ensemble du territoire de notre pays et laissant à chacun l'illusion d'une presque égalité des chances ont disparu ou finissent de s'éteindre un à un. Les permis de construire sont distribués au compte-gouttes, alors que souvent l'implantation de deux ou trois familles supplémentaires dans le village permettrait d'en sauver l'école et, ce faisant, l'âme.

Comme cela avait déjà été le cas pour mon père, notamment au soir de sa vie, cette situation d'abandon et de renoncement désespéré me révolte profondément. Je ne peux pas me résoudre à la disparition des derniers bergers, pasteurs et transhumants, qui avec leurs brebis, leurs fourrages, leurs écobuages entretiennent nos territoires infinis. Tout comme les villageois veillent jalousement à l'entretien des berges de leur gave, de leur chemin, de leur pré. Mais qui refuse donc de voir que leur départ désespéré ou leur lente agonie coïncide dramatiquement avec ces immenses feux de forêts ou de landes et ces torrents de boue furieux qui se déversent de plus en plus souvent sur nos plaines et nos villes ? Je ne peux me résoudre à laisser s'entasser les populations dans ces zones de non-vie que sont devenues les périphéries des grandes villes. Les gens s'y retrouvent parqués dans un vaste nulle-part indéterminé et réduits au rythme du « métro, boulot, dodo » que dénonçaient les jeunes révolutionnaires de ma jeunesse. Cette rupture des liens de sociabilité, j'y vois le fait originel de la plupart des malheurs dont souffre l'époque. Si les poules et les cochons ne sont pas faits pour être entassés, l'homme non plus. Même paré des charmes du progrès et de la consommation, tout univers concentrationnaire l'oblige à renoncer à ce qu'il porte dans son cœur et dans son intelligence : la possibilité de pouvoir communiquer avec les autres. Tout véritable échange devient alors impossible. C'est le règne du « chacun pour soi », conséquence inévitable de cet entassement. L'homme se réduit donc au triste sort qu'il a imposé aux animaux dont il se nourrit. Pourtant, nous sortons tous bouleversés de la visite d'un élevage de poulets en batterie. Mais à part l'illusion que nous pouvons nous échapper de notre prison un peu plus que ces braves gallinacés, pour d'ailleurs nous retrouver dans le tohu-bohu de la circulation ou des transports en commun, nous partageons le même sort qu'eux. En revanche, nous ne regardons pas sans une certaine admiration ce coq ou ces poules qui évoluent fièrement dans leur basse-cour ; ils sont libres.

Une telle vie a fait perdre à l'homme beaucoup des acquis développés au cours de sa longue histoire ; son aptitude à se tenir debout, à réfléchir, à imaginer une vie collective organisée et enrichissante. Au sein du règne animal, nous constituons *a priori* la seule espèce qui a développé la notion fondamentale de bien commun appartenant à tous, dans lequel tous se reconnaissent. Mais cette vie concentrationnaire, en nous appauvrissant, nous a fait régresser de plusieurs siècles.

Ainsi, au premier plan des principales démissions dont nous nous rendons coupables chaque jour un peu plus, mais sans avoir conscience de ses conséquences, figure l'agonie de nos campagnes, de nos montagnes, de toute une organisation naguère encore si vivante de ses traditions, ses cultures, ses langues. Qui a parlé de repli sur soi ? Chez nous, la tradition voulait que chacun parlât plusieurs langues : béarnais, basque, espagnol, français et, dans la première ville de proximité, on pouvait apprendre le grec et le latin. (Je n'ai pourtant jamais entendu à cette époque-là quelqu'un évoquer le moindre problème financier, et encore moins une quelconque notion de rentabilité.) Tout cela est en voie d'extinction, frappé du sceau de la mort. Avec les derniers paysans et les ultimes bergers, tout un monde est en train de disparaître, muselé par une bureaucratie féroce. Mon père, encore :

« Demain, quand il pleuvra, qui entretiendra ce petit pissou condamné à devenir un torrent furieux ? Dans sa course il brisera les ponts et ravinera les berges, arrachera des arbres qui à leur tour briseront d'autres ponts. Lorsqu'il arrivera en plaine, dans les villes, les dégâts seront encore plus considérables avant que la boue ne recouvre tout. Cette herbe dont se repaissent depuis des siècles les animaux domestiques, qui la coupera lorsque ces troupeaux auront disparu ? Elle montera, deviendra folle et, à la première chaleur, des hectares de landes partiront en fumée. Les feux s'étendront. Que deviendront alors ces maisons inoccupées dont les gens de la ville auront parsemé le pays dans l'espoir de venir y passer d'agréables vacances et s'y ressourcer ? »

VRAI HÉLAS

Exilés dans des simulacres de ville, ceux qui ont abandonné la terre connaissent trop souvent la détresse. Beaucoup des descendants de ceux qui, pendant des siècles, avaient été des sentinelles de vie et d'humanité, aujourd'hui ne croient plus guère que dans des postures artificielles. Par exemple, aux longues courses de leurs aïeux à travers monts et vallées a succédé un jogging qu'ils accomplissent parce qu'on ne peut pas aller jusqu'à abandonner son corps. Ce n'est plus une marche nécessaire, une course à la fois vitale et bienfaisante, c'est aussi une certaine manière de chercher l'oubli. Mais n'est-ce pas là un fait de société ? De pratique habituelle, le sport est ainsi devenu spectacle exceptionnel. Car pour distraire les hommes de leur ennui, la cité a réinventé les jeux du cirque. À grands renforts de publicité et parfois même d'anabolisants, elle a créé des superchampions. La plupart sont beaux, leur gestuelle suscite l'admiration et fait courir le frisson sur l'échine. Nos ancêtres, quant à eux, organisaient depuis toujours des compétitions de proximité qui, outre qu'elles étaient souvent d'un très bon niveau sportif, créaient des lieux de rencontres et d'échanges. Elles n'avaient pas le caractère fou, enthousiasmant et terrifiant à la fois, de ces grand-messes télévisées qui fascinent la planète entière. Mais attention, évitons que le rêve ne tourne au cauchemar en offrant plus que le triste spectacle d'exploits qui ne seraient en fait que des courses à la mort. Au prétexte de distraire les hommes, ne réinventons pas les jeux du cirque, ceux-là même qui accompagnèrent les Romains antiques dont les gouvernants avaient compris que, pour endormir le peuple, il suffit de l'abreuver de sensations fortes et de jeux. Ils ne s'en relevèrent pas.

Tandis que l'on concentrait l'homme dans des mégalopoles toujours plus gigantesques, on a décrété qu'il fallait laisser de vastes espaces libres pour contrebalancer, au moins dans les têtes, les inconvénients d'une vie aussi grégaire. D'où le paradoxe de ces immenses espaces vides dont nous n'avons besoin que pour assouvir nos rêves, mais où nous ne vivons plus. La société veille à leur protection avec le plus grand soin, entendant ainsi protéger de toute agression humaine des terres devenues artificielles. Comme si nous avions tellement perdu le souvenir de ce que nous avons été que nous ne puissions désormais plus nous nourrir que de fantasmes et d'interdits ! C'est là qu'entre en jeu l'hallucination écologique. À mes yeux, elle n'est trop souvent qu'une des formes les plus modernes et insidieuses de la mainmise de la réglementation bureaucratique sur le vivant. Les Américains avaient inventé jadis les réserves d'Indiens. Au début du siècle dernier, ils ont fait plus fort encore, et nous les avons immédiatement suivis. Après les réserves d'Indiens, l'homme d'aujourd'hui a inventé les réserves sans Indiens. Ceux-ci sont en effet devenus interdits de séjour sur leur propre sol. Le paradoxe est de taille : alors que nous avons accompli des progrès technologiques et scientifiques considérables qui devraient nous permettre de vivre d'une manière équilibrée sur une large partie de la planète, un mode de répartition géographique puis économique absurde a rompu les grands équilibres au point de mettre en jeu le devenir même de cette planète !

Comment la situation actuelle peut-elle évoluer ? Il s'agit sans doute de la plus lourde tâche que nous ayons jamais eu à accomplir. Nous n'avons jamais été aussi nombreux sur la planète tandis que le standard de vie urbanisé est devenu mondial. Le péril devient alors immense. Car de la même façon, à rassembler les hommes en certains points du globe, on vide d'immenses territoires. En croyant concentrer les richesses, ne concentre-t-on pas aussi les misères ? Pire encore, cet empilage n'exacerberait-il pas désespoirs et passions en diluant la raison ? Ces mégalopoles ne deviennent-elles pas de plus en plus souvent l'univers du bruit, de la fumée, de tant de formes de pollution, d'illusions perdues ? La banlieue, hier guirlande de faubourgs colorés, animés et achalandés, à la fois indépendants et complémentaires les uns des autres, ne se développerait-elle pas aujourd'hui de manière trop anarchique ? Là une série d'immeubles, un cimetière, puis une zone industrielle, au-delà une concentration de petites maisons, puis une décharge, une friche abandonnée, soudain des petits pavillons au sein d'une zone miraculeusement belle, ensuite un centre commercial, à nouveau des friches, des usines, et ça recommence. Est-il raisonnable de consommer tant d'énergie dans une organisation aussi anarchique et hétéroclite à l'heure où se pose de plus en plus la question de la production de cette énergie elle-même ?

Que dire par exemple de l'organisation des transports en Île-de-France ? Elle tend à devenir insoluble dès lors que les gens vivent de plus en plus loin de leur lieu de travail. On multiplie donc les activités coûteuses, dévoreuses de temps, d'énergie, d'espace, de vie, qui polluent sans rien apporter à personne. Si quelqu'un faisait le compte du temps de sa vie passé dans la voiture ou dans les transports en commun, il aboutirait à un chiffre tellement insensé que cette découverte le pousserait aussitôt à la révolte. S'il ne s'y abandonne pas, c'est parce qu'elle résulte d'une longue douleur diffuse qui n'a pas pu s'exprimer autrement et ne porte pas de nom. Les gens souffrent de façon constante et terrible, mais ils ont tellement accepté leur douleur qu'ils sont capables de l'endurer pendant encore longtemps. Certains peuples ont souffert de tyrannies beaucoup plus sanglantes sans se révolter pour autant !

Ne vivons-nous donc pas trop souvent rongés par l'angoisse ? Heureusement, le soir venu, nous nous abandonnons corps et biens à la télévision, avant de chercher l'oubli dans les tranquillisants et nous efforcer de dormir enfin. Nous prendrons bien quelques vitamines pour affronter ce lendemain incertain et supporter ses mille aléas. Par bonheur, nous n'aurons peut-être même pas à croiser le regard du voisin, évitant ainsi le risque d'y trouver au fond le reflet de notre propre doute. Tels sont donc les signes avant-coureurs que nous avons tant de mal à saisir. Ils ne sont guère encourageants : la vie de société disparaît, l'intégration est en panne, la vie de famille éclate.

Je ne me berce d'aucune illusion sur le passé ; la vie d'autrefois était bien rude, et les gens pouvaient s'y détester et s'y faire des misères. Du moins le statut de parents traversait-il trois générations et ne se limitait pas à la durée d'une brève vie active. Le grand-père, le père, le fils restaient soudés par un même lien. Nous en devenons de plus en plus incapables car, loin de s'améliorer, la condition familiale a empiré. La dureté des temps est telle que nous éprouvons une difficulté croissante à prendre nos proches en compte. Dès que possible, nous sommes contraints de mettre les enfants à la crèche avant que l'école ne prenne le relais. Lorsqu'ils ne peuvent plus assumer leur autonomie, nos pères partent vivre en maison de retraite. Et cette conduite n'a même pas l'excuse de l'égoïsme ! Comme nous sommes tous d'anciens enfants et de futurs pensionnaires de maison de retraite, nous acceptons par avance le sort qui nous sera fait. Sans doute meurt-on moins jeune qu'autrefois. Mais ce supplément que le progrès scientifique nous a octroyé, n'est-il pas trop souvent une antichambre de la mort plutôt qu'une poursuite heureuse de la vie ? Les réponses que nous apportons au cycle éternel de la vie ne sont guère de nature à grandir notre vision de nous-mêmes. Comment, dans ces conditions, transmettre à nos enfants une confiance dans l'avenir ? Nous avons l'impression d'être libres de tout, mais la vérité est bien différente : nous ne sommes plus libres de grand-chose, et surtout pas de nos propres vies, que nous contribuons à détruire comme nos terres, et peut-être aussi notre climat et la planète elle-même.

Pourtant nous avons franchi tant d'étapes dans la compréhension du bien public et notre intelligence collective est parvenue à un tel développement que nous disposons de moyens pour dominer, voire inverser des phénomènes de cette ampleur. Encore faudrait-il en avoir la volonté citoyenne, politique, et l'entreprendre sans retard. Car ce mouvement général n'est pas un phénomène récent qu'on pourrait corriger d'un simple trait de plume. Dès l'émergence de la révolution industrielle, concomitamment avec la naissance des villes modernes, il a fallu exploiter massivement le charbon, puis toutes les énergies fossiles. L'homme a alors ignoré la recherche sur d'autres modèles de développement économique qui auraient su maintenir une occupation plus harmonieuse de l'espace. En termes de progrès, le résultat est plus que discutable. Aujourd'hui l'humanité est revenue plusieurs siècles en arrière et réinvente, à une vitesse hallucinante, les attitudes de la préhistoire. Elle s'organise de plus en plus en groupes et en tribus qui se forment selon un schéma ancestral : la loi du plus fort.

Tout cela nous éloigne des principes républicains forgés par nos aïeux à partir de 1789 : Liberté, Égalité, Fraternité. Nous avons été tellement bercés par eux que nous n'analysons pas quels efforts la nature humaine a dû s'imposer pour parvenir à les faire triompher et cimenter la société. C'est notre intelligence, et non nos instincts, qui est ici à l'œuvre. Car ce n'est pas l'égalité qui est naturelle entre les hommes, mais l'inégalité. Ce n'est pas la liberté qui est la norme, c'est l'arbitraire. Et la concurrence féroce, le châtiment mortel, la vengeance, l'ont emporté pendant des siècles sur la fraternité. Pourtant la France est parvenue à mettre en place ces principes jusqu'à leur conférer une certaine universalité. Malgré les guerres, les révolutions et les conflits sociaux qu'elle a essuyés, la société des hommes a eu l'intelligence et l'énergie de maintenir ces règles. Mais aujourd'hui, tout indique que nous tendons à revenir aux lois naturelles les plus implacables. Nous qui sommes les héritiers de tant d'expériences douloureuses, d'avancées intellectuelles, de tant de fulgurances morales, comment pouvons-nous effectuer un tel retour en arrière ? Où trouver désormais ce qui fonctionne comme repère social et qui crée du lien, qui donne le sens et l'essence ? Est-ce la télévision, seule à ce jour à réunir encore les êtres, du moins quand ils arrivent à se mettre d'accord sur le programme ?

Sont-ce les repas pris en commun en l'incontournable compagnie de l'étrange petite lucarne ? Constituent-ils encore ces rares moments privilégiés où la parole s'échange plus facilement ? Où sont donc passés ces médecins de campagne ou de ville, ces enseignants et formateurs sûrs de leur fait, ces ouvriers, ces prêtres, ces sages ? Où sont passés tous ces êtres éclairés par la patience de l'expérience et animés par le don de soi aux autres, sans calcul, sans cette nécessité de rentabilité qui nous étreint aujourd'hui ?

Encore n'appartenons-nous pas à l'immense majorité de ceux qui décrochent économiquement. Notre milliard d'êtres humains vit dans de bonnes conditions, dispose en principe de quoi manger, s'habiller, élever ses enfants, entretient encore l'illusion confortable que le progrès saura tirer tout le monde vers le haut. Pourtant, à voir ce qui se passe dans nos cités et nos campagnes, nous avons une petite idée de ce qui nous guette, non pas au cours des décennies ou des siècles à venir, mais dès les toutes prochaines années. Et comme toujours lorsqu'une tornade humaine passe quelque part, avant que ne s'instaurent de nouvelles règles, une intense période d'anarchie s'écoule. L'homme redevient le pire des animaux. Surgissent alors de ce chaos de nouvelles structures d'organisation fondées sur le modèle du clan. Elles ne seront même pas communautaristes, car répondant à des critères de force et nullement d'appartenance à un groupe ethnique. Parmi eux, deux groupes d'individus sont promis à un large avenir : les leaders mystiques et les chefs de bande. Les premiers, plus rusés, sauront à merveille vendre du rêve et de l'oubli contre du pouvoir. Ils rappellent certains de ces missionnaires du temps des grandes découvertes qui, sous prétexte d'apporter aux indigènes la parole divine, déstabilisèrent tant de civilisations locales en préparant le terrain au pouvoir marchand. Les autres, plus brutaux et ne s'encombrant pas de principes, ont toujours existé. Ils sont intelligents et ne croient en rien à l'avenir. Chefs de mafias impitoyables, ils organiseront la horde à leur seul profit et afin d'en retirer le plus vite possible les plus gros bénéfices. La vie leur importera peu. Leur vision du monde sera binaire et simpliste : qui n'est pas avec eux est contre eux. Le phénomène émerge déjà, à la fois dans nos cités européennes mais aussi au niveau de trop nombreux États accablés par les bouleversements politiques en cascade ; je pense entre autres au Liban, à l'Irak, à nombre de pays d'Afrique noire, à la Russie... Bien sûr, les intérêts de ces différents clans seront *a priori* inconciliables entre eux. D'où des explosions ; groupe contre groupe, religion contre religion, bande contre bande. Ce qui restera de tissu social finira alors par se déchirer brutalement. Il n'y aura plus ni cohérence ni repères, et les formidables avancées que nous avons eu l'intelligence de développer disparaîtront : le service public, l'égalité des chances par l'école, le rôle modérateur de la police et de la gendarmerie, etc. Les fonctions régaliennes de l'État elles-mêmes finiront par s'estomper dès lors que bandes de mercenaires et milices privées se révéleront beaucoup plus efficaces que des armées et des polices dont les membres ne toucheront même plus leur solde, car les impôts auront bien sûr disparu. Qui, d'ailleurs, sera en mesure de les payer ? La loi du marché retrouvera sa plus primitive expression en redevenant loi de la jungle.

*

Cet enchaînement d'idées ne m'est pas venu alors que je gardais les brebis dans les montagnes en écoutant mon père. Elles se sont organisées au fil du temps, des expériences de la vie et de mes actions politiques. Mais la prise de conscience initiale, le premier mouvement de mon cerveau vers ces problèmes, je les dois à mon père. Et aussi à mon oncle Joseph, qui dressait le même constat mais d'une façon moins radicale, sans doute parce qu'il était plus engagé dans des actions concrètes.

Mon père appréciait nos longues conversations.

« Quand je parle de ces sujets avec les autres ils ne m'écoutent pas. Toi, tu m'écoutes, tu ne t'ennuies pas, tu es un peu différent des autres. Tu comprends nos problèmes et en même temps tu saisis que la modernité n'a pas que du mauvais. Un jour, si nous arrivons à survivre, elle nous permettra de lancer de nouvelles productions, de mieux mettre en valeur ces terres difficiles. »

Il voyait juste. Mais tout cela passe par une remise à la mode du concept de paysannerie et la revalorisation de notre savoir-faire, de notre culture, en un mot de notre identité, part déterminante de notre civilisation. Celle-ci est trop longtemps restée paysanne pour qu'on puisse gommer cet aspect du jour au lendemain. D'où la conviction de mon père :

« Toi, il faudra que tu entreprennes quelque chose, mais quoi ? Il faudra que tu parviennes à convaincre tout ce monde qu'il ne faut pas partir, que c'est une bêtise énorme. Qu'il y en ait quelques-uns qui s'en aillent comme il y a cent ou deux cents ans, d'accord. Ça s'est toujours fait. Combien des nôtres sont même partis, voilà moins de cent ans, jusqu'à la lointaine Californie au bord du Pacifique ? Mais on ne peut plus continuer à laisser partir ce que nous avons de meilleur. Il faut résister. Et la résistance commence par là. » (Actuellement, je suis entrain d'organiser, avec le comité départemental du tourisme et le conseil général des Pyrénées-Altantiques, la diaspora des Basques et des Béarnais du monde entier.)

D'autres avaient remarqué mon attention aux problèmes de nos montagnes. Malgré des résultats scolaires inégaux : j'étais bon en français, en histoire-géographie, j'adorais cela, je me défendais encore en sciences économiques. Mais dès qu'on en arrivait aux mathématiques, biologie, physique et chimie, je décrochais presque instantanément. J'accomplissais des efforts surhumains pour rester ne fût-ce qu'une minute ou deux accroché aux explications du professeur, mais c'était impossible. En fait, comme je n'avais aucune idée de ce à quoi ces matières pourraient bien me servir un jour, à la différence de l'apprentissage durant l'école primaire de l'arithmétique où j'excellais, là, mon esprit s'échappait. J'avais fort bien compris et aimé qu'un plus un soit égal à deux, j'avais adoré ces robinets qui coulaient et ces trains qui roulaient plus ou moins vite pour arriver à me faire déterminer l'heure de mon départ. Je m'y voyais, je m'y sentais bien. Mais cet ouragan de *x* et *y* qui s'abattait désormais tel un orage foudroyant sur le tableau noir me plongeait désormais dans un abîme de désespoir. Pourtant, malgré ma nullité en maths, j'ai beaucoup aimé les professeurs qui les enseignaient. Ils me l'ont toujours bien rendu.

Jean Pitrau répétait à mon père que je n'étais pas bête et qu'il fallait faire de moi un syndicaliste, ou plus précisément, ajoutait-il, un militant. Le curé prétendait quant à lui que je deviendrais un jour prêtre, tandis que l'instituteur me voyait bien continuer mes études... En somme, malgré mon caractère atypique, tous ceux que j'ai eu la chance de rencontrer durant cette époque portaient une attention confiante et bienveillante sur mon avenir.

Mais mon père avait son idée. Lorsque j'ai eu 16 ans, il a tout fait pour que je devienne un technicien de l'agriculture et de la terre. À cette époque il pensait qu'en tant qu'aîné je reprendrais un jour l'exploitation. Contre vents et marées, il m'a fait rentrer pensionnaire au lycée agricole de Montardon, près de Pau. Comme chaque fois que je devais quitter ma famille, le départ fut un déchirement. Maux de ventre, somatisations diverses... Tout au long des trois premiers mois je me répétais : « Si demain je suis aussi malheureux qu'aujourd'hui, je fugue. » Bien sûr, je ne l'ai jamais fait. Ensuite, passé les difficultés du début, tout s'est déclenché. Je suis sorti de mon isolement pour rentrer dans la vie collective. Le proviseur, un homme formidable, savait tirer ses élèves vers le haut, insérer dans un groupe les solitaires tels que moi – ce qu'il nommait, en bon adepte du rugby car il avait joué dans sa jeunesse deuxième ligne à Agen, le jeu collectif. Il s'appelait Maurice Paraillous, et je lui dois beaucoup. Arrêté sur dénonciation pour fait de résistance, il avait été déporté en 1941. Libéré par les Russes en 1945, il pesait 37 kilos. Et depuis lors, il ne cessait d'évangéliser ses élèves aux vertus de l'effort et de l'esprit de résistance. Il fallait que l'équipe de rugby soit très bonne, que l'équipe de handball soit très bonne, que le lycée se hisse parmi les tout premiers de France en matière de résultats scolaires, que chacun prenne des initiatives et aille jusqu'au bout de ses actes... Et ça marchait !

Un jour, j'ai lancé avec un groupe d'amis l'idée de la création d'une équipe d'animation au lycée. La décision de monsieur Paraillous n'a pas fait un pli :

« C'est génial, il faut la monter, cette équipe. »

Inconsciemment, je devais attendre ce déclic. Pour vaincre ma timidité je me suis alors mis à organiser avec quelques amis des soirées et à faire venir des artistes extérieurs au lycée. C'est ainsi que j'ai découvert le duo basque Etchamendy et Larralde qui atteignait un tel degré de perfection, de beauté, de force et de violence contrôlées, d'engagement, qu'il me donnait la chair de poule. J'ai découvert aussi Los de Nadau, un petit groupe dont les membres avaient à peu près le même âge que moi ; ils étaient mus par un grand enthousiasme et leurs créations en langues béarnaise et occitane étaient plus vraies que nature. Ces deux-là pris parmi tant d'autres ont aussi profondément marqué ma jeunesse par leur hardiesse indépendante et un peu prophétique. J'ai eu le bonheur d'accompagner avec l'ensemble du peuple du Sud les seconds à l'Olympia trente ans plus tard. J'y ai été convié aussi par Marcel Amont, l'inoubliable interprète du *Mexicain basané*, dont le père et la mère étaient originaires de la haute vallée d'Aspe. Après avoir connu l'immense succès des années soixante à Paris, il a écrit quelques-unes des plus belles chansons qui furent jamais écrites en langue béarnaise. Ami de longue date et conseiller avisé, il retrouvera peut-être un peu de sa vie dans ce récit.

Au début, face au micro et au public auquel je les présentais, j'avais un trac si terrible que je manquais de me trouver mal. Je trouvais toujours une phrase ou une anecdote à laquelle me raccrocher, mais il me fallait accomplir un effort surhumain. Lorsque je savais que je devais présenter une animation, j'attrapais une fièvre de cheval. Et puis, peu à peu je suis parvenu à me dominer et à prendre confiance en moi. J'ai fini par maîtriser la situation au point d'y prendre du plaisir. J'étais fou de joie. Sur ce, j'ai remporté un prix à un concours national littéraire sur le thème des camps de concentration, à l'occasion du trentième anniversaire de leur libération. Le bonheur de monsieur Paraillous à la remise de ce prix m'émut aux larmes. Je n'ai jamais oublié cet instant-là.

Grâce au lycée agricole je découvris mieux une autre forme de notre culture : le rugby. Je ne l'ai pas pratiqué bien longtemps, deux ans seulement au sein de la grande équipe du lycée qui à l'époque trustait finales et titres nationaux. J'ai eu la chance de jouer avec et contre quelques-uns des joueurs qui se sont illustrés par la suite. Je n'ai pas eu le temps de faire d'énormes progrès techniques. Habitué à courir dans la montagne sans arrêt, j'avais de l'endurance. Je me situais très vite parmi les tout meilleurs... durant les troisièmes mi-temps !

Après culture et sport, le lycée agricole de Montardon me fit même connaître une nouvelle expérience, la première d'une longue série puisqu'il s'agissait de mon premier mandat électif. Non seulement je n'étais plus considéré comme un paria, mais les autres élèves m'élurent pour les représenter. La fonction était intéressante, et je m'y jetai à corps perdu, avec toute la conviction que je mettais dans ce que j'entreprenais. Je l'accomplis avec tellement peu d'esprit de calcul qu'elle me valut une grave contrariété. J'ai peiné le proviseur, qui m'aimait bien autant que je l'appréciais, en prenant la tête d'un mouvement d'élèves qui exigeait l'obtention du mercredi après-midi libre de sortie, mesure à laquelle monsieur Paraillous s'opposait. Devant son veto, j'ai fait basculer le conseil d'administration en obtenant le vote à bulletin secret. J'ai éprouvé une forme de tristesse à contrer l'un des rares adultes, en dehors des membres de ma famille, à me faire une telle confiance. Mais du moment que je devais représenter les autres, je l'ai fait. De ce jour, j'ai considéré qu'un mandat électif peut prévaloir sur le respect de la hiérarchie et parfois même, malheureusement, sur celui des sentiments.

*

On aurait dit que le mauvais sort s'acharnait sur mes parents. Les vaches dévissaient sur nos pentes communales trop raides, et il en mourait chaque année cinq ou six sur la douzaine que comptait la ferme. Comble de malheur, plusieurs brebis attrapèrent des maladies infectieuses. Je devais avoir 12 ou 13 ans lorsque, sur le troupeau d'environ quatre-vingts têtes, il fallut en enterrer une cinquantaine en trois jours. Elles avaient toutes succombé à une épidémie foudroyante. Mon père, qui comme tous les bergers a toujours aimé ses brebis autant qu'il aimait sa famille, creusa une grande fosse, malgré le rocher qui affleurait partout, pour les y enterrer. Et là, impavide, il a simplement commenté :

« Ça ne fait rien, j'en élèverai d'autres... »

Ces difficultés permanentes, cette lutte que devait mener mon père, j'en souffrais. Il avait arrêté les estives durant quelques années, le temps de nous voir grandir, et c'est à cette époque que les problèmes s'étaient accumulés. Fort heureusement, durant toute cette période, Jean Gourgues, le cousin germain de mon père, qui avait épousé ma cousine Charlotte, nièce de ma mère, venait très régulièrement chez nous nous apporter une aide déterminante à la survie de la maisonnée. Habile et vaillant en diable, il savait tout faire. Il répara notre maison, reconstruisit la porcherie et le poulailler que le tremblement de terre d'Arette avait mis à mal. Il n'arrêtait jamais. Il mourut malheureusement bien jeune, deux mois avant son fils unique Philippe, foudroyé à 20 ans dans un accident de voiture, et peu de temps avant que notre autre cousin Michel Toralba et son épouse ne disparaissent tragiquement emportés par une avalanche.

Mon père reprit la transhumance quand je partis suivre mes études au lycée agricole, et il sembla qu'à force de travail et d'économies un fragile équilibre revint à la ferme. Nous n'allions plus sur l'estive d'Estaëns mais sur celle d'Alhary, tout près d'un autre lac, celui d'Arlet cette fois-ci. Nous y accédions par les petites vallées d'Aubise ou de Lhers où toutes les maisons s'ouvraient chaleureusement sur notre passage. Une nuit, il fit une chute de plusieurs mètres. Il se fractura le bassin, plusieurs vertèbres et autant de membres. D'après les médecins, qu'il ait survécu à une telle chute relevait du miracle. Mais la gravité de ses blessures allait l'immobiliser près de deux ans sur un lit de plâtre.

Aussitôt informé, j'accourus à son chevet. Mon père était intubé de partout. J'ai immédiatement pris la décision de rester à la ferme pour m'occuper des bêtes. Mon père m'a fait comprendre par un mouvement des yeux, car il ne pouvait ni parler ni bouger, que je devais repartir. Il n'en était pas question. Comment trouver un berger remplaçant alors que tous étaient déjà pris par leurs estives ? Je n'avais qu'une seule chose à faire pour éviter la déroute de l'exploitation : assumer immédiatement la relève aux côtés de mon frère.

J'ai donc repris le troupeau et, en tant que jeune agriculteur – j'avais 19 ans –, touché une partie de la prime à l'installation que le gouvernement, enfin préoccupé par la désertification des campagnes, venait d'instaurer. Pendant tout ce temps, avec ma mère et mon oncle Joseph, nous avons réussi à faire tourner la ferme. Les coups durs se sont un peu atténués. Il a été possible de nourrir les sept personnes que comptait désormais la maisonnée.

Au lycée, j'avais pris goût à l'animation culturelle. Je me suis donc peu à peu investi dans la vie du village où, avec les copains retrouvés, nous constituâmes bientôt un comité des fêtes. Le succès fut rapidement au rendez-vous. Désormais, on venait de loin à Lourdios-Ichère pour assister à ses bals et spectacles. Sur la lancée et avec ces mêmes amis, nous avons créé un foyer rural. La famille restait dans la peine, avec notre père toujours impotent, mais tous ces jeunes qui passaient chez nous apportaient une grande joie.

Puis mon père a voulu repartir là-haut, malgré toutes les interdictions du médecin qui le considérait comme beaucoup trop fragile, d'autant plus qu'on lui avait découvert une faiblesse cardiaque, alors que depuis l'âge de 20 ans il n'avait plus qu'un seul poumon. Mais lui n'a rien voulu savoir. Au lieu de la quinzaine d'heures habituelles, il mettait maintenant deux jours pour faire le chemin. Mon frère et moi l'accompagnions pour être sûrs qu'il ne lui arrive rien. Que de souffrances silencieuses imposées au corps mutilé et affaibli d'un homme qui, sans cesse au bord de la rupture, n'avait qu'une idée en tête : retrouver ses chères brebis sur les sommets ! Nous conduisions la partie la plus délicate de la transhumance en guidant les cochons prompts à s'échapper dans toutes les directions à la moindre occasion et jusqu'à l'étouffement. C'était encore pire avec les chèvres : dès qu'elles apercevaient un rocher qui dépassait, elles s'y réfugiaient narquoisement. Plusieurs heures étaient parfois nécessaires pour les en déloger et les remettre sur le bon chemin. Il ne fallait pas pour autant perdre de vue un seul instant les mulets et l'âne qui transportaient sur leur dos l'ensemble du paquetage indispensable là-haut. Lorsque nous parvenions enfin avec ce cortège improbable au sommet de la montagne, dans la cabane, toute fraîche au-dessus des sapins, les brebis et les vaches ainsi que la première partie de l'équipée étaient déjà arrivées depuis longtemps. Il régnait une ambiance colorée et musicale, les cloches tintaient allégrement car les bêtes qui les portaient autour du cou avaient attaqué goulûment l'herbe des sommets. Toute l'équipe prenait alors place autour d'une table improvisée sur un grand rocher. Certains avaient déjà eu le temps de dormir un peu, d'autres avaient choisi de soigner leurs courbatures au Ricard et à l'eau des sommets si délicieusement fraîche. Nous mangions avec appétit ; toutes les péripéties du voyage nous revenaient alors en mémoire et l'on riait de bon cœur. Puis les premiers chants s'élevaient comme une offrande à la montagne et au ciel pour que l'estive soit réussie. Mon père, ses frères, les miens, ma tante, mes cousines, les voisins constituaient alors la plus belle chorale qu'il m'ait jamais été donné d'entendre.

Mais n'allez pas croire que tout était idyllique. Les jours de beau temps l'estive et le travail de la montagne sont un vrai bonheur. C'est déjà moins drôle lorsque la canicule s'installe pendant plusieurs semaines : dévorées par les mouches, les vaches ne tiennent pas en place lors de la traite. Mais le pire, que dis-je, l'enfer, surgit soudain avec l'étrange bourdonnement des abeilles lorsque la foudre menace avant de s'abattre à quelques mètres seulement, bien des fois sur le troupeau lui-même. Il se poursuit au cours de ces longues semaines de pluie et grêle ininterrompues, entraînant même en plein mois de juillet une brutale chute de neige. Le brouillard, véritable purée de pois, colle littéralement à la montagne des jours et des jours durant, il colle aux bêtes, il colle au moral des bergers qui n'ont rien pour faire sécher leur linge. Même la paillasse est humide, la traite dans ces conditions devient longue et tellement difficile. Et puis il y a l'ours, encore lui, qui choisit ces périodes pour harceler le troupeau. J'ai vu mon père passer quinze nuits blanches consécutives aux abois, à surveiller, à hurler pour le mettre en fuite. Les deux chiens patous, seuls à ne pas avoir peur, donnaient férocement de la voix et tentaient eux aussi de chasser l'intrus. Chacun sortait de ces longues périodes brisé comme les marins après une trop longue tempête en mer.

Soudain mon père se levait.

« Allez, nous rechanterons ce soir, il faut monter le toit de la cabane. Les tôles se trouvent sous les pièces de bois qui vont nous permettre d'ajuster la charpente. »

Quelle charpente de fortune ! Le tout était enfin consolidé par de volumineux rochers entreposés au-dessus du toit. Il fallait ensuite préparer les enclos pour les brebis, les vaches, les cochons, enlever les grandes cloches qui avaient servi pour la transhumance et mettre celles plus douces des estives. Il fallait dérouler le long tuyau d'eau et aller le brancher à la source distante de 300 mètres. Les femmes s'activaient pour organiser l'intérieur de la minuscule cabane. Enfin se déroulait la traite du soir qui permettait avec celle du matin la fabrication des premiers fromages d'estive. Le lendemain, nous laissions mon père et mon frère seuls tout là-haut. Mon oncle Baptiste et mon cousin Daniel avaient leurs estives non loin de là, tout comme les autres bergers du village. Ma mère, mes sœurs, mon oncle Joseph et moi redescendions pour assurer les travaux des foins à la ferme.

*

À son tour l'oncle Joseph est tombé malade. Il est resté plus de quatre ans alité, souffrant de maux divers dont la fièvre de Malte, une maladie fréquente chez les éleveurs et dont les manifestations ressemblent au paludisme. Malgré du travail par-dessus la tête, je continuais à animer un groupe de garçons et de filles qui chantaient chaque week-end dans les différents villages de la région. On nous réclamait de partout. À cette période de ma vie, j'ai tout fait ; chaque fois qu'une occasion se présentait, je sautais dessus. J'ai été animateur de courses cyclistes aussi bien que de rencontres Intervilles, fait venir des chanteurs connus, présenté des soirées béarnaises où le public, un peu médusé, découvrait la différence entre le jeune garçon qu'il connaissait, gauche et maladroit, et le jeune adulte que je devenais. Je commençais à me sentir bien.

Très vite, a commencé à germer chez certains l'idée que je pourrais peut-être devenir maire. Mon oncle, qui l'était alors, m'encourageait en ce sens. Il était content de voir que la jeunesse parvenait à unir tous les habitants lors des fêtes que nous organisions, car il avait beaucoup souffert des divisions internes au village. Non pas entre gauche et droite, comme souvent, mais entre haut et bas au sens géographique ; en haut les propriétaires, en bas d'autres propriétaires mais aussi les ouvriers et les journaliers sans terre le long du gave. Nous, les Lassalle, nous faisions géographiquement partie des plus bas mais nous nous retrouvions avec ceux du haut. Nous étions en somme dans une situation paradoxale. Cette singularité explique peut-être ma volonté de ne pas faire partie d'un bloc, d'un groupe trop marqué. Mon identité d'origine est morcelée : je suis fils de propriétaires, mais à la limite du précaire. En outre, comme des sensibilités politiques très différentes étaient représentées dans ma famille, j'évolue depuis l'enfance d'un bord à l'autre à la recherche du bon équilibre, du compromis juste. D'une certaine façon, j'ai été centriste avant de le savoir.

C'était donc la réunion du village que je symbolisais. Avec l'aide d'Adrien Miramon qui allait devenir mon premier adjoint, de mon oncle et de Jacques Loustalet, nous étions rentrés en campagne sans même nous en rendre compte. Jacques Loustalet avait une personnalité tellement marquée qu'il s'était un peu imposé comme le chef spirituel du village. Éleveur, berger lui-même, fils, frère et père de berger, l'univers des champs et des montagnes n'avait pas de secrets pour cette force de la nature. Ancien syndicaliste agricole, il était lui-même devenu maire très jeune. À la tête d'une grande et belle famille qui m'a toujours apporté un soutien sans faille, cet homme a marqué mon esprit par la volonté inébranlable et la force communicative qu'il portait en lui. Il ne leur restait qu'à me pousser un peu pour que je bascule vers la politique.

« Fais une liste d'union, mets tout le monde dessus, comme ça il va enfin y avoir la paix dans ce putain de village », me répétaient-ils.

Sur ce, tous les anciens, qui sentaient qu'il se passait quelque chose, se retirèrent du conseil municipal. En un mouvement plein de générosité et de lucidité, ils laissaient la place aux jeunes. J'apparus bientôt comme l'homme de la synthèse – même si, comme toute synthèse en France, celle-ci n'a duré que vingt-quatre heures. Car le lendemain une autre liste toute composée de copains qui n'avaient pas trouvé de place sur la nôtre se présentait aussi ! Je devins maire. J'avais 21 ans.

Un journaliste de *Sud Ouest* est venu me photographier, et son article mentionnait que j'étais le plus jeune maire de France. Surprise de taille : je reçus un mot du président Giscard d'Estaing qui me félicitait de mon élection tout en prenant soin de rappeler que je la lui devais puisqu'il avait abaissé l'âge d'éligibilité du maire de 23 à 21 ans. La lettre se terminait par une invitation : je serais bientôt convié à une réception au palais de l'Élysée.

Maman prétendit qu'il me fallait un costume. Cela tombait bien car mes amis du festival de Siros qui s'apprêtaient à m'en confier la présentation le pensaient aussi. L'un d'entre eux décréta même qu'il le fallait taillé sur mesure et en alpaga noir. Maman fit donc venir un brave homme qui passait de ferme en ferme pour vendre des tissus ; tout le monde l'appelait Jésus parce qu'il parlait sans cesse de Jésus. Lui qui avait l'habitude de vendre des costumes dépareillés m'a donc fait faire le bel ensemble souhaité. Il ne me restait plus qu'à attendre l'invitation officielle. Quelque temps plus tard, ma mère lut sur le journal que le plus jeune maire de France avait été reçu la veille au soir à l'Élysée. Elle eut alors cette réflexion empreinte d'incrédulité :

« Mais ils racontent n'importe quoi dans le journal ! Tu ne pouvais pas y être, puisque tu n'es pas encore parti ! »

En fait il s'agissait d'un autre maire, le plus jeune de France, celui-ci. *Sud Ouest* et le président s'étaient trompés. Ce type avait quatorze jours de moins que moi. Il était maire de Luxe-Sumberraute au Pays basque. Il s'agit de Barthélémy Aguerre, actuel vice-président du conseil général des Pyrénées-Atlantiques et l'un de mes proches amis. Les deux maires les plus jeunes de France furent donc élus en 1977 par des Basques et des Béarnais. J'ai donc utilisé mon costume en alpaga pour présenter cette année-là mon premier festival de la chanson béarnaise à Siros. Et tant pis pour la réception à l'Élysée !

*

« Je vais mieux, commença un soir mon père. Je vais reprendre la transhumance. Mais toi, Jean, je pense que c'est une bêtise de rester à la ferme. Tu aimes la terre, c'est vrai, mais ton frère Julien, lui, il parle aux animaux. Ce serait peut-être mieux que ce soit lui qui la reprenne. Quant à toi, tu pourrais essayer de trouver un emploi qui te conduise à sortir un peu, à voir d'autres horizons. Trouve un métier dans les environs. Forges-y ton propre destin. D'autres te suivront. »

La séparation d'avec le monde de la ferme, le monde de mon enfance, de ma jeunesse, des estives, n'a pas été facile pour autant. Il m'a fallu des années pour me faire à l'idée que si je n'y travaillais pas directement, je pouvais tout de même y être utile. Dès que j'avais une minute je fonçais à Lourdios-Ichère, quitte à rouler pendant 500 kilomètres en pleine nuit pour être aux premières heures à la maison et donner un coup de main à mon frère. J'avais le sentiment que c'est là que je servais vraiment à quelque chose. Le reste, la politique, les réunions, les débats au conseil général, me paraissaient certes importants, mais j'avais besoin d'agir physiquement, de fouler la terre, de toucher les bêtes, de les soigner, de bâtir un bout de mur, de couper les foins, d'abattre un arbre pour fabriquer un râtelier. C'est vraiment là que je me sentais le mieux, comme toujours. Je crois que ce sentiment a changé quand, en me mariant, j'ai pris conscience que j'avais désormais la responsabilité d'une famille, et que mon tour était venu, avec mon épouse et les enfants qui allaient venir, d'ouvrir une autre voie comme mon propre père avait su l'ouvrir pour moi.

# 3

# Premiers combats

La Providence organise parfois mieux les choses que nous ne saurions le faire. À peine sorti de cette discussion avec mon père qui changeait mes projets, je trouvai un travail.

Le lendemain, en début d'après-midi, le facteur me fit passer un message de la cabine téléphonique pour m'indiquer qu'une certaine madame de B. avait cherché à me joindre et que je devais la rappeler. Le facteur ? Oui, car en cette fin des années soixante-dix nous ne possédions pas plus le téléphone que la télévision. Nous vivions coupés du monde moderne et ne songions pas à nous en plaindre. J'avais passé mon permis de conduire, mais comme on accédait à la ferme par un chemin de terre, il me fallait laisser la voiture à 2 kilomètres de la maison.

Les B. ne m'étaient pas inconnus. Ils faisaient partie des représentants des parents d'élèves du lycée agricole de Montardon et avaient pris ma défense lors du combat qui nous avait opposés au proviseur à propos du fameux mercredi après-midi. Je les appréciais d'autant plus que j'étais amoureux fou d'une de leurs filles. Donc, direction la cabine téléphonique sur-le-champ.

Madame de B. m'expliqua l'objet de son appel. Son mari, directeur d'un important cabinet d'études, avait décidé de quitter cette société pour ouvrir son propre cabinet. J'écoutais ce que me disait cette dame, sans trop comprendre où elle voulait en venir, lorsqu'elle ajouta :

« Et comme nous vous avons apprécié, nous aimerions que vous veniez travailler avec nous. »

Cette proposition me surprit autant qu'elle me ravit.

Je retrouvai monsieur et madame de B. à Pau comme convenu. Ils me reçurent dans leurs futurs bureaux, un appartement vide et assez vaste dont un jeune type peignait les murs d'un air tranquille. Monsieur de B. m'expliqua qu'il disposait des deux éléments principaux pour créer son propre cabinet spécialisé dans les travaux d'irrigation et de drainage : une clientèle et la confiance du ministère de l'Agriculture.

« J'ai vu l'énergie que vous avez déployée au lycée et ensuite dans votre commune. Je sais que vous venez d'être élu maire. Il me faut quelqu'un comme vous pour parler au monde agricole, mener des études socio-économiques, examiner la situation sur le terrain et diriger d'importants chantiers. »

Irrigation, drainage, bassin de rétention, barrage, dérivation... autant de termes techniques qui me changeaient brusquement de la ferme parentale. J'opinai du chef tout en pensant que, si j'acceptais le poste, je pourrais peut-être revoir leur fille. Puis il me présenta le type qui peignait les murs. C'était le collègue qu'il venait d'embaucher. L'autre retira son masque et enchaîna :

« Je suis technicien supérieur en photographie, mais en attendant, comme il fallait peindre les murs, alors je peins les murs. C'est ce qui risque de t'arriver.

– Non, les murs, c'est fini pour le moment, l'interrompit le patron. Demain j'ai besoin de vous deux car on entame un chantier et on va le voir ensemble. Il se trouve dans la vallée du Sor entre Revel et Castres, à cheval sur la Haute-Garonne et le Tarn. »

Le lendemain, comme prévu, nous sommes partis tous les trois à 4 heures du matin pour aller écouter des paysans dans des villages éparpillés tout au long de la vallée. Le sous-préfet et le directeur départemental de l'Agriculture participaient aux réunions et expliquaient que toutes les terres devaient être irriguées. Il s'agissait d'augmenter très sensiblement la production du maïs notamment, mais aussi des cultures légumières dans la région. J'écoutais, je regardais de tous mes yeux pour essayer de suivre les explications des uns et des autres, car j'avais du mal à faire le lien entre les choses dont on parlait. Les travaux prévus me parurent gigantesques. Il s'agissait d'aller se brancher sur un lac de la Montagne Noire dont les capacités seraient étendues pour constituer un bassin de réserve capable d'alimenter tous les cours d'eau de la plaine. Il fallait ensuite prévoir des stations de pompage pour amener l'eau sur près de 10 000 hectares.

À la tombée de la nuit, le patron regarda sa montre et me dit :

« Je suis très en retard, j'ai un train à prendre, vous allez me conduire à Toulouse. »

C'était à 70 kilomètres. La situation devenait surréaliste. Depuis le matin je participais à des réunions auxquelles je ne comprenais à peu près rien, mon collègue servait accessoirement de peintre et maintenant je faisais le chauffeur. Nous sommes partis tous les trois en prenant rapidement congé.

À peine arrivés à la gare, le patron annonça la couleur :

« Il faut que j'aille à Paris. Vous assurerez tous les rendez-vous de cette semaine. Vous avez vu aujourd'hui comment ça se passe, vous expliquerez à tout le monde ce qu'on va faire. »

Le collègue a répliqué sèchement :

« Moi, je n'explique rien à personne.

– Mais ce n'est pas à vous que je m'adresse, a rétorqué le patron. C'est à monsieur Lassalle. Vous, vous vous contenterez de l'aider. »

Je n'en croyais pas mes oreilles, et visiblement le collègue non plus. Je me permis de prendre la parole.

« Je ne suis pas capable d'animer ces réunions, je vais tout foutre en l'air ! »

Monsieur de B. a alors posé son regard sur moi, avec une sorte de stupeur interdite qui m'a cloué sur place.

« Vos propos me surprennent. Je croyais que j'avais engagé un montagnard, c'est-à-dire un homme de caractère. Est-ce que je me suis trompé ? »

Je ne répondis rien. Puis le patron sortit de la voiture en nous lançant : « Je suis très pressé, bonne chance ! » et disparut dans la gare. Nous sommes rentrés à l'hôtel. Le photographe était de très mauvaise humeur.

« Tu as eu tort, tu aurais dû refuser comme moi. De toute façon je ne ferai rien mais, comme il a compris que toi, tu acceptais le boulot qu'il te demande, tu m'obliges à dégager. Je t'avertis, demain, je rentre en stop. Je n'ai rien à faire de toutes ces histoires, je n'y comprends rien. Qu'est-ce qu'il a dit : que de 40 quintaux de maïs ils vont passer à 80 ? Peut-être même à 100 ? Qu'ils vont faire du maïs semence, des fraises, et quoi d'autre encore, pourquoi pas du riz tant qu'on y est ? Ça tomberait à pic, car pour moi c'est du chinois toute cette affaire. Tu sais comment on agrandit un lac, toi ? »

Je ne répondis rien. Ce patron me plaisait. J'avais compris qu'il marchait au feeling, qu'il y avait en lui un côté artiste dont je me sentais proche. Mon collègue était plus technicien. Il appartenait à la catégorie des gens qui, à tout jamais, ont décidé qu'ils savent faire ceci et pas cela. Il comptait seulement quelques années de plus que moi, mais sous ses abords bougons se dissimulaient un esprit vif et une âme sensible. Il n'est malheureusement plus de ce monde. Nous devînmes rapidement de très bons amis, car finalement il est resté dans l'équipe. Il n'empêche que nous sommes retournés ce soir-là à l'hôtel dans une ambiance sinistre. Il faisait la tête. Il a continué à se plaindre tandis que je prenais les liasses de documents que le patron nous avait laissés. Toute la nuit je les ai potassés pour essayer de comprendre de quoi on parlerait le lendemain. Les schémas me semblaient extraordinairement complexes. En plus il fallait remplir des bulletins d'enquête, des formulaires techniques que je n'avais jamais vus de ma vie.

Le lendemain matin j'ai commencé la première réunion d'une longue série qui devait durer toute la semaine. Le sous-préfet, le directeur de la DDA, une trentaine de maires et une cinquantaine de paysans étaient présents. En apprenant que le patron du cabinet avait été obligé de partir précipitamment pour Paris, le sous-préfet s'est montré furieux. Je lui ai assuré que j'étais parfaitement au courant des problèmes, ce qu'il a fait semblant de croire afin de ne pas lui-même perdre la face devant ses interlocuteurs. Il n'avait pas le choix. D'ailleurs je me suis vite rendu compte qu'il s'y connaissait encore moins que moi.

Le président de l'association syndicale, très volontariste, s'est lancé dans un discours de comice agricole, puis le sous-préfet a annoncé qu'il passait la parole au technicien. C'était moi. Je me suis lancé. Avec le travail de la nuit, j'avais réussi à comprendre l'essentiel. J'ai donc détaillé les problèmes qui se posaient et les solutions que le cabinet proposait. Je me suis parfois senti en difficulté, mais je m'en suis plutôt bien sorti, d'autant qu'à ces moments-là le photographe se livrait à l'un de ses traits d'humour dont il avait le secret et rassurait l'audience sur notre parfaite complémentarité et notre maîtrise du sujet. La suite s'enchaîna sans difficultés majeures.

J'ai suivi ce chantier jusqu'au bout. Même si, au départ, je ne possédais pas toutes les connaissances techniques, j'ai vite compris la nature générale du projet. Je visualisais les sites, je me forgeais une pratique sur le terrain. Surtout, j'ai très vite saisi qu'en fait la clé de la réussite d'une telle entreprise réside dans le fait de mettre les gens d'accord entre eux. Après, faire passer des gros tuyaux d'irrigation à travers champs et remettre de l'eau dans les gaves pour qu'ils alimentent ces tuyaux n'était pas un problème. Ce qui comptait, c'était l'assentiment des personnes, la conviction qu'ils avaient participé aux débats et que les techniciens n'avaient pas décidé de tout à leur place, mais avaient simplement permis de concrétiser leur volonté. Nous avons ainsi irrigué des milliers d'hectares dans les départements du Lot-et-Garonne, du Lot, de l'Aude, de l'Ariège...

Tout au long des quatre ans où je suis resté dans leur société, monsieur et madame de B. m'ont beaucoup apporté. Ils m'ont appris à travailler différemment, à m'organiser et à gérer les situations nouvelles. Je leur dois donc mon véritable apprentissage professionnel. Anne de B. était professeur de philosophie et, grâce à Jacques de B., j'ai compris qu'on ne pouvait travailler de manière durable qu'en relation étroite avec les autres. Et qu'un beau projet est toujours le fruit d'un véritable échange, sans faux-semblant, non-dit ou tricherie. Il est l'un des plus grands ingénieurs qu'il m'ait été donné de rencontrer dans ma vie.

Ils m'avaient proposé de prendre leur suite, mais l'importance de l'entreprise m'impressionnait. Je préférai me lancer tout seul dans l'aventure. J'étais jeune, je connaissais désormais un peu ce métier, j'avais envie de créer une entreprise qui ne dépendrait que de moi et me permettrait enfin de gérer directement mon emploi du temps et, ainsi, de tendre à cette indépendance à laquelle je tenais tant.

Il est très difficile lorsqu'on est élu politique d'assurer un travail salarié même si dans mon cas tout se passait bien ; on éprouve un sentiment de culpabilité perpétuelle à demander un après-midi, une matinée, à sortir deux heures plus tôt que prévu. Se posait aussi le redoutable problème de l'indépendance. Je sentais que pour poursuivre la tâche politique qui s'esquissait, il me fallait absolument ne dépendre que de moi. Une obsession m'habitait depuis que j'avais commencé à travailler à Pau et à me déplacer à travers toute la France, parfois même à l'étranger, pour suivre nos chantiers : je ne voulais pas prendre d'appartement à Pau. D'abord mes modestes revenus ne le permettaient guère, mais surtout j'avais le sentiment que j'y installerais mes habitudes et que, très vite, à mon tour, je ne serais plus de mon village. Par conséquent, je décidai lorsque j'étais à Pau de dormir dans ma voiture. Un vieux Renault break dans lequel je repliais tous les matins un petit matelas et un sac de couchage faisait parfaitement l'affaire. J'allais me garer tous les soirs devant le foyer des jeunes travailleurs de Gelos tenu par Alain Hugelé, qui devint rapidement un ami très proche. Compte tenu du coût modique, j'allais y prendre mes repas du midi et, la nuit venue, y retrouver mon réverbère. Alain n'aimait pas ça du tout et voulait que je rejoigne son foyer. Cela m'était impossible. Je ne fis exception à cette règle-là que durant deux très courtes périodes : la première au tout début de ma nouvelle vie lorsque Michel Toralba, mon cousin, m'accueillit dans son appartement, la seconde pour faire plaisir à Charlotte, qui était devenue ma petite amie et qui compta tant durant ces années-là. Elle n'est plus de ce monde non plus.

Se mettre à son compte est une bonne chose mais je n'avais pas un centime en poche. Le peu que je gagnais servait aux courses pour la maison et à améliorer l'ordinaire – j'avais par exemple fait une folie, selon ma mère : l'achat d'une télévision couleur. Un homme m'a beaucoup aidé : Max Fauchay, président du Syndicat départemental d'électrification. Il m'a confié quelques travaux de lignes électriques et au bout d'un an, après la mise en concurrence légale, la totalité de son programme. Sauf que je n'étais pas très éclairé quant à la façon de construire des lignes électriques ! Je me suis donc remis à bûcher, j'ai écouté les uns, les autres, consulté des copains d'EDF qui m'ont tous mis en garde : « Tu es fou ! On y a passé des années pour apprendre ! Tu n'y arriveras jamais ! » L'un d'eux, Charly, un ami très proche, entreprit même de me donner des cours du soir.

J'aménageai à la ferme mon cabinet dans une petite pièce pompeusement rebaptisée « salon ». J'y installai mon bureau. Il est évident que nous étions encore loin du télétravail et qu'installer un bureau d'études dans une ferme si perdue ne coulait pas forcément de source ! Puis j'ai engagé une voisine qui venait de décrocher son BTS de secrétariat et ne trouvait pas de travail. J'ai mis les formes en la prévenant.

« J'ai un boulot pour toi, mais j'ose à peine te le dire : je n'ai aucun contrat, pas un sou pour te payer, même pas une machine à écrire, et ça se passe dans la ferme de mes parents. Tu es sûre que tu es toujours d'accord ? »

J'ai déniché une tireuse de plan d'occasion, la jeune femme a apporté sa machine à écrire et nous avons commencé. Je crois que je n'ai jamais autant travaillé que durant cette période-là. Le jour, j'enchaînais les réunions du conseil général et les visites de terrain, puis toute la nuit je me plongeais dans les calculs abscons des pertes de charge et d'évaluation du poids de la neige sur les fils électriques. Le soir du réveillon de 1984, ma mère est venue me dire :

« Tu n'as pas mangé. Il est minuit, viens donc un peu avec nous à la cuisine. »

Il est vrai que ce réveillon-là était un peu particulier car c'est la première fois depuis l'avènement du foyer rural que le réveillon villageois n'avait pas lieu. Nous étions en deuil. Francis, jeune berger, véritable pilier de la formidable aventure que vivaient les jeunes de Lourdios-Ichère à cette époque, venait de mourir huit jours auparavant dans un tragique accident de voiture, en revenant de la traite du matin. Ce terrible événement allait malheureusement être suivi de deux autres qui briseraient l'élan d'une bien belle histoire. Annie, la trésorière du foyer et véritable frangine dotée d'un enthousiasme hors du commun, et Marcel, le jeune berger charpentier, nous quittaient à leur tour. Fauchés dans la fleur de l'âge. En cette nuit de Saint-Sylvestre, je rejoignis donc mes parents pour une fin de soirée bien morose. En fait nous avions absolument besoin de parler, comme toujours. Toute la nuit durant, nous nous remémorâmes ce qui avait été vécu dans notre petit village depuis une dizaine d'années. Nous avions organisé des fêtes qui aujourd'hui encore m'apparaissent incroyables. Nous formions un groupe de jeunes unis comme des frères. Chacun possédait son propre réseau d'amitié construit au hasard de sa jeunesse. Nous chantions ensemble, nous dansions et surtout nous étions animés par un esprit de fête que je n'ai jamais retrouvé nulle part ailleurs. Jamais il n'y eut autant d'omelettes au petit matin, tantôt chez l'un tantôt chez l'autre. Nous vécûmes ainsi chez Jean-François et ses sœurs des moments d'éternité.

Grâce à Alain Hugelé, nous avions entrepris des voyages d'échange avec le Québec d'abord, puis l'Allemagne, l'Irlande, l'Égypte... Une trentaine d'entre nous partait tous les ans vers une de ces lointaines destinations, et nous recevions ensuite dans nos fermes ceux qui venaient de nous accueillir chez eux. Ce fut une belle aventure. Elle nous permettait de retrouver à Paris, pendant un ou deux jours précédant les grands voyages, les amis qui s'y étaient installés. Tant de fortes personnalités animaient notre groupe que nous ne passions inaperçus nulle part et nous nous faisions des amis partout. Nos parents, au départ incrédules, participaient activement à l'épopée. Mais le plus important fut pour nous de découvrir que les problèmes que nous pensions uniques en leur genre chez nous

– exode rural, difficulté à reprendre une exploitation agricole, avantages et inconvénients de la vie à la campagne ou à la ville... – se retrouvaient avec acuité partout dans le monde. Je pense que cela a pesé dans le choix incroyable qu'ont fait à ce moment-là une vingtaine de jeunes de reprendre leur exploitation dans notre commune.

Ce soir-là, je ne revins pas à mon travail et partis me coucher directement. Ce retour en arrière nous avait apaisés.

Finalement je m'en suis sorti, et le petit cabinet a pu prospérer. Mon cousin, Philippe Lassalle, m'a rejoint. Il est l'un des fils de Jean-Pierre, le frère aîné de mon père, lequel est resté, malgré ses innombrables tentatives de fuite, prisonnier en Allemagne durant toute la durée de la guerre. Avec Philippe, je me sentais complètement rassuré, car lui était un authentique technicien et, plus encore, un technicien de très haut niveau. Il m'a accompagné toute la vie. Il avait auparavant travaillé avec moi chez les B. Nous nous sommes associés, pour la énième fois j'ai hypothéqué la ferme de mes parents et déménagé toutes mes affaires dans de nouveaux locaux mieux adaptés à notre travail que j'ai achetés à Pau. En plus des lignes électriques, nous avons refait des lacs collinaires, des retenues d'eau, de l'assainissement. Nous avons vu plus grand. Achat du tout premier ordinateur, embauche de salariés, dont un ingénieur hydrogéologue, Frédéric Prétou – un autre cousin. Le travail ne manquait pas. Nous sommes arrivés à employer une dizaine de salariés. Notre spécialité : les études techniques rurales et agricoles.

Jusqu'à la fin des années quatre-vingt, le métier d'ingénieur-conseil jouissait d'une grande considération. Mais soudain, les scandales sur les cabinets fantômes, qui servaient au financement des partis politiques, du type Urba, défrayèrent la chronique judiciaire. Des soupçons ont alors pesé dans ce sens sur celui que j'avais créé, et j'en ai éprouvé une profonde contrariété. Au demeurant nous n'avons jamais eu à répondre à des attaques bien sérieuses, mais plutôt à faire face à une forme de suspicion pour vérifier que nos comptes ne dissimulaient rien et qu'il n'y avait pas de délit de favoritisme. La question a ensuite été évoquée lors d'une assemblée générale du Syndicat d'électrification, et j'ai tenu à me justifier publiquement. Cette scène m'a marqué. Moi qui m'étais donné tant de mal pour choisir un métier où mon indépendance financière ne pourrait être suspectée et pour qui liberté et éthique sont des maîtres mots, je découvrais qu'aux yeux de certains la politique demeure toujours un peu louche. Ensuite tout cela s'est calmé. Nous avons finalement été totalement blanchis, mais j'ai retenu la leçon : même irréprochable, l'élu politique est souvent soupçonné. Il lui faut donc avoir réponse à tout.

J'ai donc travaillé pendant près de vingt ans comme ingénieur-conseil. Puis, j'ai laissé le cabinet à mes cousins en 2002, juste avant d'être élu député.

*

Depuis le mois de mars 1982, un autre changement d'importance était apparu dans ma vie : je venais d'être élu au conseil général, en même temps qu'un certain François Bayrou et Jean-Jacques Lasserre, l'actuel président du conseil général des Pyrénées-Atlantiques, qui inauguraient eux aussi leur premier mandat à l'assemblée départementale. Mon élection me causa à la fois de la joie parce qu'elle était au départ fort compromise mais aussi un sentiment nimbé de tristesse et de crainte. Tristesse, d'abord, car je venais d'affronter pour la première fois quelques-uns des hommes qui ont compté dans ma vie et dont rien n'avait pu me séparer jusqu'alors : des amis proches, et même un de mes cousins. Crainte, ensuite, car je voyais l'ampleur et l'exigence de la tâche qui m'attendait. Je m'étais présenté en effet dans un canton, celui d'Accous, en vallée d'Aspe, où François Mitterrand, lors du scrutin présidentiel de l'année précédente, avait réalisé un score de 60 %. Et où le candidat socialiste aux législatives avait été élu en juin par un score supérieur encore. À vrai dire, je n'avais aucune envie de me présenter. Cette tâche m'effrayait. Je connaissais pourtant cette vallée pour l'avoir arpentée de long en large toute ma jeunesse durant et elle m'apparaissait à la fois mystérieuse, passionnée et rebelle. Elle venait de se donner quelques années auparavant une génération de jeunes maires qui avaient pris la mesure de la mutation en cours et qui étaient bien décidés à l'assumer. Mais la « pression amicale », comme on dit, de la part de quelques proches, se faisait de plus en plus pressante pour me présenter. Parmi eux, citons entre autres :

– Pierre Moulia, le menuisier, aussi habile de ses mains qu'agile d'esprit : il avait chaque jour trois arguments de plus. Compagnon de route de la première heure, il est resté un de mes amis les plus enthousiastes et les plus proches ; il a pris une part déterminante dans la construction de notre maison ;

– Bernard Sarraillher, le maire de Cette-Eygun, qui, lui, a tout simplement transfiguré son village et a fait, après force expropriations, acquisitions et reconstructions, du belvédère de Cette une authentique œuvre d'art ;

– Claude Quintana et son épouse Germaine, laquelle est une véritable pasionaria. Claude est habile et a travaillé jour et nuit : parti de rien, sa capacité d'influence était exceptionnelle. Il a construit notre maison avec Pierre Moulia, Jean-Pierre Chourrout et l'ensemble des artisans de la vallée ;

– Jean-Pierre Chourrout, le voisin, l'artisan, le paysan du col d'Ichère qui a toujours remarquablement conduit, avec son épouse et son fils, son exploitation agricole de montagne. Devenu maire de Sarrance dont le calvaire est un lieu de pèlerinage, il y a accompli de véritables miracles. Il a redonné entièrement vie à la superbe estive d'Aran. Président de l'Union départementale des producteurs de fromage fermier, c'est un homme à l'écoute de tous. Lui non plus ne ménagea pas sa peine pour me lancer ;

– Roger Coustet, l'époux de ma cousine Marie. Il avait entrepris de construire une ferme modèle à 800 mètres d'altitude sur des pentes effroyables. Alors qu'il n'avait que 18 ans, il avait commencé par y tirer un câble qui reliait sa ferme au village de Borce, puis il avait réalisé seul la toute première route de la vallée pour accéder jusque chez lui. Il a créé la coopérative et l'union des coopératives fromagères des vallées, relançant ainsi notre fromage au goût si particulier, estampillé « Osssau-Iraty », dont personne ne voulait plus dans les années soixante-dix ;

– André Durand, adjoint au maire de Borce. Il connaissait la montagne comme sa poche et sa plus grande douleur fut, après un cancer de la gorge, de perdre sa voix qui résonnait comme nulle autre et donnait au chant, en toutes circonstances, un caractère de solennité ;

– les amis de jeunesse de Lourdios dont certains figuraient déjà dans mon premier conseil municipal : Émile, Jean-Pierre, le regretté Francis, Jean-Yves et l'incontournable Marthe ;

– le docteur Lernout, ancien conseiller général lui-même, et sa formidable épouse Jacqueline, fille d'un berger de la vallée. Le docteur Lernout a été l'un des plus grands résistants de la Seconde Guerre mondiale et a reçu non seulement la quasi-totalité des plus hautes distinctions françaises mais également la Légion d'honneur américaine et la Grand-Croix de l'Armée rouge. Il a fait partie de ce petit groupe de médecins de la vallée qui ont contribué à sa légende, disponibles à toute heure du jour et de la nuit, oubliant systématiquement de faire payer les plus modestes, soignant autant par le mot que par l'ordonnance. Le simple fait de les voir vous remettait d'aplomb ;

– Pierre Langlatte, l'intellectuel de gauche, maire très aimé dans la vallée, adulé en Espagne où il allait régulièrement avec Gaston Larrensou, alors maire d'Accous et président du syndicat intercommunal de la vallée, François

Tressaricq, François Hontaas, Roger Camou-Juncas, Robert Balangué, conseiller général et maire de Bedous, lui aussi disparu, Jean Vignau-Lous et mon oncle Joseph. Ils y faisaient de longues chevauchées amicales. Ils ont été les artisans du renouveau des relations entre notre vallée et l'Aragon après les terribles malheurs des années trente et quarante.

Curieux moments où je me retrouvais encouragé par les uns, et confronté à quelques autres dont je viens de citer les noms !

Car notre vallée était loin d'être simple ; aussi bien dans son histoire que dans sa géographie. De forte tradition pastorale, elle possédait un passé industriel glorieux. De très gros chantiers y avaient été réalisés au début du XXe siècle. Entre autres, la ligne de chemin de fer reliant Paris à Madrid via Pau-Canfranc avec l'élaboration d'une véritable galerie d'œuvres d'art : gares en pierre de taille, tunnels et aqueducs, ainsi qu'un formidable chantier hydraulique qui du lac d'Estaëns jusqu'à Oloron-Sainte-Marie était sorti de terre et alternait chutes vertigineuses et centrales hydroélectriques. Cette vallée offrait aussi un caractère international. Voie de passage historique entre la France et l'Espagne, elle avait connu durant des siècles une période commerçante et prospère. Elle constituait alors une véritable communauté de vie et de destin avec la vallée du Haut-Aragon de l'autre côté de la frontière. Surtout, la vallée d'Aspe avait été, avec ses voisines d'Ossau et de Barétons, l'une des toutes premières à inventer la démocratie moderne. Pendant des siècles, elles ont évolué politiquement selon le concept des « fors » du Béarn, de Navarre et d'Aragon. Dès l'an 1080, elles élisaient les syndics qui les représentaient et géraient leurs vastes territoires. La vallée d'Aspe avait atteint un tel degré d'autonomie que, lorsque le représentant du roi de Navarre, de France et même du vicomté de Béarn la traversait ou venait y rendre visite, il devait mettre pied à terre de son cheval à l'entrée des gorges d'Escot où il prêtait serment devant les autorités aspoises issues du suffrage universel. Ces dispositions précoces avaient ouvert l'esprit et le sens politique des habitants de nos vallées, qui n'eurent pratiquement jamais à connaître la féodalité et le métayage qui partout où ils sévirent ont plié l'échine de ceux qui eurent à les subir. Le célèbre juriste Cujas écrivait au XVI$^{e}$ siècle, après avoir étudié toutes les lois, qu'il n'en avait pas trouvé, même dans celles d'Athènes, qui fussent aussi justes que celles des fors du Béarn. Plusieurs siècles plus tard, en 1828, Palassou, dans ses *Observations,* consacrées à nos vallées, relevait :

« Les observateurs qui parcourent cette chaîne de montagnes conviennent que leur conversation est fort au-dessus de ce qu'il y a lieu d'attendre de villageois dont la principale occupation est la garde des troupeaux ambulants ; et, soit qu'il faille attribuer leur instruction aux rapports qu'ils ont avec les habitants des plaines chez lesquels ils les mènent au cours de l'hiver, jusqu'aux portes de Bayonne et de Bordeaux, ou qu'ils en soient redevables à leurs dispositions naturelles, ce n'est pas sans étonnement qu'on les entend s'entretenir fort à propos d'affaires abstraites et sérieuses. Libres et dignes de l'être, ils s'honorent de discuter leurs droits. »

Mais en cette année 1982, et à la veille des élections cantonales, notre vallée se trouvait à la croisée des chemins. Elle prenait brutalement conscience de la force et de la tragédie humaine qu'elle vivait dans cet inexorable exode rural. Elle qui avait tenu tête en toutes circonstances, qui avait donné le jour à de si fiers et impétueux montagnards, à des hommes d'armes, ecclésiastiques, aventuriers, bâtisseurs, qui s'étaient illustrés dans le monde entier, voyait aujourd'hui ses écoles commencer à fermer. Et ses artisans si habiles étaient dans l'impossibilité de trouver repreneur lorsque, éprouvés par tant de labeur, ils jetaient enfin l'éponge. Il en était de même pour de nombreux commerçants et paysans, avec ou sans terres, des ouvriers et des ingénieurs. La vallée d'Aspe s'interrogeait donc sur son avenir : devait-elle se moderniser comme ses voisines, créer à son tour sa station de ski, désenclaver les hameaux agricoles, ouvrir des pistes forestières ?

Mais le débat le plus crucial tournait autour de l'amélioration de ses voies de communication avec l'Espagne. Depuis la fermeture de la ligne ferroviaire Pau-Canfranc, douze ans plus tôt, le débat faisait rage. Nos pères avaient pourtant connu une grande espérance lorsque, en 1928, la ligne s'était ouverte. Après de longues études qui n'avaient pas duré moins de soixante ans, l'initiative finale en était revenue à Louis Barthou – dont la famille était originaire de mon village de Lourdios-Ichère et qui, pour sa part, vit le jour à Oloron-Sainte-Marie. Conseiller général de la vallée d'Aspe, député d'Oloron-Sainte-Marie, il fut notamment ministre des Affaires étrangères et président du Conseil sous la III^e^ République. Pau-Canfranc constituait le secteur le plus difficile à traverser et à gérer, car pour couvrir une centaine de kilomètres la ligne empruntait un itinéraire montagnard avant d'arriver à Canfranc, première ville espagnole après la frontière. L'un des tunnels, de forme hélicoïdale, mesurait 7 kilomètres de long et offrait un dénivelé de plusieurs centaines de mètres. Sa construction représentait un véritable exploit pour l'époque. Quant au tunnel qui traversait le Somport, il comptait plus de 8 kilomètres de longueur et préfigurait son frère quasi identique qui, en l'an 2000, permettrait à son tour à la route de franchir la montagne.

À cette époque, l'ouverture de la ligne ferroviaire attesta d'un fait décisif : notre vallée était reconnue comme lieu privilégié de commerce et d'échange. L'espoir fut donc immense de voir son activité économique se développer. Ses habitants pourraient renouer avec une tradition ancestrale. Pendant des siècles les Espagnols étaient venus commercer chez nous, ainsi que l'attestaient dans notre pays les nombreux ponts de pierre, seuls capables de supporter de lourds charrois. Dans les temps anciens, les habitants des vallées avaient même institué une taxe à l'essieu, révolutionnaire pour l'époque : ceux de la plaine qui venaient traverser le gave par chez nous devaient acquitter un droit proportionnel au poids transporté. Aussi, lorsque en cette belle journée de 1928 le président de la République française et le roi d'Espagne en personne vinrent inaugurer la nouvelle ligne ferroviaire, un grand vent d'espoir souffla sur les deux peuples pyrénéens enfin réunis.

Malheureusement, l'enthousiasme fut de courte durée. Plusieurs facteurs se conjuguèrent pour faire échouer nos rêves. Ce train, si prometteur, n'a pas eu sa chance. Aussitôt après avoir franchi les Pyrénées, la ligne débouchait sur une sorte de vide économique et humain. La première ville d'importance, Saragosse, se trouve à plus de 200 kilomètres. Ensuite, et surtout, la guerre d'Espagne puis celle de 1940 stérilisèrent toute vie économique locale. Seuls les Allemands firent fonctionner cette ligne, d'ailleurs fiévreusement, entre 1942 et 1944. Des régions entières qui avaient connu un rapide développement jusqu'aux années trente se mirent ainsi à dépérir ; et dans une telle période, celles qui étaient à la traîne ne rattraperaient pas leur retard. Après la guerre, la logique du tout-État, voulue en France par les gouvernements de la Reconstruction et en Espagne par le franquisme, ne se montra guère favorable aux développements régionaux. Les Aragonais attendaient les solutions économiques de Madrid tandis que Béarnais et Aquitains n'attendaient leur salut que de Paris. Technocrates et jacobins donnèrent ainsi le coup de grâce à un système d'échanges entre des régions qui, depuis toujours, avaient marché la main dans la main, sans tenir compte des frontières qui les séparaient.

D'autant que le rail n'avait pas tout résolu. Pour cela, il aurait fallu donner à cette ligne une ampleur qu'elle était loin d'avoir. D'ailleurs, en 1970, elle fut fermée à la suite d'un incident dont on a beaucoup dit qu'aux yeux de la

SNCF il tombait de façon providentielle. C'était en février. Comme il y avait du gel sur la voie ferrée, le mécanicien voulut actionner les sablières pour renforcer l'adhérence des roues mais il n'y avait pas de sable. Le pilote et lui descendirent pour positionner du sable et des petits cailloux afin d'améliorer l'adhérence sur les rails, mais le système électrique disjoncta brutalement, entraînant le convoi en marche arrière sur des kilomètres. Dans une courbe assez marquée, celui-ci sortit de la voie et emporta le pont. Les dégâts étaient certes importants. Une autre ligne ferroviaire aurait sans doute été réparée, mais celle-ci, déficitaire et considérée comme inutile, ne le fut pas. La SNCF était délivrée d'un boulet. Mais pas les politiques, qui caressaient à intervalles réguliers l'hypothèse d'une réouverture de la ligne. Ainsi, l'espoir était revenu avec l'élection de François Mitterrand en 1981. Mais le tout nouveau pouvoir socialiste sorti des urnes commençait déjà à discutailler ce sur quoi il avait pourtant porté serment. Le doute recommençait à s'installer et la tension était vive contre l'État et la SNCF qui se refusaient encore et toujours à réouvrir la ligne, au grand désespoir de mon ami René Gouin-Rabal, son défenseur le plus acharné et sincère. Lui, au moins, n'a jamais changé d'avis ni baissé les bras !

Tout le trafic était désormais concentré sur la route, et ceux d'entre nous qui y passaient avec leurs troupeaux avaient fait le constat que, déjà dans les années soixante-dix, les transhumances se trouvaient gravement perturbées par la circulation routière. La question posée était complexe. La voie de chemin de fer en panne, l'étroite et sinueuse route de plus en plus chargée, comment sortir de cette situation d'enfermement dans laquelle notre vallée se trouvait plongée, et qui expliquait en partie un exode rural de plus en plus fort ? À l'époque, la vallée d'Aspe perdait 20 % de sa population à chaque recensement. Enfermement et cloisonnement : toutes ces vallées, dirigées selon un axe nord-sud, n'avaient aucun lien transversal entre elles et se livraient à une concurrence économique pour conserver les maigres avantages que l'histoire leur avait octroyés. Il ne fallait donc pas être un bien grand visionnaire pour sentir que la mort économique rôdait partout.

Comme j'avais eu la chance d'emprunter pendant une douzaine d'années le chemin de fer lorsque maman nous conduisait avec ma sœur voir à Borce nos grands-parents (dont l'exploitation avait été reprise par l'oncle Jules et la tante Madeleine), et parce que j'avais arpenté la route à pied, j'avais un sens très aigu, presque douloureux, de ce problème. Enfin, en compagnie de ces guides hors du commun qu'étaient les bergers qui, mieux que quiconque, connaissaient notre vallée, qui bavardaient avec tous, qui s'arrêtaient sur le bord des routes, je m'étais imprégné de sa vie fragile. Un sentiment de plus en plus fort commençait à poindre : il était urgent de rénover la route, l'État se contentant à l'époque de reconstruire un pont par-ci, de reprendre un lacet par-là.

D'autant plus que, de 1965 à 1980, le trafic avait augmenté de façon spectaculaire. Il fallait y voir les conséquences du développement du tourisme en Espagne et de la montée en puissance du transport par camion.

Détail pittoresque : deux décennies plus tard, je serais vivement attaqué pour avoir accru le trafic de camions sur la route du tunnel du Somport. Mais ce serait bien vite oublier l'ampleur du trafic antérieur ! Les Espagnols avaient besoin de produits liés à l'activité gazière de Lacq, et leurs camions empruntaient déjà cette vallée. Par ailleurs, les céréaliers du bassin de l'Adour et de Pau s'étaient organisés en coopérative et commercialisaient leurs produits de l'autre côté de la frontière. À certains moments de l'année, lorsque Bison futé érigeait notre vallée en itinéraire de délestage, le trafic pouvait même être supérieur à ce qu'il est aujourd'hui. La vie des bergers frôlait alors le cauchemar. Il suffit d'imaginer la rencontre d'un troupeau de vaches ou de brebis et d'un convoi de caravanes pour s'en faire une idée. Plus de train, une route dangereuse : je le répète, les communications étaient cauchemardesques.

À tout point de vue, notre vallée ne tenait plus son rôle de voie de passage secondaire qui avait fait sa fortune, au même titre que les deux ou trois autres itinéraires au cœur des Pyrénées. Depuis toujours, l'immense majorité des échanges franco-espagnols s'effectuait par les deux bouts de la chaîne pyrénéenne, là où, descendant vers la mer, elle dégage de larges plaines. Plus de 90 % du trafic s'écoulait par Le Perthus, côté Pyrénées-Orientales, et par Irun, côté Pays basque. Mais les 10 % qui restaient, il fallait bien qu'ils passent quelque part, surtout avec un relief comme le nôtre !

*

J'ai donc été élu à l'issue d'un scrutin qui, pour être correct, n'en fut pas moins viril, comme on dit chez nous. J'avais dû affronter tous les représentants des partis politiques, de gauche comme de droite, et dans cette époque hyperpolitisée, à la surprise générale, les Aspois avaient retenu le seul candidat libre de toute attache partisane. Quant à la question cardinale qui agitait tout le monde, à savoir celle de mon choix lors de l'élection du président de l'assemblée départementale, j'avais martelé que je l'effectuerais le moment venu, en mon âme et conscience. Car au-delà des clivages, mon objectif était simple : refaire travailler ensemble tous les Aspois. Telle était la promesse faite à mes électeurs, et elle avait pour moi valeur de serment. C'est ainsi que j'ai passé mon premier mandat comme conseiller général indépendant, allant même jusqu'à déjeuner tout seul tandis que mes collègues se retrouvaient dans leurs groupes respectifs. Ce n'est qu'à la fin de ce premier mandat, en 1988, que je me représentai à mes électeurs, cette fois-ci avec une étiquette, celle du Centre démocrate et social, plus connu sous le sigle CDS.

Il ne s'agissait certainement pas là d'un calcul politique, puisque seuls deux militants étaient recensés dans l'ensemble de la vallée. Comme toujours chez moi, ce choix résultait de la rencontre entre une aspiration profonde qu'incarne la démocratie sociale et des hommes dans lesquels j'allais très rapidement me retrouver.

Tout d'abord Henri Grenet, ancien député, maire de Bayonne, et qui allait devenir en 1985 président du conseil général. Ensuite Didier Borotra, actuel sénateur-maire de

Biarritz, à l'époque président de la commission des Finances à l'assemblée départementale, certainement celui avec lequel je me trouvais en plus grande adéquation. Je l'ai toujours considéré comme mon grand frère spirituel en politique et celui qui de tous m'a le plus aidé. Il y avait bien sûr Pierre Menjucq, médecin apprécié, vice-président du conseil général, sorte de guide bienveillant pour notre petite équipe, et Jean-Jacques Lasserre, à l'époque conseiller général de base, comme moi, dont les communes origines rurales nous avaient aussitôt rapprochés. Bien d'autres nous ont rejoints par la suite, tels Jean Casseignau ou Denise Saint-Pée. Il y avait les sénateurs Jacky Moutet et Pierre Sallenave. Ce dernier m'a lui aussi beaucoup inspiré. Il y avait enfin, bien sûr, François Bayrou.

Très rapidement, j'ai ressenti une profonde complicité à l'égard de ces hommes. Ils se montrèrent d'une grande bienveillance à mon égard, sans toutefois tenter de me forcer la main pour les rejoindre. Je crois que ce furent les seuls à avoir saisi la profondeur d'un engagement qui n'avait rien à envier au leur. Ce ne fut pourtant pas aussi facile que je l'écris aujourd'hui. Je me sentais proche des socialistes. Mais le sentiment qu'ils me donnaient d'être enfermés dans un esprit de système qui ne laissait pas suffisamment place à l'homme entraînait chez moi une certaine retenue. En outre, je venais de battre l'un des leurs.

Et puis, il y avait les gaullistes. Mon père s'était très profondément retrouvé dans l'action de De Gaulle, et je lui ai moi-même porté une profonde admiration. Mais il m'apparut que le RPR n'incarnait déjà plus ce panache, cette indépendance, cette fibre sociale qui nous avaient fait rêver. Il reste qu'au sein de l'assemblée départementale, deux personnages appartenant à ce mouvement et tous deux élus du Pays basque me marquèrent. Franz Duboscq, mon premier président au conseil général, et Michel Inchauspé. De trente ans mon aîné, celui-ci jouissait d'une solide implantation dans la vie économique pyrénéenne et d'une longue expérience politique d'élu local et national. Banquier comme son père, lequel avait jadis présidé le conseil général, il incarnait le Pays basque qu'il défendait avec une passion déterminée. Il avait occupé les fonctions de secrétaire d'État aux Départements et Territoires d'outre-mer dans le gouvernement Couve de Murville, entre 1968 et le départ du Général en 1969. Son rang social le faisait pénétrer partout, aussi bien à Paris qu'à Pau. J'aimais ses convictions autant que sa faconde, ses enthousiasmes que rien ne pouvait venir contrer, sa parfaite connaissance des hommes, de leurs passions comme de leurs faiblesses. Longtemps mon père avait incarné à mes yeux un gaullisme de résistance et de rébellion, celui des années quarante. Alors que j'étais parvenu à l'âge adulte, Michel incarnait un autre gaullisme, ambitieux dans ses objectifs, pragmatique, froidement résolu lorsqu'il s'agissait de défendre les intérêts du département. Je ne savais pas encore que nous accomplirions ensemble, à partir de 1988, une sorte d'épopée, lui député, moi son suppléant.

Depuis le premier jour où j'ai représenté la vallée d'Aspe au conseil général, un problème n'a cessé de me préoccuper : quelles actions concrètes engager contre le processus de dévitalisation ? Ma première démarche fut d'aller rencontrer René Rose, maire de Borce et socialiste convaincu, afin de lui demander de devenir le président de ce qui allait bientôt devenir la communauté de communes de la vallée d'Aspe. J'avais l'intime conviction que pour réussir à engager une action en profondeur, susceptible de pouvoir changer le cours des choses, il fallait absolument et immédiatement procéder à l'union du plus grand nombre. Si cette démarche surprit dans un premier temps jusqu'à mes plus proches amis, elle allait se révéler, durant les vingt-cinq ans qui allaient suivre, le meilleur élément de stabilité et d'action. Même si, à l'occasion des choix nationaux, nous déposions dans l'urne des bulletins souvent différents, sur le plan local nous avons tout partagé.

La première priorité, c'était de créer de l'emploi à tout prix. Notre vallée avait toujours été marquée par son sens de l'accueil et de l'action sociale. C'est donc autour de ces deux valeurs qu'il fallait retremper notre énergie. La remise à neuf de la plupart des centres de plein air fut immédiatement engagée, et ce, d'autant plus que René Rose dirigeait celui des pupilles de l'éducation publique de Borce. Dans le même temps, une grande chance se présentait à nous. Une association parisienne de handicapés, dirigée par monsieur et madame Foueillis, eux-mêmes parents d'un enfant handicapé, avait entrepris en 1981 de reprendre les locaux vacants à Osse-en-Aspe, qui avaient hébergé auparavant des tuberculeux, pour y créer un foyer pour handicapés lourds. Le maire de l'époque,

Pierre Langlatte, cousin de ma famille et homme de gauche convaincu, aura lui aussi joué un rôle déterminant dans mon éveil à la cause publique, ainsi que son successeur, Pierre Isson, et le maire voisin de Lées-Athas à ce moment-là, Louis Loustau-Chartez. Ce dernier, par son intelligence raffinée et modeste, son altruisme et sa sagesse, incarne à lui seul une certaine idée de notre vallée et de la commission syndicale de la forêt d'Isseaux, autre très ancienne organisation démocratique qui réunit les trois communes de Lées-Athas, Osse-en-Aspe et Lourios-Ichères, notamment pour la gestion de nos forêts et paturâges. Le Premier ministre Pierre Mauroy, lui-même sensibilisé au problème pour des raisons familiales, avait alors donné un coup de pouce administratif et financier. J'ai voulu poursuivre et développer ce type d'accueil. Mais les habitants de la vallée se montraient un peu réticents. À leurs yeux, si le pays se vidait de sa population active pour accueillir des handicapés, c'était la mort économique à brève échéance. Il a donc fallu les convaincre. Non seulement la présence de handicapés chez nous ne posait aucun problème, ce que chacun finit par admettre, mais elle créait des emplois, et notamment des emplois féminins. Poursuivre dans cette voie, c'était donc permettre à des jeunes de rester au pays et de s'y marier plutôt que de partir à la ville. Ensuite, un deuxième centre a ouvert ses portes, suivi d'un troisième, sous le patronage de l'association Perce-Neige de Lino Ventura que Jean Salet, ami personnel de longue date et industriel, m'avait fait rencontrer. Il accueille des enfants handicapés du personnel de la police nationale.

Simultanément, nous engagions la création d'une maison de retraite dans une fondation conduite par un de mes amis prêtre, lui aussi disparu, le père Max Cloupet, celui-là même qui, quelques années plus tard, allait prendre avec succès la tête du mouvement de défense de l'enseignement catholique. J'en suis devenu président fondateur. Aujourd'hui Automne en Aspe accueille une cinquantaine de personnes, dont certaines se trouvent en situation de grande dépendance. Les efforts consentis pour mettre les équipements à la hauteur des besoins ont été considérables ; plus de 10 millions d'euros depuis l'ouverture. Cette réalisation a profondément marqué la vallée. En effet, jusqu'alors, certains Aspois étaient contraints d'aller finir leur vie loin de chez eux, à Pau ou Oloron, ce qui constituait un profond déchirement pour eux et leurs familles. Pour ne pas négliger l'autre bout du cycle de la vie, une crèche allait bientôt suivre. Depuis longtemps déjà, grâce à la compréhension de mon conseil municipal et avec Alain Hugelé, nous avions créé dans une ferme en ruine un foyer de jeunes et une auberge de jeunesse. Portant le joli nom d'Estivade Aspe-Pyrénées, cet établissement aujourd'hui présidé par mon adjointe Marthe Clot s'est petit à petit transformé en centre d'accueil et d'échange pour jeunes en difficulté venant se réinsérer. Nous avons procédé à l'acquisition et à la rénovation du fameux fort du Portalet, édifié à même la roche dans le verrou le plus étroit de la vallée après les guerres napoléoniennes. Il constituait alors un rempart infranchissable. Mais il est surtout célèbre pour sa fonction de prison politique, qui lui fit accueillir pendant la Seconde Guerre mondiale l'ensemble de l'échiquier politique et militaire français : Raynaud, Daladier, Mandel, le général Gamelin d'abord... puis le maréchal Pétain lui-même à la Libération. Sous l'impulsion de Marthe et grâce au savoir-faire de Guy Brun, nous avons ouvert quatre sites inspirés du concept de l'écomusée, très développé au Canada et dans les pays nordiques : il s'agit de mettre en scène et de présenter au public, sous forme de musée du vivant, la vie de tous les jours, en faisant le lien entre le passé et le présent. Il permet de mieux comprendre l'enracinement, le savoir-faire et la permanence de plusieurs de nos activités emblématiques : la transhumance à Lourdios-Ichère, l'art sacré à Sarrance, la production de fromage fermier à Accous ou l'accueil du pèlerin de Saint-Jacques à Borce.

Au total, l'énergie de toute une équipe a permis la création de plus de quatre cents emplois locaux. J'avoue que le fait d'y avoir participé constitue l'une de mes plus grandes fiertés d'élu certes, mais d'homme surtout.

*

Mais il fallait bien trouver une solution au redoutable problème de notre liaison avec l'Espagne. D'autant que, deux mois après mon élection, un immense éboulement emporta l'un des ouvrages de la si vétuste route. Cela nous valut l'installation du feu rouge le plus long que j'aie jamais vu pour réguler la circulation alternée : trois quarts d'heure d'attente. Plus de rail, et pratiquement plus de route : l'impatience des Aspois était poussée à son comble. Il fut alors décidé de jeter toutes nos forces dans la bataille de la rénovation de la route. C'était le bon sens. Dans la mesure où, même proche des puissantes CGT et SNCF, un ministre communiste, Charles Fiterman, n'avait pas réussi à rouvrir la voie ferroviaire, ce n'était pas un modeste élu tel que moi qui pourrait y parvenir. Même si je n'avais renoncé à rien, le dossier ne pourrait être repris que plus tard. Par le mouvement qu'elle ne manquerait pas de créer, la route devrait d'ailleurs nous y aider.

Fait exceptionnel, tout le monde était d'accord avec ce projet de rénovation routière, les politiques, les entreprises et même les écologistes. Il ressortait d'études menées par eux que trois actions devaient être prioritairement conduites dans le massif des Pyrénées : la construction des tunnels routiers du Puymorens pour réunir l'Ariège et la Catalogne, celui du Somport, deux tunnels dont la percée était exigée par la nouvelle réglementation européenne, et la réouverture de la ligne Pau-Canfranc. Tous les facteurs semblaient réunis.

Autre aubaine : c'est aussi l'époque où, entre Paris, Madrid et Bruxelles s'ouvraient les négociations pour l'intégration de la péninsule Ibérique dans le Marché commun. Avec mon ami le maire de Jaca et la toute nouvelle communauté de travail des Pyrénées, nous avons jugé qu'il ne fallait pas laisser passer notre chance. Si nous arrivions à améliorer la liaison routière existante grâce à l'entrée de l'Espagne dans l'Europe, le train suivrait. Leur complémentarité deviendrait alors essentielle. En revanche, si nous nous arc-boutions sur le train, nous n'obtiendrions rien. Les autorités nous opposeraient toujours que d'autres lignes étaient prioritaires en Europe.

Et puis la Providence, encore elle, est venue nous donner un coup de main. Lorsque le téléphone sonna ce soir de juillet, alors qu'il restait encore tant de foin à rentrer, j'étais loin de me douter de ce qui m'attendait. Pierre, le maire communiste d'Urdos, me demandait de le rejoindre aussitôt dans son village. Sa voix ne laissait guère de place aux réticences que j'aurais bien voulu lui exprimer. L'ayant rejoint, il m'annonça qu'il nous fallait foncer de l'autre côté de la frontière, à Candanchú. Et qu'il prenait sa 2 CV. Cette perspective ne me transporta pas d'allégresse. Tant de kilomètres en pleine montagne et à cette allure pour faire je ne sais quoi... Bon, allons-y.

Nous sommes arrivés chez Eduardo Roldán, notre ami et directeur de la station de sports d'hiver de Candanchú, à une heure si avancée que le crépuscule tombait. Dans la faible lumière un homme s'est avancé vers nous. Il était grand, athlétique et de belle prestance. Je le saluai avec chaleur, en espagnol, tenant à tout prix à lui montrer combien nos liens transfrontaliers étaient forts. Il me répondit en un français impeccable. Il était accompagné d'une femme à la beauté radieuse, au regard lumineux et profond, et dont, un court instant, le visage ne me sembla pas inconnu. Elle souriait. Jamais en reste avec les jolies femmes, je m'avançai à mon tour et l'embrassai chaleureusement sur les deux joues. L'ami Eduardo fit alors son entrée et procéda aux présentations.

« Monseigneur, Madame, permettez-moi de vous présenter Jean Lassalle, maire de Lourdios-Ichère, conseiller général. Mon cher Jean, inutile de te présenter Sa Majesté le roi d'Espagne Juan Carlos et son épouse. »

Le ciel me tomba sur la tête. J'eus un choc au cœur et, l'espace de quelques secondes, marquai l'effet d'une forte émotion. Je venais d'embrasser une reine et de tutoyer un roi ! Ils ne m'en tinrent apparemment pas rigueur. Le repas se déroula dans une ambiance décontractée, le roi montrant un vif intérêt pour tout ce qui touchait à la France et à notre vie politique. Il évoqua longuement l'importance du développement des voies de communication entre nos deux pays et me rejoignit sur la nécessité du tunnel du Somport, arguant qu'après tant d'années noires et d'isolement l'Espagne devait s'ouvrir sur l'Europe. La soirée était couronnée de succès. Nous avions désormais le soutien du roi d'Espagne en personne.

Un point était désormais acquis : nous ne rénoverions jamais cette route si sa partie terminale n'était pas construite sous tunnel. Encore fallait-il le financer, lui aussi. Nous avons donc entrepris, avec Michel Inchauspé, une démarche de *lobbying* dont lui seul avait le secret. Bruxelles, Paris, et même Dublin, puisque le Premier ministre irlandais présidait à l'époque le Conseil européen, essuyèrent tour à tour nos assauts déterminés. Il est vrai que Jacques Delors, alors président de la Commission, et dont l'épouse était originaire du Pays basque, entretenait une relation étroite avec Michel. En l'espace de six mois, l'incroyable se réalisa : nous avons obtenu le financement du tunnel du Somport et l'assurance de l'amélioration de la route. Pour faire bonne mesure, le gouvernement de Michel Rocard, soutenu par la majorité relative de 1988, avait même inscrit sur le schéma autoroutier national la bretelle autoroutière pour Oloron au prétexte que Pierre Bérégovoy, à l'époque ministre des Finances, avait besoin de quelques voix centristes et gaullistes pour faire adopter sa déviation de Nevers.

Les rencontres avec les autorités espagnoles se multipliaient à cadence soutenue, sous la férule du directeur départemental de l'Équipement de l'époque, Jean-Pierre Forgerit, pyrénéiste convaincu et technicien hors pair. Il fallait s'assurer de la symétrie parfaite de ce projet de part et d'autre de la frontière. L'autoroute desservirait Jaca et Oloron-Sainte-Marie, les deux capitales piémontaises, la première située à 35 kilomètres du col, l'autre à 60. Elle permettrait ainsi leur propre développement économique et celui de toute leur région. D'autant qu'Oloron constitue actuellement le premier bassin industriel du département, avec la présence de quelques très grosses entreprises liées à l'aéronautique notamment, mais aussi grâce à la prestigieuse société Lindt. Quant à la partie franchement montagneuse, elle serait aménagée aux normes européennes, c'est-à-dire à deux voies, avec créneaux de dépassement dans les zones les plus escarpées ; et bien entendu, tunnel à deux voies également. Nous tenions là le projet qui, tout en irriguant les deux piémonts, relançait le caractère secondaire mais vital de notre vieille route internationale. Le tout, accompagné d'un programme de développement économique de l'ensemble de la zone concernée. Celui-ci fut d'ailleurs officiellement signé en 1993 en présence de toutes les parties prenantes. Il prévoyait les déviations et l'embellissement des villages, la relance des services publics, les projets de remembrement pour assurer la maîtrise du foncier et un financement exceptionnel pour encourager toutes les entreprises locales auxquelles cette opération d'envergure donnerait le jour.

Las ! Le temps tourna vite à l'orage. Si nos amis espagnols, servis par un relief plus aisé et une concentration moins forte de villages, réalisèrent la totalité de leurs travaux en moins de trois ans, une large polémique allait s'engager côté français. Elle n'allait d'ailleurs pas tarder à devenir ce qu'on appela par la suite un fait de société. Sous la vive pression des mouvements de protection de la nature qui avaient brusquement changé leurs plans, et portée par l'emblématique Éric Petetin qui avait pourtant passé trois ans de sa vie dans la ferme familiale comme objecteur de conscience, l'affaire s'enflamma aussi brusquement et violemment que sait le faire à certaines périodes la garrigue corse. Tout se mélangea. Ce projet, élaboré avec minutie et financé par toutes les instances compétentes, mais surtout l'Europe, devint un capharnaüm idéologique côté français. Dans la gigantesque campagne de communication qui s'engagea, tout fut transformé et déformé. La route à deux voies prévue entre Oloron et le tunnel devint un projet d'autoroute dévastatrice, tandis que le tunnel prenait des allures de treizième plaie de l'humanité. De régional, le malentendu eut tôt fait de devenir national, puis mondial. Des cohortes de manifestants accourus d'Europe et du monde entier s'abattirent sur notre pauvre vallée. On venait lutter contre ce massacre écologique qui allait ouvrir les portes de tous les camions de la terre. On venait manifester contre la construction du tunnel comme jadis on partait libérer le tombeau du Christ. Dix années durant, la vallée connut les plus grandes manifestations de sa vie multiséculaire. Avec ses 2 700 habitants, elle se retrouva en bien fâcheuse posture devant un tel déchaînement de passions.

Très vite, deux camps se formèrent aussi chez nous. Celui, majoritaire, de ceux qui avaient souffert de l'isolement mortel et adoptaient ce projet inespéré. Et celui qui rassemblait ceux saisis par le doute devant une affaire dont ils ne saisissaient plus les tenants et les aboutissants et qu'ils rejetaient énergiquement. Cette période constitue l'un des pires souvenirs de ma vie. Moi qui avais tant lutté pour tenter de réunir ce vieux peuple de montagnards en voulant lui ouvrir ce qui me paraissait être l'indispensable porte de l'avenir, je me retrouvais soudain l'être le plus antiécologique, le prédateur féroce prêt à sacrifier la terre de ses ancêtres sur l'autel de son ambition personnelle. Panneaux de circulation et façades de maisons inoccupées se recouvrirent de slogans désespérés et vengeurs : « Lassalle vendu, Lassalle corrompu »... Tout bruissait des rumeurs les plus hallucinantes sur des accords que j'aurais passés secrètement pour m'attirer les faveurs de la haute finance et des marchands sans scrupule, pour mon seul profit personnel.

Comme un bonheur ne vient jamais seul, j'avais également été élu en octobre 1989 président du parc national des Pyrénées. Titre prestigieux s'il en est. Un autre hôte, et de marque celui-là, se trouva brusquement invité à cet aimable rendez-vous : l'ours des Pyrénées en personne. L'idée fut effectivement accréditée jusqu'aux plus hauts sommets de l'État que le projet funeste et barbare du tunnel avait entre autres pour objet de l'éliminer définitivement. Après tout, cela pouvait paraître logique ; j'étais bien le fils d'un berger qui avait beaucoup souffert de sa présence ! J'allais détruire le parc national lui-même. Et les leitmotive tombaient comme à Gravelotte. Pourquoi avoir abandonné le train ? Pourquoi avoir trahi cette verte vallée, la plus belle du monde ? Pourquoi tous ces camions ? Qu'apporterait donc cette aventure à la terre de nos aïeux ? Pourquoi détruire avec un tel acharnement pareil écrin de verdure ? J'étais devenu un paradoxe ambulant ; à la fois le président du parc national des Pyrénées, chargé de veiller aux trésors dont la nature nous avait si généreusement parés, et en même temps son plus impitoyable destructeur. J'essuyais quolibets et sifflements, coups de téléphone et lettres anonymes menaçantes que Pascale, la Parisienne que je venais d'épouser quelque temps auparavant, et qui n'avait pas hésité, abandonnant tout son passé, à venir me rejoindre pour fonder notre famille, recevait quotidiennement. « À quelque chose malheur est bon » : je pus me rendre compte alors du courage, de la confiance, de l'engagement discret à mes côtés dont cette jeune institutrice, qui, quatre ans après son arrivée, n'avait toujours pas retrouvé de poste et vivait seule dans notre maison, était capable.

J'eus pourtant la chance de gagner toutes les élections qui se présentèrent durant cette période difficile. Des campagnes très dures se livraient à chaque fois, à la vie à la mort. Après avoir été pour ou contre le tunnel du Somport, on était devenu pour ou contre Lassalle, le fossoyeur ou l'homme de l'avenir. C'était selon.

L'affaire était devenue affaire d'État. À la mi-août 1991, alors que je suivais les informations télévisées de 20 heures, je vis apparaître la nouvelle ministre de l'Environnement du gouvernement d'Édith Cresson, Ségolène Royal. Elle expliqua qu'elle venait de prendre la décision d'interrompre les travaux de construction du tunnel du Somport car, affirmait-elle avec aplomb : «Je ne peux pas, en cette période où tout le monde est en vacances, laisser faire un tunnel qui va tuer les derniers ours des Pyrénées et mettre en péril la faune et la flore locales.» Michel Inchauspé et moi montâmes aussitôt à Paris. Édith Cresson nous reçut en premier et se montra attentive à nos explications.

« Oui, effectivement, le dossier n'a rien à voir avec la lecture qu'en donnent ses détracteurs», finit-elle par juger.

Joint au téléphone par madame Cresson, Michel Delebarre, ministre de l'Équipement, lui confirma que nous ne voulions qu'améliorer une route existante dans le respect des directives européennes. Le second coup de téléphone fut moins jovial.

« Je refuse de recevoir ces gens-là, trancha Ségolène Royal. L'un est un banquier pas très clair et l'autre un jeune con qui cherche à se faire mousser. »

D'emblée, le ton était donné. Édith Cresson insista et finit par obtenir que nous soyons reçus.

« Ça va être vite fait, prévint madame Royal. Car vraiment, une chose pareille, on ne peut pas laisser faire. »

Je vais en parler directement à François Mitterrand. « Mais le président Mitterrand et le Premier ministre Rocard ont eux-mêmes signé les accords de la construction de ce tunnel avec les autorités espagnoles ! » rétorqua vivement Michel Inchauspé.

Ségolène Royal nous reçut assez sèchement. Michel dressa la liste de tous les accords obtenus tandis que je me livrais à la démonstration de l'utilité du tunnel. Toutefois la ministre ne rendit pas les armes sans combattre. Elle nous posa moins des questions qu'elle ne nous assena des vérités, argumenta, écouta peu, s'énerva beaucoup. À une violente remarque qu'elle lança, je ne pus m'empêcher de répondre :

« Permettez-moi de vous dire qu'il s'agit là d'une contre vérité, madame le ministre.

– Vous voulez répéter ? me lança-t-elle en accompagnant sa question d'un geste fort brusque et menaçant, comme si elle s'adressait à un gamin chahuteur.

– Parfaitement, madame. »

Elle me foudroya du regard, mais je repris mon argumentation qui eut, cette fois, l'heur de convaincre notre interlocutrice. La suite de l'entretien fut donc moins orageuse. Nous y gagnâmes la reprise des travaux du tunnel.

Jusqu'alors nos démarches auprès des gouvernants n'avaient remporté que des victoires. Mais je venais de découvrir combien un lobby organisé, largement financé par des pollueurs de premier rang, pouvait servir d'écran de fumée en polarisant l'attention sur une infime partie de territoire ; et combien certaines personnes pouvaient brusquement changer d'attitude. Ce projet avait pourtant été élaboré par les différents gouvernements successifs de notre pays et chacun sait combien, et à quelle vitesse, ils se succédèrent à cette époque. Gauche, droite, droite, gauche, tout le monde avait été pour, tout le monde était aujourd'hui contre. Mais cette vieille vallée percluse d'histoire tint bon. Côté défenseurs du projet, tout le Béarn et l'ensemble de la région faisaient front commun sous l'égide d'Hubert Buchou : Guy Labrux, Jean-Pierre Mariné, Michel Brau, tous responsables économiques, la secrétaire départemental de la CFDT et également Jean-Pierre Forgerit et son fidèle adjoint mon ami Léon Contou-Carrère, François Bayrou, Michel Inchauspé et André Labarrère, le défunt député puis sénateur-maire de Pau. En voilà un autre qui lui aussi a marqué profondément mes tout débuts en politique. Je l'ai souvent comparé à Michel Inchauspé, ils se ressemblaient en fait beaucoup plus que les gens ne le croyaient. Anciens ministres tous les deux, André Labarrère l'avait été de Mitterrand. Je leur trouvais le même côté écorché vif, le même cœur sensible, la même férocité des deux grands fauves de la politique qu'ils étaient. André Labarrère a aimé sa ville de Pau comme rarement elle aura été aimée. Il l'a requalifiée, fleurie, modernisée. Pour elle, il aurait donné sa vie, et c'est d'ailleurs ce qu'il fit.

René Rose et l'ensemble des maires de la vallée sortaient essorés et amers de cette si douloureuse épreuve. Le tunnel était en voie d'achèvement. Mais adieu l'aménagement de la route, adieu la bretelle autoroutière pour Oloron, adieu le programme d'accompagnement économique !

La pression retomba. Les esprits s'apaisèrent et, soudain, les autorités et l'État se réapproprièrent ce tunnel. En 1998, nouvel espoir : un rapport émanant du ministère de l'Intérieur et faisant suite au terrible drame du tunnel du Mont-Blanc confirmait la nécessité d'une prise en compte sécuritaire dans tous les tunnels. À cet effet, une brigade motorisée de gendarmerie était prévue à Urdos. Le rapport prévoyait aussi la mise en place d'une caserne de pompiers sur cette même localité située à 5 kilomètres seulement du tunnel. Le bon sens reprenait enfin ses droits. Si un accident survenait dans le tunnel, il ne faudrait plus attendre les secours d'Oloron-Sainte-Marie, distante d'une cinquantaine de kilomètres en pleine montagne. Mais hélas, trois fois hélas ! deux ans plus tard, le nouveau ministre de la Défense, Alain Richard, rapporta la mesure et décida d'installer la brigade à Oloron-Sainte-Marie. Un pas en avant, deux en arrière. La colère monta de nouveau parmi les habitants de la vallée d'Aspe. Les protestations s'enchaînèrent jusqu'aux élections législatives de 2002, alors que l'État poursuivait sa valse-hésitation. La caserne de pompiers ne vit jamais le jour, pas plus que la déviation prévue à Oloron pour les poids lourds transportant des produits dangereux.

# 4

# Des réserves sans Indiens

L'élément le plus fondateur de ma vie et de ma relation avec le pouvoir central a en fait démarré à mi-parcours des années soixante. C'est l'époque où l'État décidait de créer le parc national des Pyrénées, le deuxième en France après celui de la Vanoise. À cet effet, un groupe de travail préparatoire avait été mis en place sous les bons offices d'Edgard Pisani, le ministre de l'Agriculture de l'époque, et animé sur le terrain par mon prédécesseur et ami, le député-maire d'Oloron, Guy Ébrard. L'affaire s'était plutôt bien engagée. Mais très vite, la haute administration, notamment celle des Eaux et Forêts, voulut prendre l'affaire en main et ainsi tenir à l'écart les principaux acteurs locaux. Commença alors un terrible affrontement avec les Pyrénéens des vallées bigourdanes et béarnaises concernées. La plupart d'entre eux voyaient se profiler une dépossession définitive des territoires pour lesquels certains de leurs frères venaient, vingt ans plus tôt, de donner leur vie pour les conserver libres et indépendants.

Encore une fois, mon père et mon oncle Joseph se distinguèrent. Ce dernier venait d'être élu adjoint au maire de Lourdios-Ichère et il était favorable à la création du parc national. D'autant, expliquait-il, qu'il ne changerait rien puisque sa zone centrale regrouperait les sites les plus emblématiques de notre région, lesquels étaient déjà étroitement protégés par les gens du pays eux-mêmes qui y étaient attachés comme à la prunelle de leurs yeux. Cette zone centrale serait complétée par une zone périphérique englobant toutes les communes des cantons concernés et ferait l'objet de la mise en place d'un programme spécifique de l'État. Ce dernier, comme il s'y engageait de façon formelle, financerait très largement la revitalisation et l'embellissement des villages, la création des routes et des pistes nécessaires pour que tous puissent vivre et travailler sur la terre de leurs aïeux. Une importante enveloppe laissée à la discrétion du préfet permettrait tous les ans l'élaboration d'un programme d'aménagement, en relation étroite avec les maires des communes concernées. Ceux-ci établiraient eux-mêmes leurs priorités, dans une forme d'autogestion très appréciée[1]. Les gardes du parc

1. Malheureusement, ces crédits et leur esprit ne survécurent pas à la première loi de décentralisation de 1982. Après des années de lutte, une nouvelle dotation fut mise sur pied avec des financements croisés de l'État, de la région et du département, placés sous l'égide du parc national. Cette solution, en totale opposition avec l'esprit de la négociation originelle, accentue le pouvoir d'influence du parc au détriment de celui des communes.

seraient recrutés parmi les jeunes du pays, ce qui leur donnait une chance exceptionnelle de promotion sociale. L'ensemble serait géré par un conseil d'administration faisant la part belle aux représentants des populations concernées. Pour toutes ces raisons, mon oncle Joseph s'engagea à fond dans ce combat.

« Ouvrons les yeux, disait-il aux sceptiques : notre pays est foutu. Les gens s'en vont car nous n'avons rien à leur proposer. En officialisant grâce à ce parc national les actions que nous menions déjà naturellement et par conviction, nous allons rendre service au pays et à la nation tout entière, comme nous le demande le Général. Et en contrepartie, nous allons pouvoir engager la reconquête de la vie dans nos villages avec de vrais moyens financiers. Et nous trouverons à nos côtés l'engagement de la nation reconnaissante. »

Un point faisait plus débat que les autres : celui de la protection des ours des Pyrénées. Il était clair qu'avant tout l'État mettait en œuvre ce parc national pour faciliter leur protection. Cette idée n'allait pas de soi chez tous nos bergers. Déjà, quelques années plus tôt, les chasseurs eux-mêmes avaient demandé et obtenu l'interdiction des battues aux ours. C'était là un choc culturel considérable qui prouvait toute la force de leur engagement. Mais ils en furent bien mal récompensés par la suite, puisqu'ils furent désignés des années durant à la vindicte publique par un certain nombre de mouvements de protection de la nature comme des massacreurs d'ours et de grande faune.

Une anecdote illustre bien cette drôle de période. Il concerne un homme qui a également beaucoup compté dans ma vie, Jean-Marie Lonne-Peyret, maire et conseiller général d'Arette, et principal du collège que j'ai fréquenté pendant quatre ans. C'est lui qui a construit de toutes pièces la station de La Pierre-Saint-Martin, après avoir réalisé près de 30 kilomètres de route en pleine montagne et effectué la jonction avec la vallée espagnole de Roncal. Il a été également au tout premier rang de ceux qui relevèrent Arette et la vallée du Baretous, détruites à plus de 80 % par le terrible tremblement de terre du 13 août 1967. Il disait, non sans humour, avoir reçu la distinction de chevalier de la Légion d'honneur pour avoir abattu un ours au cours d'une battue à la fin des années cinquante (ce qui à l'époque exigeait un courage certain), puis, dix ans plus tard, avoir été élevé au rang d'officier du même ordre pour avoir décidé de les protéger !...

Malgré l'hypothèque de l'ours, mon père s'engagea lui aussi dans la création du parc. Hélas, Joseph et lui allaient déchanter bien vite ! Malgré les réels services rendus par le parc dans ses premières années, l'administration devint très rapidement tatillonne, puis franchement insupportable. Ses excès furent bientôt tels que des hommes encore en vie à ce jour ont cessé de se rendre sur ces territoires au prétexte qu'ils les considèrent en état d'occupation.

Le 21 juillet 1969, dans l'une des auberges d'Urdos où je m'étais rendu à l'occasion de la fête annuelle de La Madeleine, j'allais vivre l'un des événements qui marqueraient ma vie au fer rouge. Toute la famille s'était retrouvée à l'invitation de mon oncle et de ma tante, Jules et Madeleine Maté, qui avaient repris la ferme natale de ma mère. À la sortie de la messe, une vive altercation éclata, dans l'une des auberges où nous prenions l'apéritif, entre un homme et mon oncle Joseph. Malgré le calme dont savait faire montre celui-ci, le ton monta, et soudain mes yeux incrédules virent l'homme lui cracher au visage à bout portant en lui hurlant :

« Voilà le sort que l'on réserve ici aux traîtres et aux lâches ! Avec ce parc national, vous avez vendu notre terre. Honte à toi, Joseph, car tu as été l'un de ceux-là ! »

Le silence se fit aussitôt. Je revois encore l'oncle Joseph sortant calmement le mouchoir de sa poche pour essuyer son visage avant de répondre d'une voix sereine mais ferme :

« Tu as tort de t'emporter ainsi. Je comprends ta colère. Et si le fait de m'avoir ainsi publiquement humilié aujourd'hui peut te permettre de l'apaiser un peu, tant mieux. N'empêche que tu te trompes. Je ne peux pas te le prouver encore, mais les faits me donneront raison. Je n'ai rien vendu. J'ai fait en sorte que nous puissions coopérer avec l'État à la protection et à l'avenir de ce que nous avons de meilleur. »

On en resta là. Le bistrot se vida, et nous partîmes manger, sans grand appétit il est vrai. Ce jour-là, la radio nous apprit qu'Armstrong venait de mettre le pied sur la Lune. « Un petit pas pour l'homme, un grand pas pour l'humanité. »

*

Malheureusement, dans les années qui suivirent, les faits démentirent la belle sincérité dont avait fait preuve l'oncle Joseph. Il en conçut non pas de l'amertume, parce qu'il n'était pas homme à ce type d'abandon, mais une certaine tristesse. Les relations entre les Pyrénéens et leur parc national devinrent rapidement délétères. Cette période coïncida avec la disparition brutale d'une très grande partie de la population ursine qui était pourtant encore bien présente. Et contrairement à l'idée généralement répandue, ce ne sont pas les chasseurs qui passèrent aux actes, mais les bergers eux-mêmes. Les ours ne disparurent pas sous la violence des chevrotines, mais plutôt dans le silence de la strychnine. Car l'État avait commis l'impardonnable erreur de ne pas constituer assez rapidement un fonds de compensation pour dédommager les bergers des brebis et autres animaux tués par les ours. S'y ajoute un autre élément déterminant : dans cette période, nos montagnards eurent le sentiment que leur pays, la France, auquel eux comme leurs aïeux avaient tout donné, venait de les abandonner en prenant le parti des ours. Au fil des siècles, un équilibre s'était vaille que vaille installé entre le berger et l'ours. Il leur avait permis de survivre dans un destin commun, aléatoire mais surmontable. Paris et quelques fonctionnaires venaient de le rompre en indiquant clairement aux hommes ce qu'ils percevaient déjà de manière confuse : ils n'avaient plus d'avenir sur les terres de leurs ancêtres. Désormais l'avenir appartenait exclusivement à l'ours, à la faune, à la flore, qui prenaient le pas sur ceux qui leur avaient pourtant tout sacrifié. Cette terre libre, qui avait conquis et défendu sa liberté depuis des siècles et qui constituait le plus beau parc national que l'on eût pu imaginer, était ainsi devenue, aux yeux de ceux qui y vivaient encore, un territoire occupé.

Le 9 octobre 1989, contre toute attente, y compris la mienne, je fus donc élu président du parc national des Pyrénées. J'avais été porté à ce poste par l'espoir des autres élus locaux que peut-être je parviendrais avec eux à infléchir la politique menée. Ma surprise fut entière. Pire : j'étais pétrifié. Comment annoncer une telle nouvelle le soir à mon père et à mon oncle, dont les sentiments à l'égard de ce parc avaient bien changé, et c'est là un doux euphémisme ? Une fois de plus, je fus surpris de leur réaction. Je les trouvais heureux. Ils avaient appris la nouvelle par la télévision régionale, et mon père me confia tout de go :

« Tu vas enfin nous réhabiliter. »

L'oncle Joseph, déjà très malade, tempéra :

« C'est bien. Mais tu n'as même pas idée de ce qui t'attend. En tout cas, ne fais jamais preuve du même angélisme que celui qui nous anima. On ne peut pas passer de bons contrats avec l'État lorsqu'on est le représentant d'une toute petite région et que ce contrat a un caractère exceptionnel qui ne s'applique pas à l'ensemble du territoire français. Tu verras, les ministres changent vite, les maires de nos communes aussi, mais l'administration centrale, elle, ne change jamais. Tu es désormais condamné à un combat qui ne te laissera pas un seul moment de répit. Il est étrange que cela tombe sur toi. Mais si tu assumes tout, et en premier lieu ce que nous sommes, des hommes libres sur des terres libres, amoureux de ce que la nature nous a donné de mieux mais jaloux de la responsabilité historique de conduire nous-mêmes notre propre destin pour qu'il puisse être partagé, alors, tu desserreras peut-être les mâchoires de cet étau qui contribue à nous faire disparaître. »

Mes premiers mois de présidence du parc national se déroulèrent plutôt bien. Et ce d'autant plus que le rôle du président était à peu près l'équivalent de celui de la reine d'Angleterre, à savoir purement honorifique – encore que cette dernière dispose d'un réseau d'influence considérable, notamment dans les milieux de la soi-disant protection de la nature. Les états de service de mes prédécesseurs pourraient d'ailleurs en attester. J'avais succédé en effet au P-DG des Aéroports de France, puis au secrétaire général de l'Élysée, avant de prendre la place de l'ancien commissaire à l'Aménagement du Grand Sud-Ouest, d'origine pyrénéenne lui-même, et que j'aimais bien. On imagine assez facilement que la préoccupation première de telles personnalités à l'emploi du temps si chargé ne pouvait pas être la recherche du difficile équilibre dans la cohabitation des hommes des Pyrénées avec la haute administration parisienne. Disons plutôt qu'ils étaient précisément des hommes incarnant le pouvoir central. Le vrai pouvoir était en fait détenu par le directeur du parc qui, lui, est désigné directement par le gouvernement sur proposition de cette même haute administration. Malgré des conditions très difficiles, j'ai cependant réussi à être élu et réélu à trois reprises président du parc national.

Le 21 décembre de cette même année, avec le directeur du parc et trois de mes proches – André Fabre, maire de Laruns, Antoine Abadie, vice-président du conseil général des Hautes-Pyrénées, et René Rose, maire de Borce –, je rencontrai à Paris Brice Lalonde, secrétaire d'État à l'Environnement. Il nous indiqua que, même si elle avait justifié dès le lendemain de mon élection-surprise le déplacement immédiat du préfet des Hautes-Pyrénées coupable de n'avoir su la prévenir, ma présidence ne lui posait pas de problème. Il était donc prêt à travailler avec nous. La seule difficulté résidait à ses yeux dans la protection des ours des Pyrénées. Il était conscient que le parc avait failli dans cette fonction subliminale qui lui avait été confiée et qui en grande partie justifiait son existence, mais il nous déclara sans ambages :

« Le président de la République François Mitterrand, le Premier ministre Michel Rocard et moi-même subissons une pression permanente de la part de certains mouvements de protection de la nature à propos des ours des Pyrénées. Nous sommes accusés de les laisser disparaître sans bouger alors que nous donnons, nous Français, des leçons aux Africains sur la disparition de leurs éléphants. Aidez-moi à trouver une solution à ce problème. Tout le reste m'est secondaire. »

André Fabre, qui s'était beaucoup opposé à mon élection à la présidence du parc avant de voter finalement pour moi parce qu'il ne se voyait pas faire autrement, me surprit une fois de plus agréablement. Il dit au ministre :

« J'aime votre langage, votre humilité et la reconnaissance que vous exprimez à l'égard de ce que nous représentons. Dans ces conditions, j'ai envie de vous aider. »

En fait, aucun d'entre nous n'était favorable, contrairement à ce qui était affirmé par une campagne de presse qui conduisait les journaux télévisés de 20 heures à ouvrir sur le sujet, à la disparition des ours. Nous retirions même une certaine fierté que les ours des Pyrénées soient demeurés chez nous dans les hautes vallées béarnaises. En revanche, nous restions très opposés à toutes les mesures que l'État se croyait obligé d'afficher pour les protéger en réduisant chaque jour un peu plus notre possibilité d'action et nos chances de continuer à vivre au pays. C'est donc avec une certaine euphorie que nous décidâmes tous ensemble de mettre sur pied un programme qui serait conduit par les Pyrénéens, avec l'appui de l'État, et que nous pourrions signer le moment venu. Il fut décidé qu'afin de le préparer je rencontrerais Brice Lalonde une fois par quinzaine et que nous engagerions sur le terrain une grande campagne d'explication afin de convaincre nos amis que, ce coup-ci, on allait enfin trouver la solution à ce problème qui empoisonnait le Béarn et les Pyrénées depuis un demi-siècle. L'avenir et la gestion des ours allaient nous être confiés directement, l'État nous apporterait, selon des conditions restant à définir, les moyens de le faire. Nous sortîmes bien soulagés de ce ministère où nous avions parlé plus de trois heures, sans toutefois minimiser l'ampleur de la tâche qui nous attendait. La radio du taxi dans lequel nous prîmes place nous annonça la disparition soudaine de Ceaucescu en Roumanie.

Commencèrent alors six mois de discussions passionnées. Je rencontrai effectivement Brice Lalonde et ses services à Paris tous les quinze jours pour élaborer le protocole. Puis, avec les amis déjà cités et Jean Saint-Josse, le responsable départemental et national des chasseurs, lui aussi originaire de notre Béarn, et Jean-Jacques Cazaurang, son fidèle adjoint et maire de la commune voisine de la mienne, Issor, nous entreprîmes la plus difficile campagne qu'il nous avait été donné jusqu'alors de vivre. Nous nous retrouvions tous les soirs dans un village différent, devant des dizaines de personnes et parfois plus, pour expliquer et justifier la nécessité absolue de ce projet. Nous nous acharnions à convaincre nos auditoires des excellentes prédispositions que montrait l'État pour mettre un terme à ce conflit qui, aux yeux de l'opinion publique française et européenne, nous portait tant de torts en nous désignant comme des massacreurs d'ours. Nous allions maintenant enfin pouvoir démontrer que tout cela était faux et, en prenant nous-mêmes à bras-le-corps ce terrible dossier, nous affranchir de l'insoutenable pression qui s'exerçait sur nous. Et encore une fois, contre toute attente, nous y arrivâmes. Enfin, presque.

Le contrat devait être officiellement signé à Pau à la mi-juillet par le ministre lui-même. C'est à ce moment-là que je reçus une bien curieuse délégation composée de Jean-Pierre Hourdin, qui se présenta comme le président directeur national de La Maison de Valérie et deux autres personnes qui l'accompagnaient. La Maison de Valérie, une des toutes premières sociétés à l'époque de vente par correspondance d'électroménager et de tous les produits de la maison et du jardin, finançait une campagne de communication. Des ours en peluche sanguinolents avaient été suspendus sur le pont de l'Alma, des pages entières avaient été achetées dans le journal *Le Monde* pour dénoncer le crime pyrénéen, j'en passe et des meilleures. Ainsi La Maison de Valérie faisait-elle figure de grande avocate de la cause ursine. Elle était même parvenue à organiser, conjointement avec le Muséum d'histoire naturelle de Paris, une exposition consacrée à l'ours que le président de la République en personne, François Mitterrand, avait inaugurée en octobre 1989. C'est dire jusqu'à quelle altitude montait son influence. Monsieur Hourdin, que je reçus durant deux jours avec mes amis, visita l'ensemble des sites concernés. Dans la forêt d'Isseaux où nous nous trouvions, je lui lançai soudain :

« Monsieur le président, veuillez hausser le ton, je n'entends rien tellement le vacarme assourdissant des camions, des voitures, des motos vertes, m'en empêche. »

Interloqué, il se retourna vers moi :

« Vous vous fichez de moi ! Je n'ai jamais rencontré un silence pareil.

– C'est pourtant la vision d'apocalypse de cette forêt que vous livrez en pâture dans nos plus grands magazines et journaux nationaux depuis des mois et des mois. »

Je lui annonçai que nous allions signer dans quelques jours avec Brice Lalonde un protocole concernant la protection des ours. À ma grande surprise, cette annonce parut le dépiter. Nous eûmes alors un vif échange qui me permit de comprendre la vraie nature du problème de l'ours tel qu'il était présenté à l'opinion française depuis le début de l'affaire. Nous nous séparâmes sans regret. Mais j'avais désormais la certitude que, quoi que nous puissions faire, nous n'avions pas fini d'entendre parler de la disparition des ours...

*

Huit jours après notre entretien, on ne sait par quel miracle tous les plus grands titres de la presse nationale s'abattirent sur le projet de convention que nous nous apprêtions à signer. Tous se faisaient l'écho d'une tractation qui était en train de se préparer entre l'État et quelques petits barons locaux des Pyrénées sur le dos de l'ours. Parmi les plus visés se trouvait André Fabre, connu pour sa volonté farouche de créer la station de Fabrèges en vallée d'Ossau et le village-vacances du même nom à 1 600 mètres d'altitude. Il est vrai qu'il bataillait ferme dans ce sens depuis plusieurs années afin de donner un second souffle au commerce local et une nouvelle source d'emplois pour les jeunes. André était en plus un adversaire historique du parc national, et une réputation quelque peu sulfureuse accompagnait le personnage. Depuis des années il avait maille à partir avec la Sepanso, association de protection de la nature locale, dont la fondation avait été encouragée dans les années soixante par la Société nationale des pétroles d'Aquitaine chargée d'exploiter le bassin pétrolier de Lacq qui, découvert depuis peu, montait alors en puissance. Rien ne devait gêner son développement, et tout risque de contestation par quelque mouvement progressiste que ce fût devait être anticipé. Quoi de plus efficace pour ce faire que d'engager en cette période encore paisible un mouvement de protection envers ces magnifiques paysages de montagne si proches ? Il fallait aussi, au parc national, une puissante structure de soutien capable de porter le fer et d'engager des campagnes de communication d'envergure nationale pour accompagner sa difficile installation. André Fabre, ne reculant devant aucun défi pour faire aboutir son projet, avait même réussi à faire ajouter un cavalier législatif à la loi montagne qui avait vu le jour quelques années auparavant. Cette dernière était spécialement sourcilleuse à propos de l'urbanisation en montagne, et en particulier à proximité des lacs naturels. Il y avait malheureusement le lac artificiel de Fabrèges, construit par EDF pour constituer une réserve importante d'eau capable de faire tourner en toute saison les centrales hydroélectriques dans la vallée. Malencontreusement, ce lac artificiel se trouvait juste à proximité de l'endroit où André Fabre et son équipe voulaient construire les deux mille lits de sa nouvelle unité touristique. Pour faire bonne mesure, cette nouvelle station jouxtait un site que la Sepanso et le parc national avaient contribué à rendre mythique : la vallée du Sussouëou. Autant dire que l'élection d'André Fabre au titre de deuxième vice-président du parc national, consécutive à la mienne à la présidence, n'était pas passée inaperçue, et qu'il n'était pas *a priori* le meilleur ambassadeur des ours que l'on pouvait imaginer. Il s'était pourtant donné sans compter pour arriver à l'accord avec Brice Lalonde, dont la personnalité l'avait par ailleurs séduit.

Dans cette galerie de personnalités locales on retrouvait aussi le charismatique Jean Saint-Josse, figure montante de la chasse et des chasseurs en France. Enfin, il y avait René Rose et moi, qui n'apparaissions pas à proprement parler non plus comme de blanches colombes. Tout d'abord, nous avions réalisé la station de ski de fond du Somport à la frontière espagnole, à quelques mètres des puissantes stations de ski de Candanchú et Astun avec lesquelles nous avions même envisagé, dans un souci d'économie d'échelle et de plus grande efficacité, la jonction. Il nous semblait en effet trop bête que nos concitoyens de Pau et des villes environnantes partent faire du ski sur ces stations espagnoles en empruntant notre route déjà bien encombrée et en ne laissant chez nous, au retour, que les papiers gras. Le ski de fond devenait à la mode. Il apparaissait petit à petit comme le complément idéal au ski alpin dont l'activité et la renommée étaient bien installées, mais que nous ne pouvions pratiquer en vallée d'Aspe. C'est ainsi qu'était née, à l'initiative de quelques amoureux sincères de la nature, l'idée d'ouvrir pendant l'hiver aux skieurs de fond, sur les sommets du Somport, en plein cœur du parc national, deux pistes déjà existantes l'été pour le débardage du bois.

Ainsi la vallée d'Aspe aurait elle-même sa propre activité hivernale, voire estivale, basée sur le ski et le plein air, sans avoir à créer de routes nouvelles puisque la route internationale passait juste à proximité, et avec la possibilité de donner côté français une entrée aux pistes de ski alpin espagnoles afin de créer quelques emplois et une nouvelle source d'économie. Le projet était apparu tellement judicieux à l'administration qu'on nous avait même encouragés à créer à cet endroit-là un petit village-vacances comparable à celui qu'André Fabre voulait réaliser à Fabrèges, mais en plus modeste. Espagnols et Français, sportifs et amateurs de pleine nature, auraient ainsi pu s'y retrouver. Un concours national d'architecture fut même lancé, mais le projet déclencha rapidement un tel tollé qu'il fut abandonné. Seul fut ouvert un centre de jour pour accueillir les activités du ski de fond. Mais même ce centre, pourtant dûment autorisé aussi bien par le parc national que par l'ensemble de l'administration qui avait même envisagé de déclasser cette étroite zone du parc national et de l'échanger contre une partie beaucoup plus importante dans des zones plus propices à l'ours, fut à son tour attaqué. Son permis de construire fut annulé par le tribunal administratif de Pau et confirmé par le Conseil d'État, alors que les travaux étaient terminés et que le centre fonctionnait déjà. Son inauguration fut réalisée par les présidents des conseils régionaux d'Aquitaine et d'Aragon, car ni le préfet ni aucune autre autorité française d'État n'avaient voulu y procéder. Ils en avaient pourtant, quelques années auparavant, chaleureusement encouragé la réalisation.

René Rose et moi, ainsi que l'ensemble des maires de la vallée, avions aussi mis toutes nos forces pour l'aboutissement de la convention Lalonde pour la protection des ours. Par ailleurs, avec l'ensemble des acteurs concernés, nous réfléchissions à l'amélioration de la route nationale. Et bien sûr, nous étions de vibrants défenseurs de la construction du tunnel routier. Toutes ces démarches avaient été conduites au grand jour en relation étroite avec les autorités concernées. Mais, sous les coups de boutoir des soi-disant professionnels de la protection de la nature, tout s'était radicalisé, obscurci, pour donner le sentiment d'opérations un peu glauques visant à détruire l'un des plus beaux secteurs des Pyrénées. C'est pourtant tout le contraire qui était recherché : officialisation et organisation d'un ski de fond qui attirait naturellement et sans que quiconque s'en émût les skieurs, création d'un centre de pleine nature au sommet du col du Somport, création du tunnel qui permettait d'en éloigner le passage de la circulation et des camions et, afin d'éviter tout malentendu, déclassement de cette zone du parc en vue d'apporter en échange des zones plus intéressantes pour le plantigrade.

Quelle ne fut pas notre stupéfaction devant la parution soudaine de toutes ces publications donnant une version cataclysmique des accords préparés avec monsieur Lalonde. Que comportaient-ils donc ? Il s'agissait tout simplement de mettre un terme à des années de luttes incessantes à propos de la disparition de l'ours. Parmi elles, l'échec de toutes les initiatives qui avaient pu être prises jusqu'à ce jour, création du parc national comprise. Ces accords visaient à mettre sur pied un nouveau mode de gestion donnant une responsabilité de premier plan aux habitants des vallées concernées, avec le total appui de l'État. Cela était d'autant plus indispensable que ces braves ours ne vivaient plus, ou très peu, dans la zone centrale du parc national. Était-ce dû au fait qu'un grand nombre de bergers s'étaient repliés de cette zone pour s'installer sur d'autres estives à la périphérie du parc national, entraînant une baisse notoire des troupeaux sur lesquels l'ours pouvait effectuer ses prélèvements obligatoires ? Ou parce que lui-même supportait mal la réglementation sévère et tatillonne qui s'était installée sur ces territoires-là ? Le parc national et l'État n'ayant donc aucune compétence pour gérer l'ours sur les territoires où il s'était déplacé en suivant les bergers, il fallait donc trouver autre chose. Les communes s'engagèrent à tout mettre en œuvre pour assurer le repos du plantigrade. Les chasseurs proposèrent la création de réserves aux endroits les plus sensibles, à condition que ces dernières puissent coller à la présence de l'ours. Car l'ours est un animal vivant, qui se déplace et change ses lieux d'implantation. Il était donc absurde de figer pour l'éternité des territoires qui risquaient d'être désertés quelques mois ou années plus tard par l'ours au profit d'autres qui continueraient à être ouverts aux battues de sangliers. Le principe qu'aucune battue n'aurait plus lieu sur la zone d'errance d'une ourse suitée fut définitivement admis. Ainsi, de la même manière que la décentralisation donnait compétence aux conseils généraux et aux communes pour s'occuper de la santé, de la scolarisation, des personnes âgées, le protocole prévoyait qu'il en fût de même pour les ours en relation très étroite avec les autorités de l'État. Mais la grande nouveauté résidait dans le fait que l'on sortait d'une politique de diktats et d'interdits que ces populations si indépendantes et si amoureuses de leur pays vivaient très mal, pour rentrer dans une politique beaucoup plus en relation avec l'esprit de décentralisation, qui mettait en responsabilité directe les hommes du pays au lieu d'en faire d'éternels suspects.

Le titre du magazine *L'Express* fut l'un des plus évocateurs : « Vous n'aviez pas le droit », s'exclamait l'hebdomadaire en immenses caractères sanguinolents. En substance, disait l'article, l'État et les autorités locales étaient en train de se livrer au plus effroyable marché qui ait jamais eu lieu, l'anéantissement des ours contre la paix sociale et le plus grand projet de bétonnage que les Pyrénées aient jamais connu. Cette soudaine campagne basée sur l'anathème et les faux procès fit l'effet d'une bombe. Ce n'est pas le ministre Lalonde que nous rencontrâmes comme prévu quelques jours plus tard pour mettre sur pied le comité intervalléen chargé de conduire cette nouvelle politique et parapher les bases d'une nouvelle approche fondée sur le respect réciproque et la volonté de concilier la protection des ours des Pyrénées avec la présence multiséculaire des activités humaines. C'étaient ses représentants. Ils nous arrivèrent avec toute la presse nationale sous le bras, nerveux et tendus. Ce que nous avions minutieusement préparé ensemble durant tout un hiver et un printemps ne trouvait plus grâce à leurs yeux. La réunion s'engagea dans une ambiance glaciale sous l'autorité du préfet. Elle dura jusqu'à 1 heure du matin et se termina sur un constat d'échec. Les représentants du ministre ne parlaient plus que d'installer des réserves partout. Fini l'engagement des populations locales.

Une semaine plus tard, en effet, Brice Lalonde annonça la création des réserves portant son nom sur 6 500 hectares de plus que les 14 500 hectares du parc national, censés couvrir la zone d'habitat des ours. La stupéfaction s'abattit sur les gens du pays qui, une fois de plus, eurent la sinistre impression d'avoir été floués. Un climat très lourd s'installa alors sur ces havres de paix. La présence policière s'intensifia et la montagne se remplit brusquement de gardes des Eaux et Forêts, de l'Office national de la chasse, du parc national. L'espace de quelques jours, nous avions sombré dans une ambiance de couvre-feu. Comme rien, à l'intérieur de ces immenses forêts ou de ces hectares de lande et de pacage, ne permet de savoir où commence et où finit une réserve Lalonde, des fonctionnaires furent chargés d'en délimiter les zones en apposant de tout petits écriteaux qu'ils clouaient sur les arbres. André Fabre, maire de Laruns, n'hésita pas à envoyer le garde champêtre verbaliser les fonctionnaires qui, au nom du gouvernement, plantaient leurs clous. Pardi, ils blessaient et faisaient pleurer les arbres ! La sève coulait le long des clous. Nous nous réunissions chaque soir pour faire le point sur l'action pacifique de défense et d'opposition que nous avions décidé de mener ; il y a bien longtemps que nos vallées n'avaient pas connu autant de réunions enfiévrées et tendues ! Dans la journée, nous organisions des fêtes béarnaises en pleine réserve ainsi que des battues symboliques sans fusil. Résultat : le tribunal de Pau se trouva vite engorgé de plaintes émanant, les unes des serviteurs de l'État qui verbalisaient les opposants locaux, les autres des gardes champêtres qui verbalisaient les agents de l'État mutilant nos pauvres arbres. Plus de cent cinquante personnes se retrouvèrent ainsi devant les tribunaux. Comme il est difficile dans ces cas-là d'endiguer les passions, le sous-préfet d'Oloron, un certain nombre de fonctionnaires, des responsables d'associations de protection de la nature qui les soutenaient d'un côté, la plupart des leaders qui s'opposaient à ces mesures étatiques et à ce brusque changement d'attitude, et dont je faisais partie, de l'autre, reçurent des menaces de mort en cascade. De petits cercueils furent même adressés au sous-préfet d'Oloron-Sainte-Marie de l'époque et au président du Fonds d'intervention éco-pastoral (FIEP), dirigé par Gérard Caussimont. Celui-ci est certainement le défenseur de l'ours le plus sincère et le plus déterminé que j'aie rencontré. Il a aussi milité pour la cohabitation des ours et des bergers, même si, à mon sens, il ne semble pas avoir pris l'exacte mesure du désespoir de ces derniers. Il n'en reste pas moins qu'il a été à l'origine de la mise en place des fonds destinés à les dédommager. Ces crédits sont contestés aujourd'hui, car bergers et éleveurs ne veulent pas donner le sentiment que la perte de leurs brebis se résume uniquement à une question d'argent. Pire, le climat s'est à ce point dégradé que certains estiment que, en prenant cet argent, ils s'engagent en faveur de l'ours ! Gérard Caussimont fut à l'époque le général qui mena la bataille contre nous. Durant ce face-à-face, je pus constater sa redoutable efficacité. Je pus apprécier aussi son sens de l'engagement et de l'honneur lorsqu'il accepta librement de nous rejoindre à l'Institution patrimoniale du Haut-Béarn où il resta avec la Sepanso jusqu'à la mort de Cannelle près de dix ans plus tard. Ensuite, la folie du lobby de l'ours et l'incroyable erreur de jugement de l'État se chargèrent de nous séparer. J'espère que ce ne sera pas sans retour...

Assez curieusement, Brice Lalonde, jusque-là secrétaire d'État à l'Environnement relativement falot, apparut soudain comme un combattant de tout premier plan au niveau national. Tous les journaux télévisés ouvraient désormais sur lui. En voilà un qui avait le courage de s'opposer à des peuplades primitives bien décidées à faire disparaître les derniers ours de France ! Le président de la République l'éleva bientôt au rang de ministre. Son mouvement, Génération Écologie, jusqu'alors plus que confidentiel, devint en quelques semaines l'un des mouvements les plus prisés de France. Les adhésions annoncées se multipliaient tous les jours. On s'en doute, les Béarnais vécurent très mal cette période. Quelle injustice à leurs yeux que de se retrouver plongés dans cette chasse aux sorcières sans pitié alors qu'ils étaient pourtant les seuls chez qui l'on dénombrait les derniers ours sauvages vivants ! Certes, ils ne s'attendaient pas à recevoir des messages de félicitations du monde entier ; la situation qu'ils vivaient leur était toujours apparue normale. Et s'ils avaient vraiment voulu faire disparaître les ours comme cela avait été le cas dans toutes les autres zones de France, cela ne leur aurait pas été plus impossible qu'ailleurs ! Avec plus de huit cents chasseurs et deux cents bergers connaissant le territoire dans ses moindres recoins, si la destruction des ours avait été l'objectif, cela n'aurait pas pris plus de quinze jours. En revanche, ils restaient persuadés que, grâce à l'entretien de leurs montagnes et à une activité pastorale qui restait encore la plus vigoureuse du massif, ils avaient favorisé la survie locale du plantigrade. À vrai dire, ils n'en étaient ni fiers ni malheureux tant la longue cohabitation entre l'homme et l'ours s'était avérée complexe depuis la nuit des temps. Du moins l'avaient-ils réussie. Le fait d'être soudain placés au banc des accusés sur la scène nationale et internationale les rendait donc furieux et leur faisait vivre cette situation comme la pire des injustices. Pour avoir été les seuls Français à sauvegarder une petite population d'une dizaine d'ours, ils étaient soudainement accusés d'avoir tué tous les ours disparus. Quelle injustice ! A-t-on reproché aux habitants des Alpes, du Jura, des Vosges, du Massif central ou du reste des Pyrénées d'avoir exterminé les ours qui y vivaient autrefois ? Quelle injustice !

Nos vallées béarnaises plongèrent alors dans la nuit. Quotidiennement bombardés de mises en accusation, accablés de contrevérités, noyés dans un contexte de suspicion sans précédent, les habitants ruminaient leur rancune. Mais à défaut de pouvoir s'en prendre aux hommes qui organisaient cette situation, leur colère, comme toujours en pareil cas, se retournait contre les ours qui pourtant n'y étaient pour rien.

Et Génération Écologie prospérait toujours, comme si elle avait bénéficié d'un miracle. Pourtant, au bout de quelque temps, c'est plutôt vers le mouvement naissant des Verts d'Antoine Waechter que se déplaçaient suffrages et adhésions. Je dois dire qu'Antoine Waechter, Alsacien peu expansif, eut tout au long de cette époque une attitude irréprochable à notre égard. Mais les faits étaient là. Tous les sondages d'opinion montraient invariablement que 95 % des Français étaient attachés à la survie de l'ours, fût-ce au détriment de la disparition des derniers hommes de la montagne et des derniers bergers. L'un des membres du cabinet de Brice Lalonde déclara d'ailleurs un jour qu'il ne restait plus qu'à déplacer bergers et montagnards à la ville puis à leur verser le RMI ; tout le monde s'en trouverait beaucoup mieux. Ces mots terribles transpercèrent le cœur des montagnards, et aujourd'hui encore ils constituent pour certains d'entre eux un véritable traumatisme. Faire face à une telle avalanche de communication partisane n'était pas chose facile ; les rares qui s'y essayèrent le payèrent très cher. Deux exemples : un journaliste du *Journal des maires* venu m'interroger comme tant d'autres fit un remarquable papier sur le sujet. Trois jours après il était congédié par son employeur ! Je me trouvai assigné devant les tribunaux parisiens à payer 500 000 francs de dommages et intérêts à plusieurs journaux et magazines qui m'attaquèrent pour propos diffamatoires tout comme le malheureux journaliste et le non moins malheureux *Journal des maires*. L'assignation me fut remise en main propre le soir de Noël 1990 à 20 heures. 500 000 francs constituaient une fortune que la jeune famille que je venais de fonder était bien loin de posséder et n'a du reste jamais possédée. Mais, fort heureusement, et après trois mois de combat intense, cette procédure ne connut pas de suite en ce qui me concerne.

À peu près à la même époque, Marianne Bernard, journaliste très connue dans la région, et travaillant aussi pour le compte de quelques titres nationaux, écrivit un livre intitulé *Génération Démagogie*. Après un travail minutieux d'investigation, elle décrivait par le menu l'ensemble des faits que je rapporte. Amoureuse de la nature, sincère et désintéressée, elle avait pris courageusement le parti de défendre les ours mais aussi les hommes des Pyrénées. Mal lui en avait pris, elle se retrouva subitement confrontée à une multitude de procès, les 2 500 exemplaires de son ouvrage qu'elle avait fait tirer furent achetés par une toute petite poignée de lecteurs aussi impatients que voraces. Le brave imprimeur palois qui avait accepté de la publier se retrouva brusquement plongé dans de très graves ennuis. Enfin, quant à la pauvre Marianne, mon amie fidèle et courageuse à laquelle je pense tous les jours, elle sombra dans un enfer. Elle fut emportée par un cancer généralisé dans des souffrances atroces. Il ne reste à ma connaissance que trois ou quatre exemplaires de l'ouvrage qu'elle avait eu le malheur d'écrire.

Des convocations devant les tribunaux furent lancées. Plus de cent cinquante copains allaient y passer. Je suis tous allé les défendre. Aux élections législatives de 1993, j'étais déjà suppléant du député Michel Inchauspé, et nous prîmes l'engagement que, si une nouvelle majorité était élue, nous ferions abolir les réserves Lalonde. Le nouveau gouvernement se mit en place sous l'autorité d'Édouard Balladur. Pierre Méhaignerie devint garde des Sceaux et Michel Barnier ministre de l'Environnement. François Bayrou prit le poste de ministre de l'Éducation nationale alors qu'il était déjà président du conseil général des Pyrénées-Atlantiques. Les réunions se multiplièrent alors avec les membres du gouvernement, mais le temps passait et l'été s'acheva. Les réserves Lalonde devenaient chaque jour de plus en plus insupportables. D'autant que la justice avait repris ses procès et que le non-lieu général prononcé quelques mois auparavant dans un souci d'apaisement retombait aux orties. Je sentais le regard de plus en plus accusateur de mes amis, maires ou simples montagnards. Au départ silencieux, leurs reproches se faisaient de plus en plus explicites : « Alors toi aussi tu es comme eux ? Tu promets pour te faire élire et, une fois l'élection acquise, circulez, y a rien à voir ! » C'est que la pression qui s'était exercée au nom de l'ours sur le gouvernement précédent avait repris de plus belle sur le nouveau. Nous pesions bien peu au regard de la pression soi-disant écologique qui s'exerçait à nouveau. Je passai un mauvais été. Je sentais bien le piège se refermer sur moi. J'avais le sentiment que, pour la première fois de ma vie, je ne pourrais pas tenir parole. Le seul fait d'y penser m'arrachait des haut-le-cœur.

C'est encore une fois en nettoyant la propriété familiale comme tous les ans depuis que j'étais marié, avec ma mère, et au contact de mon frère, que mon cœur s'apaisa progressivement. Je commençais à y voir clair. Je pris donc la décision de demander une dernière fois l'abrogation de ces réserves. Si je n'obtenais pas satisfaction, je démissionnerais de tous mes mandats. Je voulais montrer qu'à l'âge de 38 ans on peut tout quitter du jour au lendemain au nom d'une idée et pour respecter la parole donnée. Je me sentais à nouveau très bien, libéré. Je n'aurais pas à mentir ou à faire semblant. Les circonstances décideraient, mais je ne renierais pas ma parole.

J'ai alors rédigé une lettre à Michel Barnier où je lui demandais une dernière fois d'abroger ces réserves, faute de quoi je mettrais un terme à toutes mes activités politiques. « Quand on est soupçonné de ne plus être capable de tenir ses engagements, il vaut mieux s'en aller. Les réserves disparaîtront ou j'abandonnerai mes mandats », écrivis-je. Afin de brûler mes vaisseaux, j'adressai copie de cette lettre à deux cents amis. Fait incroyable, aucun n'en dit rien, et il n'y eut pas la moindre fuite dans la presse. Au bout d'un mois, faute de réponse, je rendis la lettre publique et annonçai la démission de tous mes mandats. À ma grande surprise, cette annonce, largement reprise par la presse locale, *La République*, *L'Éclair des Pyrénées*, *Sud Ouest*, les stations de Radio France de Pau et de Bayonne, toute la presse écrite et parlée, suscita une vive émotion. Elle fédéra de nouveau, comme cela avait été le cas pour la préparation du premier plan Lalonde, tous les acteurs concernés, élus locaux de toutes sensibilités, bergers, chasseurs, forestiers, qui s'étaient plus ou moins dispersés. Il est en effet difficile de tenir une union sacrée quand on est une minorité contre l'État central. François Bayrou invita alors Michel Barnier au parlement de Navarre, lieu de délibération du conseil général des Pyrénées-Atlantiques, mais surtout symbole de la très ancienne indépendance du caractère des Basques et des Béarnais. Une réunion marathon de dix heures s'engagea. Un nouveau protocole en sortit. Je restai longtemps le seul à ne pas vouloir y souscrire, car « chat échaudé craint l'eau froide ». Mais la pression des amis devint si vive que j'apposai à mon tour mon paraphe au document. Il fut décidé qu'à la place des réserves serait créée une institution d'un type tout à fait nouveau, l'Institution patrimoniale du Haut-Béarn. Cette dernière serait chargée de pacifier les relations d'abord des hommes entre eux, puis de ces derniers avec les ours. Elle devrait organiser les conditions de l'avenir durable des activités traditionnelles des vallées haut-béarnaises et veiller au maintien de la population ursine, fût-ce, si cela s'avérait nécessaire un jour, en procédant à son renforcement. L'idée forte avait été très justement résumée par le préfet Denis : « Refaire du développement local dans ces vallées tant affaiblies et, ce faisant, prendre en charge la protection de l'ours. »

Le préfet des Pyrénées-Atlantiques reçut l'ordre de mettre sur pied avec les collaborateurs du ministre et l'ensemble des acteurs localement concernés, ladite institution : ses articles fondateurs, son mode et ses moyens de fonctionnement, l'élaboration de la charte dont elle aurait la responsabilité et qui la relierait à l'État et à l'ensemble des pouvoirs publics. Pour éviter les erreurs du passé, il fut décidé que ladite charte serait renouvelable tous les six ans après un inventaire et un état des lieux de l'action conduite réalisés en commun. L'Institution renfermait trois entités : le Syndicat mixte, réunissant le conseil régional d'Aquitaine, le conseil général des Pyrénées-Atlantiques et les maires des dix-huit communes signataires, aurait la responsabilité d'assumer le pouvoir exécutif. La deuxième, dite Conseil de gestion patrimoniale, réunirait l'ensemble des parties concernées par le sujet. Il serait chargé de conduire toutes les études nécessaires et, s'appuyant sur des commissions de travail (pastoralisme, activité forestière, eau, ours et grande faune), de faire des propositions concrètes de gestion basées sur le consensus. Enfin, la troisième entité serait une petite équipe technique chargée de tout le travail de rédaction, d'animation et de mise en cohérence. Le président élu à bulletin secret par le Syndicat mixte deviendrait *de facto* président de l'ensemble de l'Institution patrimoniale. Il présiderait donc aussi le Conseil de gestion du même nom. Après six mois de travaux intenses, de réunions qui se terminaient à 3 heures du matin où le préfet de l'époque, Jean-François Denis, et le sous-préfet d'Oloron-Sainte-Marie Jean-Pierre Cazenave-Lacrouts s'engagèrent sans compter, l'Institution fut mise sur pied. Manifestement, comme tous les autres acteurs, ils avaient à cœur de mettre un terme à ce cauchemar et élaborèrent enfin un organisme d'un type nouveau dans lequel tout le monde pourrait s'engager sans retenue : tous les utilisateurs de la montagne (bergers, forestiers, chasseurs, randonneurs) mais aussi l'ensemble des services et administrations de l'État et des représentants des associations de protection de la nature, tous membres du Conseil de gestion patrimoniale. Enfin, des experts de renommée nationale et internationale participeraient également aux travaux. Michel Barnier et son cabinet suivirent personnellement le déroulement des travaux jusqu'au moindre détail. Jamais je n'ai eu l'opportunité de travailler aussi directement et de manière aussi confiante avec un ministre de la République. Ce dernier vint officiellement parapher l'acte de naissance de l'Institution patrimoniale du Haut-Béarn après une rencontre mémorable avec les bergers dans une des estives de la vallée d'Aspe. Quelques années plus tard, Roselyne Bachelot, alors ministre de l'Écologie, vint à son tour apporter un soutien décisif à cet organisme. Mon grand regret restera de ne pas avoir su convaincre mon ami Jean Baylaucq, maire de Bielle et conseiller général du Haut-Ossau. Nous avions jadis tant combattu ensemble, parce que nous partagions le même amour de nos terres et les mêmes valeurs, et il nous restait encore tant de combats à livrer ! Il avait été de la première recherche de compromis du temps de Lalonde. Il fut de la grande bataille contre les réserves. Mais cet homme de conviction estima, au moment de la mise sur pied de l'Institution patrimoniale du Haut-Béarn, que les conditions n'étaient plus réunies pour une cohabitation entre l'homme et l'ours. Et il n'avait aucune envie de faire semblant. Notre proximité géographique et nos caractères nous conduisirent à nous opposer autant que nous nous soutînmes en d'autres circonstances. Mais notre amitié n'a jamais eu à en souffrir.

La structure de l'Institution patrimoniale avait été en fait suggérée et théorisée par Henri Ollagnon, professeur à l'Institut national de Paris-Grignon et spécialiste de la gestion du vivant. Il avait une grande expérience des sujets très difficiles et douloureux, tels ceux liés à la gestion de l'eau, des nappes phréatiques, des conflits d'usages. Selon lui, ces sujets relèvent du bien public, c'est-à-dire de ce qui nous est commun à tous. Chacun a par conséquent son mot à dire, mais il faut pourtant bien élaborer une méthode de travail et une stratégie commune pour sortir de l'immobilisme et éviter les conflits. C'est l'idée de la gestion patrimoniale de tout ce qui touche au vivant, de tous ces *res nullius*, c'est-à-dire tout ce qui *a priori* n'appartient à personne et dont nous sommes pourtant à la fois garants et responsables. Dans ce type de dossier, nous expliquait-il, initiatives et décisions doivent être prises par les gens du cru, par ceux qui ont aimé leur terre au point d'avoir choisi d'y vivre. Ce n'est donc pas la contrainte de l'État qui est facteur de sécurité patrimoniale, mais la confiance. Lorsque celle-ci sera rétablie, les pouvoirs publics viendront en appui et en soutien, notamment financier. Ils devront par ailleurs veiller à ce que toutes les décisions qui se prendront le soient dans l'esprit des lois de la

République (contrôle de légalité). Mais plus les gens territorialement concernés s'engageront, moins l'État, alourdi par ses puissants lobbies et ses forces de coercition, interviendra en position de gendarme, plus il le fera en force de proposition, de réflexion et d'engagement, et mieux les choses se passeront. Cette démarche ne complique pas les problèmes. Elle les simplifie.

Et Henri Ollagnon de conclure : « Nous arrivons à la fin d'un cycle. L'homme, qui est au cœur de tout système, découvre qu'à force d'avoir accepté que toute la part locale qui participait à sa singularité disparaisse, lui-même risque de disparaître. Forts d'un nouveau souci de la qualité de la nature, nous revendiquons une nouvelle dynamique des territoires et un plein épanouissement des hommes. Notre but est d'aider les gens à construire et à assumer un destin commun sans qu'ils en soient déstabilisés. »

Cette démarche porta immédiatement ses fruits. Le calme revint. Le nombre de participants et la qualité des réunions forçaient l'admiration de tous. Au cours des dix dernières années, de très nombreuses décisions ont ainsi été prises, toujours à l'unanimité. En particulier, une action sans précédent de relance des activités montagnardes et pastorales a été engagée. Des dizaines de cabanes ont été entièrement reconstruites et mises aux normes. Plus d'une centaine de sources ont été rendues potables. L'ensemble de l'activité fromagère de haute montagne a elle aussi été mise aux normes européennes et puissamment réactivée ; il fallait cela pour qu'elle ne disparaisse pas. Une nouvelle génération de bergers montant en famille aux estives est apparue. Afin d'éviter la création de pistes trop longues, une exploitation de la forêt par câble a été remise au goût du jour. Mais c'est sur le plan de l'ours que les résultats les plus probants furent dans un premier temps enregistrés. Lorsqu'il se rendit compte qu'on n'en voulait plus à son intégrité, le peuple des montagnards s'engagea comme il ne l'avait jamais fait auparavant dans une très positive campagne d'action en faveur de l'ours. Dès qu'un ourson naissait, un concours était lancé dans tous les établissements scolaires de la région pour lui trouver un prénom. Lorsqu'une ourse suivie d'un ourson était signalée quelque part, immédiatement les chasseurs de la commune concernée décidaient d'aller chasser ailleurs. Plus de dix mille arbres fruitiers susceptibles de favoriser une meilleure alimentation du plantigrade furent plantés. Il fut même décidé, fait absolument inimaginable quelque temps auparavant, le 19 décembre 1996, par le Syndicat mixte de l'Institution, à 5 heures du matin, après une nuit entière de délibération, de procéder à la réimplantation de deux ours en demandant le concours, l'appui technique et financier de l'État. Oh ! cette décision ne fit pas l'unanimité parmi les populations montagnardes mais le dossier fut monté.

Malheureusement, le ciel s'obscurcit à nouveau. Au lieu de laisser à l'Institution patrimoniale le soin de trouver une solution à la cohabitation pacifique de l'homme et des ours et à leur survie à tous les deux sur le seul territoire sur lequel la question se posât encore, c'est-à-dire le Béarn, l'État, encore une fois, sous la pression de lobbies insensés, ne trouva rien de mieux que d'aller introduire trois ours, deux femelles et un mâle, à 200 kilomètres de là, sur le territoire du département de la Haute-Garonne. Les rares montagnards qui y restaient encore n'en avaient plus vu depuis un siècle au moins. Or la pratique de cohabitation avec l'ours ne s'improvise pas. Elle est, comme tout ce qui touche aux activités naturelles les plus sensibles, le fruit d'une très longue et minutieuse pratique où chacun apprend à tenir son rôle avec justesse et dans l'esprit des grands équilibres qui fondent nos relations avec la nature. Ces trois ours débarquèrent dans la joie mais, en moins de quelques semaines, l'affaire tourna au cauchemar. Se retrouvant seuls en territoire inconnu, ils se mirent à courir dans tous les sens. Traversant la frontière, ils arrivèrent au val d'Aran, retournèrent en Haute-Garonne, où des petits naquirent, avant d'aller se fixer en Ariège et en Bigorre. Partout sur leur passage, ils attaquèrent les troupeaux qu'ils trouvèrent. C'étaient pour la plupart des troupeaux non gardés. En effet, la pratique pastorale n'est plus la même dans le reste des Pyrénées qu'en Béarn ou au Pays basque. On ne trait plus et on ne fait plus le fromage en montagne. Le berger n'y reste pas à demeure. Les troupeaux taris sont donc placés sur ces vastes étendues montagnardes en totale liberté et livrés à eux-mêmes. Tant qu'il n'y a pas de problème, tout se passe bien, mais dès qu'un prédateur, une horde de chiens par exemple, mais à plus forte raison une ourse suitée ou un ours adolescent, fait son apparition, c'est le drame assuré.

C'est ce qui ne manqua pas de se produire à partir de 1996 dans les Pyrénées centrales. L'Ariège, dont on connaît la vigueur des habitants, fut la première, sous l'égide de mon ami l'ancien député Augustin Bonrepos, ancien président de la commission des Finances de l'Assemblée nationale et de l'Association nationale des élus de montagne, à monter au créneau. Il demanda le retrait de ces ours introduits qui venaient jeter perturbations et désarroi sur ces montagnes déjà quasiment abandonnées. Et l'écho revint une fois encore jusqu'au Béarn qui fut repris par le doute. D'autant qu'une femelle de passage en Haute-Garonne fut abattue par un chasseur en légitime défense. Était-ce bien raisonnable, au vu de ce qui se passait dans les Pyrénées centrales, de réintroduire deux ourses nouvelles ? Malgré le doute grandissant, notamment au niveau de la profession agricole et des chasseurs qui n'avaient pourtant pas ménagé leur peine, l'Institution patrimoniale tint bon. Mais la réponse de l'État ne nous parvenait jamais. C'est Dominique Voynet, ministre de l'Aménagement du territoire et de l'Écologie de l'époque, qui l'apporta quatre ans plus tard ! Et elle était négative ou, plus exactement, elle ne disait pas non, mais les conditions à remplir par les acteurs locaux étaient tellement inacceptables que cela revenait au même. La démonstration fut ainsi malheureusement faite, et qui plus est par une ministre verte, que la survie des ours dans le Béarn n'était peut-être pas tout à fait la priorité des priorités dont on nous avait bassinés durant des décennies.

Une étrange lueur éclairait soudain ce dossier. Le plus important n'était peut-être pas de sauver l'ours, mais d'entretenir une polémique permanente autour de lui afin que rien ne puisse être fait sur le plan local. Ainsi, les montagnards, de plus en plus circonspects, se déclaraient à nouveau ouvertement hostiles à sa présence, tandis que l'État, chauffé à blanc par les lobbies de la soi-disant protection de la nature, rappelait à tout bout de champ ses accords internationaux et la nécessité absolue, pour lui, de maintenir cette espèce. Cherchez l'erreur ! Après dix ans de présidence du parc national, et bientôt quinze ans à l'Institution patrimoniale du Haut-Béarn, j'ai acquis une certaine expérience du monde soi-disant écologique, lequel nous porte depuis près d'un demi-siècle une attention soutenue. Je reconnais aux militants de la protection de la nature et de la biodiversité – aux vrais militants s'entend –, ainsi qu'à tous ceux qui donnent le meilleur d'eux-mêmes pour lutter contre la pollution et toutes les formes d'agressions des temps modernes – malbouffe comprise –, une vraie sincérité dans leur combat. Je compte parmi eux d'innombrables amis, qui sont des bénévoles engagés. Leur présence et leurs luttes sont absolument nécessaires pour attirer l'attention du public sur les dangers actuels, et ils sont à l'origine de bien des idées nouvelles et salvatrices. Mais, depuis la fin de la guerre en Europe de l'Ouest puis la chute du mur de Berlin, certains ont pensé qu'il fallait à tout prix ouvrir un nouveau front pour saisir et canaliser la sensiblerie de notre temps, donner du grain à moudre à un certain nombre d'intellectuels et confier un rôle fédérateur et incontesté à la Communauté européenne. Aussi l'organisation en oligarchie de certaines ONG officiellement chargées de la protection de la nature élevée au rang de cause européenne et mondiale me paraît-elle beaucoup moins innocente. À preuve, la publication en février 2003, par le ministère de l'Écologie et du Développement durable, du rapport d'enquête sur le financement des associations intervenant dans le champ de l'environnement, réalisé par l'Inspection générale des finances et par l'Inspection générale de l'environnement, à la demande d'Alain Lambert, ministre du Budget, et de Roselyne Bachelot, ministre de l'Écologie. Il pesa lourd dans le départ quelques mois plus tard de ces deux ministres du gouvernement Raffarin. Sa conclusion était sans équivoque : le ministère ne savait en définitive ni à qui étaient destinées les subventions qu'il délivrait, ni l'utilisation qui en était faite par les associations de protection de la nature. Ce rapport a d'ailleurs disparu des couloirs de l'Assemblée en moins d'une semaine. (Dans le même ordre d'idées, le rapport d'enquête parlementaire réalisé en 2003 sur les conditions de la cohabitation entre les hommes, les loups et les ours dans nos montages est carrément passé à la trappe[1].) Certaines de ces ONG perçoivent en effet beaucoup d'argent public et, pour certaines d'entre elles, davantage d'argent encore de très grosses sociétés privées. Cela leur fournit d'immenses moyens de communication sur des sujets précis susceptibles de toucher l'opinion. L'ours et le loup font indiscutablement partie de ces

1. Rapport n° 825 de Daniel Spagnou, consultable sur le site de l'Assemblée nationale.

sujets ; pas le berger. Toute aussi étonnante est l'activité de la Fondation Cousteau et du Muséum d'histoire naturelle. Ces deux organismes constituent aux yeux de l'opinion des cautions scientifiques incontestables : il n'est donc pas étonnant de les voir associés actuellement à la plupart des dossiers sensibles concernant la protection de la nature. Par exemple, le Muséum d'histoire naturelle a pris une part très active dans le recensement à travers la France des sites à retenir dans les réseaux Natura 2000, et ce dès le début des années soixante-dix. Des centaines de milliers d'inventaires ont ainsi été dressées dans les zones présélectionnées de France. Seul problème : pourquoi les maires n'ont-ils jamais, ou pratiquement jamais, été informés des travaux de recherche scientifique qui s'effectuaient chez eux ? L'Association nationale des journalistes et écrivains protecteurs de la nature, dont je ne sais si elle existe encore, rassemblait à une époque de jeunes journalistes, pigistes pour la plupart, représentant plus de deux cents organes de presse de notre pays : leur plaquette de présentation que des amis m'avaient procurée en 1992 et 1993 ne manquait pas d'intérêt...

Une chose est sûre : pendant qu'on parlait nuit et jour des problèmes d'incompatibilité entre les gens des villes et ceux des campagnes à propos des ours, pendant qu'on faisait pleurer dans les chaumières sur leur sort funeste, on continuait à polluer sans mesure ni la moindre vergogne sur les grands puits pétroliers et au-dessus des grandes fabriques chimiques. On n'avançait pas d'un centimètre sur le ferroutage qui aurait permis de soustraire des routes ces myriades de 38 tonnes de plus en plus inquiétants, et ce n'est pas, comme nous l'avons vu, du côté de la circulation dans la région parisienne que nous allions trouver des sources de réconfort. L'Institution patrimoniale avait décidément été bien imaginée, car malgré toutes les peaux de bananes placées sous ses pieds, malgré les mille turpitudes dans lesquelles on l'enferma, elle continua à faire face. Jusqu'à ce jour du 1er novembre 2004 où Cannelle, la soi-disant dernière ourse de souche béarnaise, fut accidentellement abattue au cours d'une partie de chasse au sanglier sur les hauteurs d'Urdos. En quelques heures, la nouvelle tragique fit l'effet d'une bombe. On vit et on revit en boucle la dépouille mortelle descendue dans la vallée par hélicoptère. Au Conseil des ministres qui suivit, le président de la République Jacques Chirac parla de catastrophe écologique majeure et planétaire. Le ministre de l'Environnement de l'époque, Serge Lepeltier, fut dépêché le lendemain matin, à l'aube, flanqué de près de cent fonctionnaires, gendarmes, gardes mobiles, gardes de tous les corps de l'État, pour aller se rendre compte sur place. La journée durant, il entendit tous les regrets, mais aussi les prudences, des hommes et des femmes de cette montagne qu'il avait croisés. Je continuais à lui parler alors que nous remontions à Paris le soir avec ses collaborateurs dans l'avion ministériel.

« Serge, n'écoute pas tous ceux qui tenteront de te pousser au crime. Ne procède pas à un renforcement brutal décrété de Paris. Fais confiance à l'Institution patrimoniale. Elle saura prendre ses responsabilités. »

Mais je sentais bien qu'il ne m'écoutait pas. Et ses conseillers encore moins. Pourtant, le 2 décembre suivant, c'est-à-dire un mois après seulement, l'Institution patrimoniale réunie en session extraordinaire, malgré la présence devant ses portes de plus de deux cents bergers et éleveurs qui manifestaient, et dont certains des leaders avaient travaillé des nuits entières au sein de cette même Institution, décidait de mettre en place un protocole participatif pour l'élaboration d'un projet de territoire qui traiterait de l'avenir du pastoralisme, de l'activité forestière, de l'eau et de la population d'ours. Le projet pour l'ours prévoirait l'introduction de deux ourses femelles pour réparer la disparition de la pauvre Cannelle. Il était impératif, dans l'esprit de la démarche inspirée par Henri Ollagnon et développée depuis dix ans, que ce soit les gens du pays, directement concernés par le problème au point d'en assumer les conséquences, qui décident eux-mêmes.

Le 15 janvier suivant, Serge Lepeltier fit litière de cette démarche si empreinte de courage et du désir de bien faire. Il annonça l'arrivée imminente de quinze ours sur l'ensemble du massif pyrénéen. Le tollé fut considérable. Tous les départements qui depuis quelques années s'étaient à nouveau trouvés confrontés à la présence de l'ours, après un bon siècle d'absence de cohabitation, n'avaient aucune envie de voir ce délire s'amplifier et finir de détruire leurs activités montagnardes. Mais Jacques Chirac devait présider à la fin janvier le premier Sommet mondial de la biodiversité à l'Unesco. Sur un dossier aussi sensible, il lui fallait du concret. Les lampions du congrès à peine éteints,

Serge Lepeltier fut remercié. Nelly Olin arriva à son tour avec dans ses bagages, non plus quinze, mais cinq ours à disperser sur l'ensemble du territoire pyrénéen. Un semblant de concertation fut organisé, manière de s'assurer que l'ensemble des Pyrénéens prît pour cible l'Institution patrimoniale : c'était clair, l'Institution avait failli. Si elle avait réussi dans la mission qui lui était confiée, le problème ne se serait pas posé et ne se poserait pas ailleurs, chez des gens qui ne voulaient pas d'ours et qui, en outre, les avaient laissés disparaître. Et si l'Institution n'en avait pas fait son fonds de commerce, on en aurait moins parlé. Ils auraient fini par tous disparaître. L'État ne serait pas obligé de prendre des mesures impopulaires et les Pyrénéens obligés de les subir… Voilà comment on arrange l'histoire lorsqu'on a la toute-puissance pour soi. Peu importent les faits, peu importe la vérité. L'Institution se désolidarisa immédiatement du programme de Nelly Olin. Cannelle avait été tuée dans le Béarn, ce n'était pas à l'ensemble des Pyrénéens de payer pour elle. Cette décision n'avait aucune chance de sauver la cause des ours, au contraire, elle la ruinerait un peu plus en finissant de dresser contre eux ceux qui croyaient encore à la cohabitation. Mais surtout, cette décision allait entraîner à nouveau contrôles et répressions policières sur nos merveilleux espaces de liberté.

Et Nelly Olin arriva avec ses ours, protégés par trois cents gardes mobiles alors que nous étions incapables d'envoyer deux cents soldats à la malheureuse Finul au Liban. Elle débarqua en « papamobile », dans un car panoramique avec plus de cent invités triés sur le volet à son bord. De courageux résistants pyrénéens firent dans un premier temps capoter la noble mission. En effet, l'un d'entre eux apparut soudain sur les lieux mêmes où la camionnette s'apprêtait à libérer la première ourse qu'elle ramenait de Slovénie, escortée par une armada policière digne d'un déplacement du président des États-Unis. Les cinq ours finirent par être lâchés dans divers points des Pyrénées. Or, depuis, deux d'entre elles ont trouvé la mort, la première en se jetant du haut d'une montagne, certainement par désespoir. La seconde fut écrasée accidentellement par un fourgon de l'armée française alors qu'elle venait de sauter les filets de protection de l'autoroute. Oui, l'État avait choisi le passage en force, infligeant aux Pyrénéens, avec ces lâchers hypermédiatisés, l'un des pires camouflets qu'ils aient reçus durant leur longue histoire ! Je suivais, la mort dans l'âme, ces images obscènes, ne sachant plus très bien s'il s'agissait de la réalité ou d'un cauchemar. Je me trouvais alors à la clinique de Garges-lès-Gonesse où l'on réapprenait à mon corps à s'alimenter après ma grève de la faim. Face à ces images, ma douleur était telle que j'en venais à m'interroger : ce que les médecins m'avaient présenté comme une hypothèse pessimiste mais probable, à savoir le dérèglement de mes facultés psychiques, n'était-il pas en train de se produire ?

Je me demandais comment le gouvernement de mon pays et en particulier Jacques Chirac, le président de la République, lui le défenseur de la campagne française et de ses paysans qui, des décennies durant, le lui avaient si bien rendu, avaient pu se laisser instrumentaliser au point de procéder à un tel passage en force. Oui, je me demandais devant ces images insoutenables si effectivement je ne commençais pas à perdre la raison.

Au fond ce qui me chagrinait le plus ce n'était pas tant le fait que la ministre crût bon de nous qualifier, dans un excès d'humeur je l'espère, d'ânes et d'imbéciles – encore que cela me fît du mal pour les ânes que j'aime beaucoup et dont je me fais une tout autre opinion que celle qui manifestement l'animait. Ce qui me faisait le plus de mal, c'était de constater quelle régression dramatique on faisait subir autant aux ours qu'aux hommes, et donc à leur éventuelle cohabitation.

À la fin de juillet 2005, dans une longue lettre qui n'avait de ministérielle que le nom, la ministre de l'Écologie mettait l'Institution en demeure de lui fournir dans les jours à venir le bilan de l'action qu'elle avait conduite au profit de l'ours depuis 1994, date de son avènement, jusqu'à ce jour. Malgré le peu de temps imparti et la période estivale, notre équipe administrative conduite par un homme exceptionnel d'intelligence et de savoir-faire, Didier Hervé, parvint à répondre point par point aux questions qui lui étaient posées. Mais manifestement, la ministre pas plus que ses services ne prirent le temps de lire l'imposant pavé de justifications que nous venions de lui adresser. Trois jours plus tard, elle m'écrivit à nouveau pour m'informer qu'elle retirait à l'Institution toute compétence sur la gestion des ours et qu'elle interrompait *sine die* la participation financière de l'État.

Je ne fus pas surpris. Tout au plus attristé de constater le niveau de médiocrité dans lequel nous plongions irrésistiblement. Outre le fait que cette annonce, véritable fait du prince, nous plaçait dans une situation quasiment mortelle, c'est la violence de la rupture du contrat par l'État qui me peina profondément. Ce même État, l'État de mon pays, n'avait-il pas parlé, au moment de la mise en œuvre de l'Institution, de substituer le terme de « contrat » à celui de « contrainte » pour libérer l'esprit de responsabilité et de conscience ? N'était-il pas allé jusqu'à évoquer un contrat d'honneur et de confiance ? Où était donc passée la confiance ? Je n'ose même pas m'interroger sur ce qu'il avait bien pu advenir de l'honneur.

Ce lâchage misérable en rase campagne a valu à notre budget d'être soumis deux fois de plus à la chambre régionale des comptes. À l'heure où j'écris ces lignes, je ne sais pas encore ce qu'il adviendra de l'Institution patrimoniale du Haut-Béarn.

Une chose est d'ores et déjà certaine : quoi qu'il arrive, rarement un organisme de création récente aura suscité autant d'intérêt, de passion, et rempli autant de pages dans les journaux. Rarement organisme aura réalisé autant en si peu de temps. Jamais peut-être aucun ne sera parvenu à concilier si longuement des intérêts aussi violemment opposés. Si chacun y a tenu sa place dans le respect de règles librement données et acceptées par tous, cinq personnes ont tenu un rôle déterminant, d'abord dans l'apaisement des esprits, ensuite dans le développement de l'esprit de l'Institution patrimoniale.

Le préfet Jean-François Denis, tout d'abord. Il avait été de l'équipe de Michel Rocard en Nouvelle-Calédonie et avait beaucoup admiré Jean-Marie Tjibaou, lequel paya de sa vie les accords qui réunissaient son territoire. Il possédait à la fois l'art de l'écoute, ce petit quelque chose qui donne toute leur dimension aux grands commis de l'État entièrement dévoués à sa cause, et un profond respect à l'égard des hommes qu'il rencontrait et de leur mode de vie. Son autorité souriante fit merveille et donna d'emblée à notre démarche la hauteur de vue qui s'imposait. Il est actuellement retraité du corps préfectoral et maire de Prades dans les Pyrénées-Orientales.

Jean-Pierre Cazenave-Lacroutz, sous-préfet d'Oloron-Sainte-Marie à l'époque, n'avait pas son pareil pour entrer immédiatement dans une relation de confiance absolue avec ceux qu'il côtoyait. Intuitif, expérimenté, il possédait une grande autorité naturelle. Il avait très vite compris que, contrairement à ce qui est en général admis, l'arrondissement d'Oloron-Sainte-Marie dont il avait la responsabilité était au moins aussi complexe à gérer que celui de Bayonne et son redoutable problème basque. Il avait saisi que les problèmes de l'ours, du tunnel du Somport et de l'expression identitaire de cette terre de très vieille tradition composaient un cocktail explosif. Représentant de l'État convaincu, il avait perçu que toute tentative de passage en force était vaine, contre-productive et injurieuse pour l'histoire de ce pays. Avant chaque réunion de l'Institution, il conviait les directeurs de services et des établissements publics représentant l'État, et même parfois les représentants des associations de protection de la nature, et il me faisait part des principaux sujets de blocage qu'il pressentait. Ainsi l'État parlait-il au moins d'une seule voix. Et quelle voix ! Le débat s'engageait donc le lendemain avec les élus et l'ensemble des usagers de la montagne sans *a priori* ni tabous. Jean-Pierre Cazenave-Lacroutz est actuellement secrétaire général du Puy-de-Dôme.

Michel Maumus, médecin de campagne, avait été des années durant expert senior dans quelques-uns des plus grands organismes de développement du tiers-monde (Banque mondiale, FMI). Il fut triomphalement élu conseiller général de son canton, après une campagne en faveur de la liaison autoroutière Pau-Oloron, pourtant très combattue, qui empruntait son territoire. Il incarnait la vision attentive de l'expert et la détermination sans demi-mesure de l'élu, le tout avec un art consommé de la dialectique et un immense savoir-faire. Son appel à de hautes responsabilités auprès du président du conseil général Jean-Jacques Lasserre, réduisant d'autant une disponibilité déjà très entamée, a incontestablement affaibli le potentiel de l'Institution. Fort heureusement, Jean-Jacques Lasserre a parfaitement compris ce qui se jouait au cœur de cette organisation : parce qu'il en a eu lui-même une de très ressemblante au Pays basque. Sans lui et l'ensemble du conseil général, l'Institution patrimoniale du Haut-Béarn ne serait plus depuis longtemps qu'un beau mais lointain souvenir.

Jean-Pierre Cremer, ancien commissaire à l'aménagement des Pyrénées, puis haut responsable de la Caisse des dépôts, fut appelé comme directeur général des services par François Bayrou lorsque celui-ci prit la tête du conseil général des Pyrénées-Atlantiques. Expérimenté lui aussi, connaissant les tréfonds de l'âme pyrénéenne, bourreau de travail à l'esprit aiguisé, il s'engagea lui aussi sans compter dans la démarche. Son étroite relation avec le préfet et sa proximité avec François Bayrou, qui avait été un des pères de l'institution, s'avérèrent déterminantes. Il est actuellement l'un des directeurs de la Caisse des dépôts.

Didier Hervé enfin, après un passage remarqué en outre-mer, revint dans son département d'origine à la demande du président de la chambre d'agriculture, Marcel Cazalé, personnalité d'envergure nationale. Il prit la tête du centre ovin d'Ordiarpe, dont il fit en quelques années l'un des tout premiers organismes de France en matière de recherche, de sélection ovine et de développement rural. Originaire de la vallée d'Ossau, sa connaissance du milieu, son acharnement au travail, son incroyable résistance physique et son sens de l'organisation ont fait merveille. Exécutant exemplaire, il a un sens aigu du respect de la hiérarchie. Il a constitué une équipe remarquable de développement et d'altruisme. Ils auront tout vécu, tout donné, tout subi, y compris l'anathème. Depuis des mois et des mois, ils ne savent pas si le prochain salaire tombera... si l'engagement a un sens...

Notre réalité est en effet aussi éloignée des méthodes de gestion des ours dans les grands parcs nationaux américains, que nous avons toujours tellement voulu copier, que de la froide gestion de ces mêmes quadrupèdes par la technocratie soviétique des pays de l'Est. Et notre fierté profonde, n'est-elle pas d'avoir contribué à permettre à des hommes de rester debout et de parler entre eux pour tenter de parler ensemble à des ours restés sauvages ?

*

Un autre combat de ma vie qui ira en s'intensifiant si ma bonne étoile me permet d'éviter infarctus et platanes : la lutte sans merci que j'ai engagée contre le dispositif élaboré par l'Union européenne et ses États membres pour officiellement veiller sur l'avenir durable, la biodiversité de nos si beaux territoires de plaine et de montagne. Deux directives européennes fondent ce dispositif aussi irresponsable que mortifère. Il a été si bien pensé et si bien conçu qu'aucune procédure judiciaire ne peut l'éteindre. Notre département les a toutes essayées et je m'honore de constater qu'il reste le seul encore quasiment indemne. Mais tous mes conseillers sont formels : s'il n'y a pas de prise de conscience salutaires des hommes concernés sur ces territoires, il sera possible de saisir la Cour européenne des droits de l'homme. Ce dispositif est inspiré d'un mal, et pas n'importe lequel : il organise la ségrégation au détriment de l'homme ! La première directive de ce dispositif, dite directive sur la chasse, a été votée en 1979, la seconde, dite directive Habitat, en 1992. L'ensemble est réuni dans un dispositif nommé Natura 2000. Il ne s'agit en fait que d'une immense supercherie intellectuelle et d'une escroquerie politique, visant exclusivement à donner du grain à moudre à quelques-unes des toutes-puissantes ONG soi-disant chargées de la protection de la nature. En fait, c'est la plus grande opération de spoliation de territoire qui ait jamais été imposée à des hommes libres depuis les tristes méfaits d'une partie de nos compatriotes européens après leur découverte des Amériques.

Pour vous en persuader, lisez seulement les quelques lignes de la directive Habitat que chacun pourra trouver sur Internet. L'article 5, que j'appellerai le déni de démocratie, où il est brillamment expliqué que tout ce qui ne sera pas accepté sera nécessairement imposé. L'article 6, où l'on nous dit que dans nos territoires remarquables où l'on a su conserver nos ours, on ne pourra développer que des activités liées à la santé humaine et la sécurité publique. Le pastoralisme, la sylviculture, l'hydroélectricité ne rentrent bien entendu plus dans ce cadre. Et dans l'article 14, l'accès à certains secteurs pourra être interdit. La réserve d'Indiens, je vous dis.

À première vue, la démarche paraît formidable ou sans conséquence, c'est selon. Il s'agit de sauvegarder, voire de réhabiliter des parties très importantes de nos territoires campagnards. Certes, s'il ne s'était agi que de suggérer aux États membres de bien vouloir mettre en œuvre ce principe chez eux en en confiant la responsabilité, dans le cadre de la subsidiarité qui nous est si chère à nous Européens, directement aux acteurs de terrain, cela aurait pu m'enthousiasmer.

Tout a commencé au début des années soixante-dix, par un prétendu inventaire mené en France par des naturalistes, des bénévoles autoproclamés scientifiques et des fonctionnaires, le tout validé par le très respectable Muséum d'histoire naturelle sans la moindre vérification et soutenu par la Fondation Cousteau. Le plus formidable état des lieux qui ait jamais été réalisé à ce jour où l'on trouve des rosalies des Alpes dans les Pyrénées et des espèces spécifiques aux milieux humides dans le massif calcaire de La Pierre-Saint-Martin où l'eau de surface se fait si rare. Le seul problème c'est qu'il n'a fait l'objet d'aucun échange ou concertation avec ceux qui avaient l'honneur de faire l'objet d'une si généreuse initiative. On ne leur a bien sûr jamais dit non plus à quoi cela pourrait bien servir un jour. Les derniers de nos hameaux, les plus éloignés de nos quartiers, se sont ainsi retrouvés inventoriés, cartographiés et classés dans des zones aux noms étranges, avec un inventaire saisissant d'animaux, petits et grands, d'insectes, de rongeurs, de plantes aux noms tantôt exotiques tantôt latins dont personne n'avait entendu parler jusqu'alors. Puis décision fut prise de sauver toutes affaires cessantes ces trésors en mettant en place une organisation qui n'avait rien à envier aux merveilles issues de la technocratie soviétique. Les préfets reçurent ainsi l'ordre d'annoncer aux maires des communes qu'ils avaient fait l'objet d'un classement, y compris à ceux qui avaient déjà délibéré à plusieurs reprises pour annoncer qu'ils ne voulaient absolument pas d'un tel dispositif. Il leur a été demandé de mettre sur pied des documents opératoires qui déterminent et mettent en œuvre la politique de gestion à mener dans les années à venir.

En somme, ce que le maire et son conseil municipal accomplissaient si bien depuis toujours, en sachant que tous les six ans ils devaient rendre des comptes à leurs électeurs en se soumettant au verdict des urnes, a été remplacé par d'étranges assemblées aussi disparates qu'incongrues qui réunissent et font travailler un nombre de gens tous plus qualifiés les uns que les autres. Le maire de la commune ? Les conseillers municipaux ? À la trappe. Oh ! certes, le comité de suivi, puisque c'est ainsi qu'on a baptisé ces aimables assemblées, condescend dans un premier temps à les inviter, comme il invite le président de la chambre d'agriculture ou parfois le président du conseil général. Et il est proclamé que tout le monde peut travailler ensemble et que le président du comité de suivi sera forcément un élu. Mais il s'agit bien évidemment de sauver les apparences, et surtout de veiller à faire rentrer tout le monde dans le cercle. Pour ce faire, rien ne sera négligé et l'on prendra tout le temps qu'il faudra : des semaines, des mois, des années. Élus et responsables, flattés, encouragés comme jamais ils ne l'ont été, ne doivent absolument se douter de rien ! Le document opératoire achevé, on pourra enfin le mettre en œuvre et se donner tous les moyens de restaurer l'habitat. Mais n'allez pas croire qu'il s'agit de l'habitat des hommes, de leurs conditions de vie ou de survie dans la plupart de ces zones concernées où ils constituent pourtant l'espèce la plus menacée de disparition avec tout son savoir-faire, son « savoir-être », tout l'immense amour qu'il porte à son territoire. Non. Il s'agit d'une notion beaucoup plus diffuse de l'habitat : ce serait plutôt l'habitat des plantes, des insectes, des animaux dont nous parlions plus haut. Dès que les contrats seront signés et l'habitat sauvegardé, rien ne s'opposera plus au retour massif des ours, des loups et des lynx. Au contraire, ce sera une obligation ardente et indiscutable de la directive. Quant aux hommes...

Pour vaincre les légitimes réticences qui voyaient le jour ici ou là, on a mis un peu d'argent sur la table, et même parfois un peu dessous aussi, pour financer quelques services para-agricoles dont certains tirent le diable par la queue, surtout depuis que la campagne française a vu passer le nombre de ses agriculteurs de 4 millions en 1960 à 750 000 aujourd'hui, avant d'atteindre la barre des 200 000 à l'horizon 2015. Il est vrai que le sort de ces pauvres hères, qui n'a jamais été d'ailleurs très envié, est devenu aujourd'hui fort peu enviable.

Où sont passées les exploitations agricoles de nos pères ? Que sont devenus les paysans qui les conduisaient en hommes du pays, avisés, observateurs et prévoyants, durs au mal ? Ils avaient appris depuis si longtemps à se succéder de père en fils, ils produisaient viande, fromage, vin, fruits et légumes, cochons et dindons qui ont fait la réputation de la France dans le monde entier. Et que dire de leur blé ? De leur lait ? Si ce n'est qu'ils vont manquer dès les tout prochains mois et qu'il nous faudra alors les importer ? Quelle réussite que ces quarante dernières années pour notre agriculture et notre paysannerie qui fondaient un des piliers majeurs de notre histoire et de notre singularité ! Quel honneur pour ces hommes d'avoir eu à produire tour à tour sur injonction pressante des cochons en élevage intensif, puis des volailles, puis des kiwis, avant d'être invités à mettre la moitié de leur terre en jachère ! Que d'endettements inutiles, que de vies brisées, que de familles détruites, éparpillées aux quatre vents, que de suicides...

On en arriverait presque à oublier que le Créateur qui se pencha sur toute chose et les hasards de la géographie et de l'histoire nous avaient dotés de la troisième superficie rurale et agricole d'Europe après celles de la Russie et de l'Ukraine. Bordée par mers et océans, bénéficiant d'un relief aussi harmonieux que son climat est bienveillant, la France dispose pourtant de tous les atouts pour être le grand pays agricole d'Europe, voire du monde.

Mais non. Nous avons renoncé à tout cela. De démission en démission, notre pays est aujourd'hui plus occupé à vitrifier et à sanctuariser, que dis-je, à geler 15 % de son territoire dans un premier temps, pour passer au plus vite à 25 %. Mais, au fait, pourquoi Natura 2000, qui est aujourd'hui présentée comme le miracle qui va sauver la biodiversité européenne, n'est-elle appliquée que sur moins d'un quart de notre territoire ? Que signifie ce traitement de faveur ? Les trois quarts de la France n'ont-ils donc aucune valeur biodiversitaire ? Pourquoi ces oubliés de l'histoire ne hurlent-ils pas au scandale ? Pourquoi les territoires retenus se trouvent-ils donc tous dans les zones les plus menacées et les plus en difficulté sur le plan économique ? Pourquoi un État aussi jaloux de son expression démocratique a-t-il traduit en droit français ces merveilles de directives sous formes d'ordonnances présidentielles, coupant ainsi court à tout débat devant le Parlement ?

À côté de ça, on vend, ou plutôt on organise la spéculation sur des centaines de milliers d'autres hectares. Et dire qu'il y a cinquante ans encore, on mariait les cousins entre eux pour conserver l'intégrité de la propriété ! Le sort du paysan s'apparentant de plus en plus à celui du dernier des Mohicans n'est décidément guère enviable. Pour percevoir les fameuses primes qui l'ont tant déconsidéré aux yeux de ses concitoyens, il doit désormais remplir des formulaires sans fin. Il manque toujours une pièce, une attestation, un certificat, pour un oui pour un non, la prime sera versée ou pas. Il faudra bientôt plus de deux oreilles à l'animal pour y mettre tous les numéros. Mais quel honneur ! Leurs exploitations sont maintenant suivies par satellite. J'ai beaucoup aimé, à mes débuts dans la vie politique, les directeurs départementaux de l'Agriculture : ils avaient le souci permanent de favoriser le développement rural et le bien-être et la modernisation des paysans. Ils déployaient des trésors d'imagination et se mettaient en quatre pour maintenir une campagne vivante. Je suis bien obligé de constater que nos décisions politiques surréalistes ont bien changé leur métier. Ceux d'aujourd'hui ne peuvent plus s'occuper que d'administration, de réglementation et de contrôle. Il en est malheureusement ainsi pour la plupart des directeurs de services et des rares fonctionnaires qui nous restent encore.

Des contrôleurs, il y en a chaque jour davantage. Bien sûr, ce n'est pas à eux que je veux m'en prendre ; il leur a bien fallu trouver un métier, faire vivre leur famille. Je ne m'en prends qu'à cette dérive folle qui nous entraîne lentement mais sûrement vers la fin d'une civilisation. Mais quand donc nos yeux s'ouvriront-ils enfin devant pareil gâchis et semblable ignominie ? Combien de temps nous faudra-t-il encore pour réaliser que certains préfets, sous-préfets, DDA et DIREN sont obligés de consacrer 50 % de leur temps au moins à cette besogne que par faiblesse et renoncement nous leur avons imposée ? Les maires qui veulent agir au nom de leurs concitoyens sont dépossédés de la gestion de leur territoire. À la responsabilité, à la conscience aiguë du désir de servir la terre des aïeux, a succédé la mise en place d'un système opaque, sans visage et sans nom, implacable, qui conduit ces gens à n'être plus que les spectateurs de leur propre disparition.

Qui se cache donc derrière ce simulacre de protection de la nature et de la biodiversité ? Est-ce donc de nos campagnes que monte si massivement le gaz carbonique qui attaque la couche d'ozone ? Est-ce bien chez nous qu'il faut s'attaquer, toutes affaires cessantes, à la réduction des gaz à effet de serre ? Est-ce donc de ces campagnes abandonnées que vient ce bruit infernal qui hante nos nuits ? Et ces friches industrielles immondes, est-ce bien chez nous qu'on les trouve ? Et ces encombrements, et ces puits de pétrole que personne ne surveille jamais, pas plus que ces immenses industries chimiques...

Et s'ils avaient trouvé le moyen, grâce à « l'impôt révolutionnaire » versé à certaines ONG dont la puissance et la capacité de dissimulation m'effraient chaque jour davantage, d'orienter le regard inquiet de nos concitoyens dans d'autres directions que celles qui sont effectivement à l'origine des grands maux de notre temps ?

Et si ce nouveau pouvoir, tellement capitaliste qu'il en effraie même le président des États-Unis, avait fait alliance avec ces immenses organisations de propagande et de communication pour détourner les hommes des vrais problèmes et les concentrer sur des secteurs qui se portaient si bien, qui ne demandaient rien à personne et qui créaient du lien humain à profusion ?

Ce capitalisme féroce, cannibale, aujourd'hui maître de toute chose, n'a-t-il pas mis sciemment sur orbite des monstres aussi froids que lui pour abuser et endormir la conscience des peuples ?

Mais rassurons-nous. Le trésorier du WWF a été pendant plus de trente ans l'un des plus grands marchands de cigarettes au monde. Quant à Nicolas Hulot, cela fait bien longtemps que j'entends parler de lui. La toute première fois, ce fut par Jacques Pedehontaa, conseiller général de Navarrenx, mon petit frère spirituel en politique. Il est un des hommes qui a certainement été le plus cité dans le Guinness des records de ces vingt-cinq dernières années. Jacques réalisa en 1984 la première mission humanitaire en direction de Dakar avec douze tracteurs, sous l'égide des regrettés Sabine et Balavoine. Il distribua ces engins à deux organismes caritatifs après qu'ils eurent mené à bon port leur précieuse cargaison. L'année d'après, il entreprit un nouveau raid en tracteur, mais cette fois-ci en direction de Saint-Jacques. Nicolas Hulot accompagnait la joyeuse épopée qu'il couvrait pour l'émission de France Inter « Macadam Soleil ». Jacques me le décrivit comme un aventurier passionné de nature. Nicolas Hulot est sans conteste une personnalité hors du commun, intelligent et très persuasif. Mais il n'a pas accepté de devenir le présentateur-vedette de Rhône-Poulenc et de la plupart des plus grands pollueurs de la planète uniquement pour devenir quelqu'un. Non, il l'a fait pour sauver la biodiversité ! Son imposture est telle qu'il ne nous reste qu'à attendre que les yeux de nos concitoyens se dessillent enfin pour qu'elle se dégonfle comme une baudruche. Mais, en attendant, quel bonheur de le voir présenter ses super shows médiatico-écologiques à partir de paradis si beaux, si purs ! Et peu importe si la misère humaine, insoutenable, échappe au champ de la caméra ! En compagnie de défenseurs aussi purs et sincères, je me sens donc totalement en sécurité. Mais je continuerai quand même mon combat pour obtenir l'abrogation de Natura 2000, qui, il faut bien le reconnaître, excelle dans sa capacité à nous créer des réserves sans Indiens. Et si l'on vous parle de 3 milliards d'êtres affamés sur la planète, si par malheur vous veniez à croiser l'un d'entre eux, vous pourrez toujours lui raconter la belle histoire de Natura 2000 dans notre pays repu, et le rassurer, il ne perd rien pour attendre.

# 5

# La politique vue de là-haut

Un mois avant les législatives de 2002, j'appris par un courrier de Michel Inchauspé, dont je m'apprêtais à redevenir le suppléant, qu'il ne se représentait plus. Cette lettre me rendait un vibrant hommage, mais annonçait aussi son choix de soutenir la candidature d'un autre candidat UMP Louis Althapé, ancien sénateur avec qui j'avais toujours entretenu de bonnes relations. Ce dernier serait suppléé par un autre ami UDF.

Ainsi la succession de Michel paraissait-elle parfaitement bordée. Je partis immédiatement lui rendre visite à Saint-Jean-Pied-de-Port. Comme toujours nous eûmes un entretien détendu et intéressant, qui s'acheva par un dîner. Je lui annonçai que je me présenterais aussi à cette élection car il me semblait dommage de ne pas tirer profit de tout ce qu'il m'avait appris et de l'expérience que j'avais acquise à ses côtés tout au long de ces années. Il en convint, même s'il estima mes chances d'élection relativement limitées.

Avec lui j'avais sillonné des années durant cette immense circonscription, l'une des plus grandes et certainement l'une des plus intéressantes de France. Sur un territoire allant quasiment de Bayonne jusqu'au-delà du col d'Aubisque, elle réunit une grande partie des piémontais et les montagnards du département. Elle constitue 45 % du territoire des Pyrénées-Atlantiques et compte 242 communes. J'avais appris à mieux connaître le Pays basque, ses merveilleux paysages, ses maisons si typées, ses habitants au regard direct et franc. Comme tous ceux qui les ont approchés, leur langue m'a toujours impressionné, leur culture aussi ; le formidable attachement qu'ils portent à leur territoire, tout comme le profond sentiment d'indépendance et de liberté qu'ils dégagent en toutes circonstances. Leur pastorale à la mise en scène et aux rites immuables et les jeux olympiques auxquels ils se livrent entre eux sous le doux vocable des « jeux de la force basque » constituent des rendez-vous magiques, presque en dehors du temps. Ce peuple est vraiment à part.

Son histoire et sa langue aussi. Moi, le Béarnais, j'avais été dès mon adolescence fasciné par leur sens de la fête, leur enthousiasme, l'immense solidarité dont ils font preuve entre eux. Aussi, c'est assez souvent que seul ou avec un ou deux amis je prenais la route de ce Pays basque profond et un peu magique pour me retrouver dans l'une de leurs fêtes de village. Dans le fond, je trouvais qu'on se ressemblait bien au-delà de ce qu'on voulait en dire. Sans doute notre éternelle proximité et nos caractères tranchés venaient-ils parfois compliquer une cohabitation multiséculaire. Mais j'avais toujours rêvé au fond de moi-même de faire quelque chose avec eux et peut-être même de les représenter. Oui, c'est ça, j'avais une furieuse envie de représenter les peuples basques et béarnais.

Il ne me fut pas facile de trouver un suppléant car tout avait été soigneusement verrouillé et un candidat béarnais avait impérativement besoin d'un suppléant basque, et *vice versa*. Ce n'est que le tout dernier jour, juste avant le dépôt des candidatures, que mon ami Jacky Coumet, maire et conseiller général d'Hasparren, gaulliste de toujours, me répondit positivement après un vibrant conseil de famille auquel il m'avait invité. Nous nous serrâmes la main et fonçâmes à Pau nous inscrire... il était plus que temps : le train avait bien failli partir sans moi.

Nous nous retrouvions à une quinzaine de candidats représentant toutes les sensibilités nationales et quelques autres qui incarnaient à des niveaux divers l'expression de l'indépendance du Pays basque. Face à moi il y avait aussi le candidat du Parti socialiste, François Maïtia, qui malgré son jeune âge était l'adversaire historique de Michel Inchauspé. Compte tenu de notre double candidature, celle de Louis Althapé et la mienne, ses chances de l'emporter paraissaient réelles. Nous terminâmes le premier tour tous les trois dans un mouchoir. J'avais gagné le droit de disputer la finale avec quelques centaines de voix d'avance sur Louis Althapé, lequel m'apporta son soutien au second tour, et quelques autres centaines de retard sur François Maïtia. Je fus élu au second tour avec 57,4 % des suffrages. J'étais devenu, comme j'aime à le répéter avec une profonde joie, le seul député au monde à être élu par des Basques et des Béarnais...

Lourdios-Ichère et les innombrables amis venus de toutes parts me réservèrent de nouveau une de ces fêtes dont ils ont le secret ; chants basques, béarnais et espagnols. C'était une merveilleuse nuit de juin. Et pourtant, comme toujours à l'occasion de mes soirs de victoire, je n'étais pas au fond de moi-même totalement heureux. Certes j'étais fier de mon élection et j'éprouvais une infinie reconnaissance envers tous ceux qui, nombreux, m'avaient apporté leur confiance. Mais déjà mes pensées étaient ailleurs : à Paris, la capitale. Serais-je à la hauteur de tous ces espoirs qui s'étaient portés sur moi ? Quel monde découvrirais-je là-haut ? De quel poids politique réel pouvait donc bien disposer un député ? Me suffirait-il pour continuer à accompagner le mouvement que j'avais entraperçu tout au long de cette campagne ? Et surtout cette question : pourrais-je me faire entendre pour dire à quel point notre art de vivre, nos traditions, notre savoir-faire, notre identité, me paraissaient menacés ?

Le premier projet de loi auquel j'eus l'honneur de participer à l'Assemblée était présenté par Nicolas Sarkozy. Après la campagne présidentielle qui avait brillé par ses aspects hypersécuritaires, le ministre de l'Intérieur présentait une loi allant dans le sens d'une plus grande sécurité de nos concitoyens. Je m'y impliquai activement.

Je découvris les longues séances de nuit dont je sortais souvent l'un des tout derniers. Je fis aussi la connaissance de Nicolas Sarkozy, et le jour où la loi fut votée, vers 5 heures du matin, il m'apostropha gentiment :

« Dis donc, tu m'as l'air d'un chic type, et si tu as besoin de quelque chose fais-moi signe, je suis prêt à t'aider. »

Je lui répondis que ça tombait très bien ; je ne pensais pas lui en parler si tôt mais un problème me tenaillait l'estomac. Je lui racontai rapidement la longue histoire du tunnel du Somport et la grave situation d'ingérence dans laquelle se trouvaient la route, le programme d'accompagnement économique et l'absence totale de moyens de sécurité et de secours à proximité d'un des tunnels les plus longs d'Europe. Je lui dis combien la défaillance et les manquements à la parole de l'État sur ce dossier m'étaient insupportables. Je lui fis part de mon idée de préparer avec l'État et l'ensemble des pouvoirs publics un véritable plan Marshall qui pourrait être défini et signé au début de l'automne, réalisable sur cinq ans, mais dont la perspective permettait une inauguration rapide du tunnel du Somport que nos amis espagnols réclamaient à cor et à cri.

« Reparle-moi de tout ça à la rentrée de septembre. Cette situation n'est pas normale, elle ne peut pas durer. Mais adresse-toi tout de suite au Premier ministre et à celui de l'Équipement, nous verrons ensemble à la rentrée ce qu'il convient de faire. »

Dans les jours qui suivirent, j'eus l'occasion d'expliquer le problème à monsieur le Premier ministre, Jean-Pierre

Raffarin, et surtout à l'un de ses très proches collaborateurs, André Viau, qui jusqu'aux élections était encore préfet des Pyrénées-Atlantiques, mais également à mon ami Gilles de Robien. Je leur exposai à tous l'idée du plan Marshall telle que je la concevais. Cela avait été fait par le passé pour créer une voie d'autoroute entre Bordeaux et Toulouse afin de transporter les énormes pièces de l'Airbus, ce qui avait permis à l'opération de se réaliser en moins de deux ans après un vote spécifique devant le Parlement.

J'entrepris de les convaincre de l'absolue nécessité de procéder de même pour la mise à niveau des infrastructures nécessaires à la liaison routière avec l'Espagne par le Somport. Si nous mettions au point un texte qui garantirait la résolution de tous les problèmes restants au cours des cinq années à venir, c'est-à-dire durant la législature, je ne voyais aucun problème à l'inauguration de ce tunnel avant la fin de l'année. *A contrario*, ce tunnel ne pouvait absolument pas être ouvert au public, et à plus forte raison inauguré par le président de la République et le roi d'Espagne, car c'est bien ce qui commençait à se murmurer dans le landernau, si ce travail préparatoire n'était pas clairement défini, daté et signé.

Chacun avait en mémoire la douloureuse décennie qui venait d'être vécue dans ma région et se souvenait de l'immense débat qui s'était transporté bien au-delà de nos frontières. Aussi, le préfet des Pyrénées-Atlantiques reçut-il dès cet été 2002 des instructions pour préparer les grandes lignes de ce plan Marshall. J'avais beaucoup insisté sur l'aspect sécuritaire, tragiquement instruit par les terribles accidents des tunnels du Mont-Blanc et du Saint-Gothard. Mon sentiment était que tous mes interlocuteurs avaient perçu l'importance de l'enjeu : il fallait retrouver l'unité de gendarmerie mobile initialement prévue à Urdos et doter le dernier village de France avant l'Espagne et le tunnel d'un centre de secours à la mesure de la situation.

Mais septembre passa, puis octobre, sans que j'aie la moindre nouvelle de mes interlocuteurs et de Nicolas Sarkozy que j'avais pourtant relancé à plusieurs reprises comme il me l'avait demandé. Début novembre, j'appris que l'inauguration solennelle du tunnel par Jacques Chirac et le roi Juan Carlos serait définitivement programmée au sommet de Málaga. Rien n'avait avancé, rien n'avait été fait. Aussitôt je transmis un dossier très complet au Premier ministre afin de lui demander des engagements précis de l'État sur ces questions essentielles. Cet envoi ne fut pas suivi de réponse.

*

Le 19 décembre 2002, je me trouvais à mon bureau de l'Assemblée nationale lorsque je reçus un coup de téléphone du maire d'Urdos. Il m'apprenait que l'ordre de fermeture de la brigade territoriale de gendarmerie venait de lui parvenir. Il est vrai qu'elle avait été construite vingt-cinq ans auparavant dans un couloir d'avalanche sans que personne, à ma connaissance, ne s'en soit rendu compte à l'époque. Mais de là à la fermer aussi brutalement, sans qu'aucune garantie ne soit apportée sur l'arrivée de la brigade mobile et la mise en place du centre de secours, c'était un peu fort. En cette veille de Noël, l'émoi était à son comble à Urdos. Les femmes de gendarmes m'expliquaient au téléphone qu'elles recevaient leurs familles et des amis durant cette période et qu'elles n'avaient aucune idée du lieu où ils se retrouveraient. Le maire était fou de colère. Je l'assurais que j'allais faire tout mon possible pour obtenir l'annulation de cette mesure. Dès le lendemain matin, je me rendis auprès de Philippe Folliot, député de mon groupe, chargé du suivi budgétaire des gendarmeries. Celui-ci me proposa sur-le-champ de joindre le général, commandant à la légion de Bordeaux, qui avait donné l'ordre de fermeture, afin d'en savoir plus. Nous tombâmes sur une secrétaire qui nous apprit que le général était à la retraite depuis la veille au soir. Cet officier général avait ordonné la fermeture de la gendarmerie d'Urdos juste avant de quitter ses fonctions et de passer à son pot de départ. Nous restâmes interloqués devant tant de désinvolture. Que faire ? Tandis que, de retour dans mon bureau, je réfléchissais sur l'attitude à adopter, défilaient sur mon écran de télévision les images des séances de commission qui se tenaient à ce moment-là dans les locaux de l'Assemblée nationale. Et soudain, je vis Nicolas Sarkozy intervenir dans l'une de ces réunions. Mon sang ne fit qu'un tour. Puisqu'il ne venait pas vers moi, j'irais vers lui.

Quelques minutes plus tard, après avoir un peu erré le long d'un interminable couloir souterrain que je connaissais encore mal, je vis apparaître devant moi un Nicolas Sarkozy sortant de commission. Il était comme à l'habitude suivi d'une horde de caméras, de micros et de personnages en tous genres, formant un convoi qui m'apparut pressé, remuant et brouillon. Il marchait à grands pas dans ma direction tandis que moi-même j'avançais vers lui. Je ne pouvais pas le rater. Parvenu à sa hauteur, je lui lançai sur un ton volontairement dur :

« Nicolas, il faut que nous parlions.

– Oui, je sais », maugréa-t-il, pensant qu'une telle formule était de nature à m'écarter de son chemin.

Mais je lui pris le bras et arrêtai son élan :

« Tu ne veux pas m'écouter, Sarko ? Tu y seras pourtant bientôt obligé, je te le promets. »

Le ministre continua sa marche en avant en me lançant une rafale de « oui, oui, oui, oui » agacés. Resté seul dans le couloir, je sentis la colère me gagner. Une colère d'abord brutale et qui résonnait sur mes tempes, puis bientôt froide et déterminée. Ma décision fut prise à l'instant. Face à une telle coalition des choses et des personnes pour ruiner les projets nécessaires les mieux établis et sur lesquels l'État s'était tant engagé, il me faudrait agir avec la plus grande détermination. Je me dis que Sarkozy s'en souviendrait. Le but n'était pas de faire parler de moi ; seulement d'être écouté.

J'entrai alors dans une drôle de période que j'appellerais de préparation. Préparation à quoi ? Je n'en savais encore trop rien. Mais il me fallait agir et frapper tant au niveau local que national. Localement, il était inacceptable de disposer ainsi de la vie des gens en n'assurant pas aux abords du tunnel un minimum de présence sécuritaire ; et insensé qu'au moment de partir en retraite un général jette dehors des familles de gendarmes avec la même décontraction qu'un joueur d'échecs déplace ses pions. Sur le plan national, j'affirmais que l'État ne devait en aucune manière abandonner l'une de ses fonctions essentielles, à savoir la sécurité des citoyens sur l'ensemble de son territoire. Cet abandon était d'autant plus singulier qu'au même moment le ministre de l'Intérieur déployait tout son talent pour faire voter la loi sur la sécurité civile.

Vint ensuite une phase que je connaissais pour l'avoir déjà endurée dans d'autres périodes cruciales de ma vie. Je la résumerai en deux mots : détermination et angoisse. Par un phénomène étrange, je me voyais déjà au cœur de l'action future. En l'occurrence, debout dans l'hémicycle, entonnant le chant des montagnards pyrénéens, *Aqueros Mountagnos*, afin de couper la parole à Nicolas Sarkozy à l'occasion d'une séance de questions d'actualités télévisées du mardi ou du mercredi. Ce chant ne m'était pas venu à l'esprit par hasard. Il possédait une forte portée symbolique. Dès les premières notes, les gens de chez nous sauraient que je ne les abandonnais pas. Quant à ceux de Paris, députés et ministres, qui ne voulaient pas m'écouter dans la langue que leurs pères avaient imposée de force à ce pays, eh bien, il faudrait pourtant qu'ils m'entendent dans une langue dont, paradoxalement, ils ne comprenaient pas un mot !

Cependant j'avais une conscience aiguë des risques que je prenais. Si j'échouais, je deviendrais aussitôt objet de la risée générale. Et pas seulement de mes collègues et de quelques journalistes qui feraient leurs choux gras d'un événement aussi improbable. L'honneur trahi, pour les Basques ou les Béarnais, équivaut à un suicide. Face à mes électeurs, mes amis, ma famille, je ne serais plus qu'un pitre. Si l'acte que je concoctais tournait au fiasco, il ne me resterait plus qu'à boucler mes valises et à partir me faire oublier très loin et pour toujours. Que Nicolas Sarkozy soit particulièrement bon ce jour-là et il ruinerait ma tentative en une ou deux formules bien senties qui, déjà, résonnaient à mes oreilles : « Vous en avez terminé, monsieur Lassalle ? Je peux poursuivre ? Parce que vous nous avez bien amusé, mais maintenant, si vous voulez bien, nous allons reprendre le cours normal du travail parlementaire pour lequel les Français nous ont élus. »

Pourtant ma décision devint vite inébranlable. Au fond de moi, j'étais convaincu que j'allais réduire au silence par le chant celui que personne n'arrivait à faire taire et auquel rien ne résistait. À l'époque, rares étaient ceux qui doutaient que Nicolas Sarkozy fût promis aux plus hautes destinées. L'interpeller de la sorte, c'était opposer fortement l'élu d'en bas au puissant d'en haut. Dans cette affaire rien n'était donc neutre : le rôle que jouaient mes propres racines familiales, la terre d'où je venais, l'unité que j'avais connue enfant entre un père gaulliste et des oncles communistes, tout cela comptait. Entonner le chant des montagnards béarnais dans l'un des plus hauts lieux de la République prendrait donc une double signification : rappeler à la fois l'endroit d'où je venais et la surdité de ceux au milieu de qui je vivais. Il ne me restait plus qu'à attendre le moment opportun.

L'année débuta par l'ouverture, hâtive et bâclée, du tunnel du Somport. Ce que je refuse aujourd'hui encore de reconnaître comme inauguration et à quoi je me gardais bien de me rendre se déroula le 17 janvier 2003 dans l'après-midi, entre chien et loup. Pressentant que cette situation était loin d'être acceptable, le président de la République et le roi d'Espagne avaient renoncé au déplacement et ce fut le ministre de l'Équipement qui fut chargé de la triste besogne. La vallée n'était que manifestation sur toute sa longueur. Réunis quarante-huit heures auparavant, les maires décidèrent à l'unanimité de boycotter l'événement et de se retrouver au moment où le ministre serait là-haut. Pour faire bonne mesure, nous avions décidé d'inviter à déjeuner en ce jour hautement symbolique monsieur Lelièvre, le P-DG de Toyal, en compagnie des maires concernés, afin d'évoquer les projets de son usine. Nous voulions par ce geste lui signifier combien cette journée était importante pour nous et combien nous souhaitions lui témoigner notre considération en l'invitant dans l'un des meilleurs restaurants de la région. À l'issue du repas, nous nous rendîmes à la mairie d'Accous et nous installâmes derrière la table des délibérations de la communauté de communes, juste contre le mur. Le seul fait de notre arrivée la remplit immédiatement comme un œuf, et il nous fallut faire preuve d'une grande force pour écarter la table que la foule de plus en plus compacte repoussait contre nous, nous bloquant ainsi contre le mur. Les opposants au tunnel, ivres de rage, nous jetèrent leur colère à la figure, jusqu'au moment où six d'entre eux, vêtus de noir, vinrent déposer minutieusement devant nous un immense cercueil, noir lui aussi, pour illustrer la mort de la vallée. Soudain, l'un d'entre eux sauta sur le cercueil qui répandit une épaisse fumée noire : c'était gai. Nous avions cependant réussi à installer un semblant de dialogue et tenté de faire comprendre pourquoi nous nous étions tant battus pour ce projet. Les manifestants de la vallée de la Vanoise étaient quant à eux venus pour nous expliquer le cauchemar qu'ils enduraient depuis l'ouverture du tunnel du Mont-Blanc. Cet argument nous avait été très souvent opposé. Mais nous répondîmes que les deux situations n'avaient rien à voir : on ne pouvait pas comparer les 60 millions de personnes réunies dans un rayon de 200 kilomètres autour du Mont-Blanc avec les 10 millions que nous parvenions à peine à rassembler dans un même diamètre autour du Somport. Notre projet n'avait jamais eu cette ampleur. Nous avions seulement voulu actualiser une voie de communication historique mais secondaire entre les bassins de l'Adour et l'Aragon.

Mais à quoi bon expliquer ce que personne ne veut entendre ? Le ministre de l'Équipement s'était courageusement rendu à l'entrée du tunnel à bord d'un Puma de l'armée. Je ne sais s'il put entendre les imprécations qui montèrent vers lui cet après-midi-là. Il annonça le déblocage d'une immense enveloppe de 1 million d'euros et s'en retourna... Une telle somme, dérisoire pour de tels travaux, aurait fait rire si elle n'avait fait pleurer. Décidément, il serait bien difficile de rétablir la confiance entre les locaux et le pouvoir central. Ironie du sort : quelques jours plus tard, comme pour illustrer le côté surréaliste de la situation, la route d'Aspe qui menait au tunnel qu'il avait fallu ouvrir toutes affaires cessantes fut coupée du reste du monde pendant plus d'un mois par de violentes chutes de neige et l'absence totale de pare-avalanches.

Cependant je ne voulais pas qu'on puisse dire que je n'avais pas tout tenté avant de recourir à des moyens moins officiels. Je pris donc la plume et adressai, le 21 février, une longue lettre au président de la République afin de le sensibiliser à nos problèmes. Entre autres choses, je lui écrivais ceci :

« Je regrette de ne pas avoir réussi à vous convaincre de repousser de quelques mois l'ouverture du tunnel du Somport. [...] L'ouverture d'un tunnel à basse altitude (1 100 mètres), nous avait-on expliqué, devait permettre de faciliter la circulation en saison hivernale. À la surprise générale, c'est l'inverse qui s'est produit, puisque la route n'a jamais été fermée aussi longtemps par le passé. On a failli atteindre les sommets du ridicule lorsque, sur les conseils "d'experts", il a même été envisagé, monsieur le président, de déplacer la population d'Urdos !

« Il en est désormais ainsi dans nos vallées de montagne où le parapluie est toujours ouvert trop grand. Sous prétexte de protection de la nature, de prévention contre les risques naturels ou les règles d'urbanisme, on assiste à une véritable mainmise sur les territoires. On pressent une volonté de privilégier la protection de la nature et de bloquer tout développement.

« On nous oppose la difficulté pour les femmes de gendarmes de vivre à Urdos comme s'il n'était plus possible d'y mener une vie normale. Pourtant la présence de la brigade entraîne automatiquement l'ouverture de l'école communale et le tunnel met Jaca à trente minutes avec, dans cette ville, des équipements culturels et sportifs de très haut niveau. Ayons du bon sens. Faisons appel aux volontaires de la gendarmerie et nous serons surpris par le nombre de ceux qui attendent une telle aubaine. Il y a certainement bien pire en France comme cadre de vie pour une famille.

« Ne vous y trompez pas, monsieur le président, si l'État ne conçoit plus qu'une famille puisse vivre à Urdos, c'est que nous sommes en présence d'un problème grave qui révèle ici sa profondeur et qui gangrène déjà toutes les campagnes de France : c'est l'abandon de pans entiers de territoires et de villages déjà accepté dans les têtes de nos gouvernants. La gestion positive ou négative qui sera faite ici aura valeur d'exemple.

« Si personne ne répond aux questions que se posent les élus et les populations dans une telle situation, insensiblement, l'image de l'État et de la démocratie s'abîme dans les têtes. »

Cette lettre est restée sans réponse.

*

Les semaines puis les mois passèrent sans que l'occasion tant attendue ne soit au rendez-vous. Non pas tant l'opportunité que m'offrait la présence régulière à l'Assemblée du ministre de l'Intérieur, car il ne se passait guère de jours sans que celui-ci n'y intervienne, comme il intervenait d'ailleurs partout, radios, télévisions, conférences de presse, allocutions diverses lors de ses déplacements, discours derrière le pupitre de la place Beauvau. Mais plutôt ce que je définirais comme « l'occasion intérieure ». Je ne pouvais pas en effet me mettre à chanter lorsque le ministre était interrogé sur des questions de sécurité, sur le problème corse ou autres problèmes tout aussi sensibles.

Jusqu'à cette nuit du 2 au 3 juin où je sentis, par l'insomnie qui m'envahissait, que la crise qui couvait depuis des mois approchait de son dénouement. Au matin, j'appelai mon épouse pour lui faire part de ma décision et du pressentiment que je chanterais ce jour-là. Elle me mit en garde sobrement : « Fais attention à ne pas être transformé en clown. » J'ai écouté son conseil avant de lui répondre : « On verra bien. »

La matinée s'est écoulée normalement. Après avoir grignoté un morceau dans mon bureau, je me suis rendu à l'Assemblée pour la rituelle séance des questions orales au gouvernement, retransmise en direct par la télévision. Comme je le faisais depuis des mois, j'ai écouté les ministres qui se succédaient au micro du premier rang de l'hémicycle pour répondre aux questions des députés. Nicolas Sarkozy se retrouvait ce jour-là quasiment investi des pleins pouvoirs, suite aux diverses crises qui secouaient à ce moment-là notre pays. Jugez-en plutôt : le matin même, Luc Ferry avait été prié de lui passer la main à propos des manifestations étudiantes qui s'envenimaient. Jean-Jacques Aillagon, le ministre de la Culture, avait été invité à en faire de même à propos des intermittents du spectacle, tout comme Jean-Paul Delevoye à propos de son projet sur l'aménagement du territoire et les personnels TOS et ATOS.

C'est donc un Nicolas Sarkozy multiministre et en superforme qui se présenta devant l'Assemblée à 15 heures sonnantes. De mémoire de vieux député, on avait rarement vu autant de photographes et de caméras de télévision dans les rangs de la presse, et ceux du public étaient archicombles. Le ministre de l'Intérieur faisait effectivement l'événement et il allait devoir répondre à des questions percutantes sur tous ces sujets qui ébranlaient la France en ce début de juin 2003. Il commença par exécuter un socialiste, puis un UMP, et me parut plus en forme que jamais, sûr de sa force, irrésistible. Puis un nouveau député UMP se leva à son tour et interrogea Sarkozy sur l'aménagement du territoire. Je sentis une violente décharge d'adrénaline se déverser dans mes veines. Pendant que le député exposait sa question, je jetai un coup d'œil à la grande pendule qui surplombe la tribune. Il était exactement 15 h 13. Dans deux minutes, dès que le collègue aurait fini de poser sa question, lorsque Nicolas Sarkozy se lèverait de son banc et le contournerait pour se retrouver face à l'Assemblée, je me lèverais aussi. Il serait alors trop tard pour reculer, et je le savais.

L'espace d'un instant, j'éprouvai comme un sentiment de vertige. Mais comme toujours, j'ai pensé à mon père. Il avait cette attitude étrangement calme que je lui avais toujours connue face aux événements importants, et il me semblait qu'il me souriait avec confiance. Je croyais même l'entendre me murmurer, comme lorsque j'étais enfant et qu'il me voyait si préoccupé et soucieux : « Ne t'en fais pas, ça va aller. » Le sentiment de vertige s'était dissipé, il n'avait duré que quelques fractions de seconde. Je me sentais bien, déterminé, comme au moment où, remonté comme une pendule, l'on va pénétrer sur le terrain de rugby. Je me suis alors tourné vers le député d'Agen, collègue à l'UDF, Jean Dionis du Séjour, et, dans un mouvement de franchise qui m'a fait utiliser un registre de vocabulaire d'ordinaire réservé aux ados, je lui ai murmuré :

« Dans quelques instants, Sarko va se lever, et moi je vais le flinguer grave ! »

Jean m'a regardé de cet air surpris et vaguement peiné qu'on adopte quand quelqu'un déraille en plein milieu d'une conversation.

Le collègue UMP terminait sa question. Nicolas Sarkozy se leva pour répondre, je me levai aussi. Le ministre n'eut pas le temps d'achever sa première phrase :

« Monsieur le président, mesdames et messieurs les députés, le Premier ministre vient... »

J'entonnai le chant, tout en prenant soin de rester le plus droit et le plus digne possible parce que, même dans ce moment atypique de ma vie parlementaire, je n'oubliais pas que je représentais mes électeurs, et au-delà les citoyens de la nation entière. Le chant se déployait maintenant sans heurt, « *Aqueros mountagnos, que tan hautes soun, m'empéchon de bede, mas amous oun soun...* », tandis que je restais aussi droit et digne, fixant un point invisible, au loin, très au-delà de cette enceinte, perdu à l'horizon.

Autour de moi, un silence violent s'abattit sur l'hémicycle tandis que, sur les visages que je distinguais avec une acuité étrange, se lisait la stupéfaction. François Bayrou s'était retourné vers moi, avec un regard où je crus lire de l'incompréhension et même un soupçon de crainte. L'ensemble prenait un caractère irréel. Au fur et à mesure que j'avançais dans mon chant, un étrange bien-être s'emparait de moi. J'étais à l'endroit même où je devais être et j'agissais comme j'avais décidé de le faire. La fierté m'envahit et me donna la force de continuer jusqu'au bout.

Tout en bas de l'hémicycle, au fond en somme, Nicolas Sarkozy tentait de répondre à la question qui lui avait été posée. Il ramait, le pauvre. Puis il commença à bafouiller, lança des gestes désordonnés des bras tandis que ses coups de pied tapaient dans la balustrade. Puis il finit par s'immobiliser, me regardant, le visage sans expression. L'espace d'un instant je vis bien qu'il avait été déchu de sa position favorite. Il n'était plus le centre de l'attention générale et sa légendaire maîtrise des situations avait craqué sous les coups d'un énervement manifeste. Quant à moi, j'avais trouvé le bon ton et le bon rythme, tout allait bien. Je haussai encore le son de ma voix, parce que l'hémicycle est vaste et que je n'avais pas de micro. Quant au président de l'Assemblée, Jean-Louis Debré, il hurlait dans son micro.

« Asseyez-vous ! Je vous demande de vous asseoir, monsieur... monsieur comment ? C'est qui celui-là ? Calmez-vous, je vous demande de vous asseoir ! Et de ne pas chanter dans cet hémicycle ! C'est qui celui-là ? Messieurs les huissiers, comment peut-on l'expulser ? Monsieur le ministre, poursuivez votre réponse ! »

Tant d'agitation inutile aboutissait à l'effet inverse. Loin de me calmer, ces rappels à l'ordre, couplés avec ce que je percevais du malaise de Nicolas Sarkozy, avaient sur moi un effet d'encouragement tranquille. Je tenais les deux puissants dans mon viseur et je continuais à chanter, plus conscient que jamais de représenter tous les oubliés dont on décide du sort sans même prendre le soin de les entendre.

J'arrivais au bout de mon chant. Il n'avait duré que deux petites minutes. Tout en m'approchant du terme, je réfléchissais à la bonne attitude à adopter au moment de me rasseoir. Surtout ne pas donner l'impression d'obéir aux ordres que Jean-Louis Debré continuaient à hurler face à une Assemblée stupéfaite. J'ai donc attendu qu'il entreprenne un conciliabule avec quelques huissiers qui l'avaient rejoint à la tribune et, profitant du fait qu'il ne m'apostrophât plus, j'entrepris de me rasseoir comme je m'étais levé. De toute ma vie je ne me suis jamais assis de façon aussi posée ! À côté, j'entendis Jean Dionis du Séjour me demander :

« Pourquoi as-tu commencé par le refrain ?

– Parce que j'avais le temps. »

Dans l'hémicycle, le silence de cathédrale s'était encore amplifié ; un de ces silences lourds dont on dit qu'ils suivent la tempête. Puis Jean-Louis Debré, toujours attentif à ce que la vie parlementaire se déroule le plus normalement possible mais incapable d'étouffer la colère qui l'avait envahi, se tourna une nouvelle fois vers Nicolas Sarkozy pour l'enjoindre à répondre à la question posée, dont plus personne ne se souvenait. Il avait trouvé un nouveau responsable. Si l'ordre ne revenait pas dans les débats, c'était maintenant la faute du ministre de l'Intérieur, envers lequel, pendant une ou deux secondes, Jean-Louis Debré laissa éclater sa colère. Cher Jean-Louis Debré ! Il était loin d'imaginer que mon modeste tour de chant allait faire des émules. Quelques jours plus tard, à l'occasion du débat sur la réforme des retraites, les députés communistes entameraient *L'Internationale* en plein hémicycle, à laquelle les députés de la majorité répondraient par une *Marseillaise* tout aussi tonitruante.

Le ministre d'État essaya de répondre. Mais sa colère ayant été aussi forte que la surprise des députés, il partit dans des propos hachés et incohérents que personne n'entendit car un immense bourdonnement emplit soudain l'Assemblée. Il tourna bientôt au chahut généralisé, tandis que le ministre tentait en vain de ramener l'attention vers lui et que les huissiers, qui ne m'avaient jamais remis le moindre mot depuis le début de mon activité parlementaire, commençaient à m'apporter des petits papiers pliés que des collègues m'adressaient. Tous me félicitaient spontanément de mon courage, même s'ils ne parvenaient pas à décoder le message que j'avais voulu faire passer. Et pour cause ! François Bayrou se leva et me glissa à l'oreille :

« C'est fort ce que tu viens de faire, mais maintenant il va falloir gérer la suite...

– Je ne me fais aucun souci puisque tu es là ! »

Nous nous connaissons depuis si longtemps, notre connivence est si grande que je n'étais pas inquiet sur sa capacité à réagir face à des actes dont il savait son vieux copain capable. Un huissier m'apporta un message du journaliste de France 3, Fernand Tavarès, chargé d'assurer le reportage des questions d'actualité, et qui officiait en plein milieu de la tribune réservée au public, juste au-dessus de l'hémicycle. Il voulait que je sois son invité de fin d'émission pour m'expliquer. Ce que je fis volontiers.

« J'étais persuadé que vous étiez un député corse.

– Non. Mais je suis le seul député du monde à être élu à la fois par des Basques et des Béarnais. »

Son sourire me prouva que le courant passait. La suite de l'interview se déroula au mieux, sans le moindre heurt. Je pus lui expliquer, puis à ses confrères, ce que j'avais sur le cœur. Quelques minutes plus tard, juste avant de pénétrer dans la salle des Quatre-Colonnes, lieu de rencontre privilégié entre parlementaires et journalistes, je croisai un autre collègue UDF, André Santini, le très médiatique député des Hauts-de-Seine. Il savait que les micros m'attendaient déjà et me prévint amicalement.

« Tu vas réussir à l'obtenir, ta brigade de gendarmerie. Sarkozy cédera. Maintenant, ce sont les journalistes qui t'attendent au tournant. Ne te plante pas, ce serait aussi grave que si tu avais raté ton coup dans l'hémicycle. »

Il avait raison. L'acte II de mon action consisterait à expliquer aux médias le pourquoi d'un tel acte, et ce ne serait pas facile. Il me sembla que je m'étais d'emblée attaché leur sympathie. Malgré une première réticence, je pensai à ce que m'avait recommandé mon épouse, le matin même au téléphone ; j'acceptai même de rechanter, afin d'améliorer la bande-son et de donner un sens à des images quasi muettes. En somme, la seconde épreuve se déroulait aussi bien que la première.

Alors que je rejoignais mon bureau, je croisai un Nicolas Sarkozy au comble de la rage.

« Je vais m'occuper de toi, tu n'auras pas affaire à un ingrat. Crois-moi, je vais faire ce qu'il faut. »

Je lui répondis posément :

« T'inquiète, j'attends. J'ai bien attendu jusqu'à maintenant. Je ne suis plus pressé. »

Le ministre s'éloigna à grandes enjambées furieuses. Patrick Ollier, député de Rueil-Malmaison et ami de Sarkozy, fit quelques pas à ses côtés avant de revenir vers moi.

« Je lui ai conseillé de ne pas faire de l'ironie avec toi. Et comme je te connais bien, je lui ai dit : "Ce type-là, ne le prends pas de haut, tu lui collerais un pistolet sur la tempe que tu ne le ferais pas changer d'un iota."

– Merci, Patrick », lui répondis-je.

Puis je repris la marche vers mon bureau. Télégrammes et coups de téléphone affluaient de la France entière. Je me demandai ce que cela pouvait bien donner aux journaux télévisés de 20 heures. PPDA fut le premier a évoquer assez longuement le sujet sur TF1, et je me rendis compte que ça passait partout. Le lendemain, je fus l'invité de tous les journaux télévisés et de la plupart des stations de radio. Même Laurent Ruquier m'invita à l'enregistrement de son émission, « On a tout essayé ». François Bayrou m'appela à plusieurs reprises et me confirma que mon intervention avait été très mal prise. Il m'appela encore alors que je me rendais chez Ruquier, qui enregistrait au Moulin-Rouge, et me demanda avec insistance de mettre la pédale douce. Je lui répondis :

« Ça, François, c'est mon affaire. J'ai trop souffert, et depuis trop longtemps. »

J'appréciais en Laurent Ruquier l'animateur toujours aussi juste qu'incisif, attentif sans être cynique, ainsi que ses intervenants. L'émission me semblait populaire mais pas populiste, et drôle sans jamais sombrer dans le mauvais goût. Loin d'y tenir ma langue comme la prudence – et François Bayrou – m'y aurait engagé, j'ai saisi l'occasion qui m'était offerte pour me livrer à mes interlocuteurs avec toute la franchise qui m'anime.

Dès l'arrivée sur le plateau, une salve d'applaudissements donna le ton. J'étais à mon aise, sentant que les réponses aux questions qui allaient m'être posées prolongeraient mon action de la veille. Ce fut le cas. Décidé à en rajouter un peu, je pris mon air le plus marri pour évoquer le ministre d'État :

« Jusque-là je l'appréciais bien, ce garçon. Mais sur ce coup je l'ai quand même trouvé un peu fragile. Parce que je n'étais pas un poseur de bombes, je n'étais pas un type dangereux, j'étais un simple député du Pays basque et du Béarn qui chantait. Et à voir la façon dont il s'est affolé, il m'a fait peur ! Et moi, que voulez-vous ? quand je vois le premier flic de France prendre peur comme ça, je suis inquiet. »

Délire dans le public. Nous passâmes ensuite aux choses sérieuses. J'expliquai combien, à mes yeux, il en allait de l'honneur de la République que ses engagements soient tenus. Depuis dix ans, l'État avait promis d'installer une brigade de gendarmerie à Urdos, village frontière, pour assurer la sécurité du troisième plus long tunnel d'Europe, avant de renoncer à cette décision pourtant sage. Je mentionnai au passage le danger que présentait cette route sur laquelle deux camions ne pouvaient même pas se croiser, l'un devant céder le passage à l'autre. Puis je rappelai que cette crise dans la vallée d'Aspe n'était qu'un écho de ce qui se passait dans toutes les campagnes de France aujourd'hui abandonnées par les pouvoirs publics. Comme la rumeur avait circulé qu'on m'avait vu sortir du restaurant de l'Assemblée passablement éméché sur le coup de 15 heures et qu'il m'avait été rapporté que le Premier ministre lui-même avait donné du crédit à ces allégations, j'entrepris sur le même ton compassionnel d'en faire état. Je fis mouche.

« Le Premier ministre vous a dit ça ? s'enquit aussitôt Laurent Ruquier.

– Oh non ! il ne me l'a pas dit à moi directement, mais on me l'a fait savoir. Alors vous voyez, je préférerais que tout cela s'arrange, parce que moi, j'ai d'autres combats à mener, les montagnards ont toujours été pacifiques, la montagne est une terre de beauté et d'excellence, et c'est quelque part un phare pour une société qui ne sait pas où elle en est…

– Je suis très surpris de ce que vous racontez sur la réaction de monsieur Raffarin qui pense que vous avez une petite case en moins parce que vous avez fait ça. Il me semble que c'est un peu de mépris pour la France d'en bas. »

J'avais atteint mon objectif. La situation que j'avais créée prenait toute sa valeur de symbole. Les téléspectateurs allaient comprendre que, à l'Assemblée comme dans tout le pays, il existait des classes sociales : celle des puissants et celle des faibles. Celle de ceux qui s'expriment et décident, celle de ceux qui se taisent et subissent. Ainsi que le nota la charmante Maureen Dor :

« Finalement, on a l'impression que dans cet hémicycle, ce ne sont pas tous les députés qui font les lois, mais parmi eux un noyau de quinze, vingt députés, et ça, ça me met mal à l'aise.

– Mais c'est tout à fait ça, enchaînai-je. Je ne devrais pas le dire parce que je vais me faire encore plus taper dessus, mais enfin ça ne fait rien, il y en a quelques dizaines qui me paraissent diriger l'affaire. Vous me direz, dans tous les groupes humains, il y a des leaders. Mais le problème, c'est que ça ne se fait plus dans l'esprit. Et dans le cas présent, c'est encore pire parce qu'un homme aussi puissant que Sarkozy n'est même pas au fait de ce qui se passe pour ces gendarmes, parce que ce sont les généraux de la gendarmerie nationale qui décident. Et les colonels... Or vous savez, moi, les régimes de colonels, je m'en suis toujours méfié.

– Vous avez tiré une cartouche essentielle, celle du désespoir, mais qu'est-ce qu'ils vont faire, les autres, les petits ? Danser, faire un strip-tease, comment vont-ils se faire entendre ? Vous avez placé la barre très haut !

– Mais vous, vous ne la placez pas haut tous les jours, vous arrivez pourtant bien à vous renouveler... C'est ce qu'il faut. C'est ce qu'on fait en sport, et en politique nous sommes des sportifs de haut niveau. Des compétiteurs. Donc, il faut qu'on devienne meilleurs, et pour cela démarrer haut, et se dire qu'après on va continuer. Je pense qu'il faudra inventer des moyens nouveaux de communiquer, parce que nous sommes coupés des citoyens, ils ne savent pas ce que nous faisons. Par contre, tout doit rester digne, car si les choses doivent garder du sens dans une organisation humaine, il faut que tout le monde puisse s'y retrouver, en disant « c'est quand même chouette ».

La conclusion revint à Laurent Ruquier.

« Moi, je vous écoute et je me dis que franchement si vous avez, vous, une case en moins, je préférerais vous voir à Matignon et l'autre au tunnel du Somport. »

Quelques jours plus tard, entre autres rencontres, je fis celle de la vice-présidente de l'Association nationale des femmes de gendarmes. Elle me décrivit avec beaucoup de retenue et un grand respect les très difficiles conditions de vie des gendarmes aujourd'hui.

*

Suite à cette péripétie, j'ai vécu six mois de guerre froide, que dis-je, de guerre glaciale, avec Nicolas Sarkozy. Et c'est grâce à François Bayrou que le climat s'est apaisé quelques jours avant le Noël de la même année. Le ministre de l'Intérieur devait se déplacer en Pyrénées-Atlantiques et se rendre au Pays basque. François ne tenait pas à ce que cette querelle se poursuive sur le terrain. À vrai dire je n'y tenais guère non plus, pas plus que Nicolas Sarkozy je crois. Nous nous retrouvâmes donc tous les trois un soir dans le bureau de François et, après une solide explication, le ministre me proposa un plan très précis de caserne de gendarmerie à Urdos, avec un dispositif de secours qui allait de pair. Il ajouta :

« Et je tiens à te l'écrire. Je te remettrai personnellement mon courrier à l'occasion de ma visite. J'espère que tu en seras.

– Bien sûr », lui répondis-je.

Il en fut ainsi fait et sa visite se déroula au mieux. Il accepta même de se rendre à Saint-Palais, en Pays basque intérieur, en plein cœur de ma circonscription, accompagné de son épouse Cécilia, pour un long échange avec les agriculteurs et les forces vives de cette région. Je l'accompagnai tout au long de son déplacement et fus même le seul député à le reconduire jusqu'au pied de son avion.

À partir de ce moment-là, nos relations devinrent étroites et confiantes. Il me rendit de nombreux services, et cela jusqu'aux élections présidentielles de 2007. Je garde un excellent souvenir de cette période qui m'a permis de mieux connaître cet homme. Comment oublier, entre autres, qu'il organisa et signa le fameux protocole avec les plus hauts responsables du groupe Toyal qui en avril 2006 mit un terme à ma grève de la faim ?

J'ai aussi eu l'immense honneur de faire la connaissance de l'actuel directeur général de la gendarmerie nationale. Gendarme militaire, il est également général de gendarmerie. C'est un homme qui incarne l'idée que je me fais de la droiture ; il veille sur la gendarmerie comme il veille sur sa famille.

# 6

# MON COMBAT POUR TOYAL

On ne change pas les choses tout seul, c'est entendu. Mais si personne ne se lève, rien ne bougera jamais. C'est l'honneur de l'élu tel que je le conçois : agir pour faire bouger les lignes. Il lui faut donc exercer une vigilance constante sur ce qui l'entoure et, même s'il sait la tâche difficile, ne jamais baisser les bras. À ce prix seulement la politique s'élèvera au rang d'un art capable de rendre possible ce qui était *a priori* impossible.

Le 7 mars 2006, lorsque j'ai entamé ma grève de la faim, je n'avais pas d'autre idée en tête. Ce jour-là, je n'agissais pas en forcené ni en désespéré, mais simplement en élu. Pendant longtemps j'avais suivi la voie officielle. Mais comme elle n'aboutissait à rien, je repris mes habits de combattant. « Nécessité fait loi. » C'était ma manière à moi d'entrer en résistance. J'ai toujours pensé que, si les événements l'exigeaient, il fallait savoir se hisser au niveau requis par la situation, au prix même d'une carrière dont je me moque si elle se borne à une réussite personnelle. Je pressentais que même si j'étais seul à m'engager dans un combat aussi insensé, d'autres, aux prises avec les mêmes redoutables préoccupations, ne resteraient pas insensibles à mon action.

*

Mais d'abord un peu d'histoire pour comprendre comment, en 2006, la situation avec l'usine Toyal a abouti à un tel blocage.

En 1926, le groupe canadien Alcan (Aluminium Canada) ouvrit une petite unité métallurgique en vallée d'Aspe, où l'énergie hydroélectrique abondait, pour un faible coût. L'usine renouait ainsi avec une longue tradition d'industrie montagnarde. Chacun y trouva son compte. L'entrepreneur, parce que la production s'effectuait de façon satisfaisante, autant que les gens de la vallée, vaillants en diable, qui y trouvèrent plusieurs dizaines d'emplois directs ou indirects. Des décennies passèrent. Une première alerte survint en 1982, lorsque Alcan se retrouva en difficulté. Je venais d'être élu conseiller général. Les difficultés se poursuivirent en 1983 et 1984 et s'aggravèrent même. De nombreux licenciements furent alors prononcés. Avec mes collègues maires de la vallée, nous faisions le forcing pour essayer d'établir le dialogue mais rien n'y fit. Manifestement, les décisions se prenaient au Canada, et le Canada ce n'était pas la porte à côté.

Un soir, alors que je m'apprêtais à prendre l'avion de Pau pour monter à Paris, le directeur local de l'usine vint me confier qu'il raccompagnait le P-DG du groupe, qui après une visite aussi exceptionnelle que courte sur le site retournait à Montréal. Je lui demandai aussitôt de nous présenter. D'un abord assez froid, il ne se montra dans un premier temps guère prolixe et me salua à peine, l'esprit visiblement ailleurs. Je me débrouillai pour trouver place à leurs côtés dans l'avion. Malgré mes efforts répétés, il ne me porta guère d'attention et ce n'est qu'après avoir lu le *Times*, le *Wall Street Journal* et *Le Monde* qu'il finit par m'adresser quelques mots. D'origine québécoise, il parlait parfaitement le français. Je sautai sur l'occasion pour lui dire le rôle vital de son usine dans notre vallée. J'argumentais avec passion. Il se tourna vers moi, m'observa attentivement et tandis que l'avion amorçait sa descente sur Paris, il me dit avec son fort accent :

« Je comprends votre passion et je la respecte, je comprends que vous défendiez votre vallée. Mais autant vous le dire en face, j'ai une très mauvaise nouvelle à vous annoncer. Mon conseil d'administration a décidé il y a quelques jours la fermeture de ce site. Excusez-moi. »

L'espace d'un instant il me sembla que s'il m'avait annoncé que notre avion allait s'écraser, il ne m'aurait pas touché davantage. Il le sentit. Mais il rentra dans sa coquille. À peine descendu de l'avion, je repartis à la charge :

« Monsieur le président, vous ne pouvez m'abandonner ainsi après une telle nouvelle ! J'ai un rendez-vous ce soir, mais je vais l'annuler immédiatement et je vous supplie d'accepter de dîner avec moi. »

Il me regarda de nouveau et me répondit :

« Oui, mais alors c'est à Montparnasse dans le restaurant où j'ai mes habitudes. »

Un chauffeur l'attendait, je m'engouffrai dans leur voiture.

Le repas se prolongea jusqu'à 5 heures du matin, copieusement arrosé. Je remis l'affaire sur le tapis à plusieurs reprises. Soudain, il se leva et je sortis avec lui pensant qu'il s'en allait. Dehors, un peu fatigués, nous entreprîmes dans un même élan de faire pipi dans la rue. Je me rendis compte que, comme dans le port d'Amsterdam, nous étions si près l'un de l'autre que sans le vouloir il m'arrosait un peu. Nous rentrâmes de nouveau et commandâmes une énième bouteille de champagne.

« Votre désarroi me peine, articula-t-il péniblement, j'ai peut-être une solution. Le produit que nous fabriquons actuellement chez vous n'a plus d'avenir. Par contre, nous sommes en relation avec un groupe japonais qui est lui aussi spécialisé dans le traitement de l'aluminium. Je crois savoir qu'ils sont en train de mettre au point un produit révolutionnaire pour la peinture des voitures métallisées. Ils m'ont d'ailleurs dit en avoir déposé trois dans le désert de l'Arizona depuis deux ans afin de tester la qualité et la résistance du produit. Si les résultats sont bons, je pourrais peut-être les convaincre de reprendre notre site afin d'y étendre leur fabrication. De toute façon ils cherchent à s'implanter en Europe. Nous pourrions continuer quelque temps à faire tourner la maison afin de leur permettre de reprendre la suite dans de bonnes conditions. J'ai même eu un jeune stagiaire français qui est un véritable prodige et que je verrais bien prendre cette affaire en main. Allez, il est tard, laissez-moi vos coordonnées, je vous tiendrai informé. »

Aussi incroyable que cela puisse paraître, les faits se déroulèrent ainsi. La société s'appela pendant quelque temps Alcan-Toyo. Ils nous annoncèrent qu'ils étaient prêts à faire des investissements très importants mais ils n'avaient pas de terrain. En fait, le groupe Alcan essayait d'acheter depuis quarante ans une belle pièce de 2 hectares de terrain qui se situait de l'autre côté de la route départementale sur le territoire de la commune de Lescun. Ce terrain faisait l'objet d'une indivision et deux des copropriétaires vivaient en Californie.

Nous entreprîmes immédiatement avec le maire de Lescun de nous mettre en relation avec l'ensemble des copropriétaires, mais la démarche s'avéra fort difficile. Alors sans plus tarder nous engageâmes une procédure d'expropriation. Cette dernière, que j'avais déjà pratiquée étant jeune maire, ne rentrait guère dans les habitudes locales. Elle ne suscita donc pas un franc enthousiasme. Je me souviens encore de l'infinie tristesse du maire de Lescun de l'époque, un ami de toujours, François Trésarricq. Il était déchiré à l'idée de la mettre en œuvre.

Nous avançâmes quand même. Cette initiative permit immédiatement d'engager la relation avec l'ensemble des indivis. Et après moult tribulations, la société Alcan-Toyo put enfin acheter ce fameux terrain. Bruno Dufournet, le jeune directeur dont le P-DG d'Alcan m'avait parlé, faisait merveille, et un formidable programme d'investissement fut mis sur pied pour permettre à Toyal d'exploiter ses nouveaux produits. Le montant des travaux était lui aussi carabiné : plus de 15 millions de francs dans un premier temps en 1986. Mais le président du conseil général de l'époque qui m'appréciait beaucoup, le regretté docteur Henri Grenet, fit des prouesses et trouva le moyen de faire garantir par le département la quasi-totalité des emprunts nécessaires.

Pose de la première pierre, inauguration... le site était désormais entièrement sous la responsabilité du groupe Toyal. La confiance était telle que j'étais très étroitement associé à l'ensemble de leurs démarches. Prenant la suite de monsieur Dufournet, monsieur Hervé Lelièvre devint P-DG de Toyal Europe au tout début des années quatre-vingt-dix. C'était un homme ouvert et chaleureux. Nous devînmes immédiatement amis. Nous partagions régulièrement des repas ensemble tandis qu'il me présentait des émissaires japonais venant de la maison mère à Osaka. Nos épouses firent connaissance. Monsieur Lelièvre et son équipe firent passer les effectifs de l'usine d'une soixantaine d'employés à plus de cent quarante. Tout allait pour le mieux dans le meilleur des mondes.

En 1998, il nous fit part de sa volonté de s'étendre et m'indiqua qu'il recherchait des terrains dans les environs et sur l'ensemble du département. Avec le maire actuel de Lescun, François Bayé, et le président de la communauté de communes, René Rose, nous lui en proposâmes immédiatement un, juste à côté, d'une superficie de 2 hectares et demi et qui venait d'être mis à la vente. Monsieur le sous-préfet d'Oloron coordonnait la démarche et, au bout de quelque temps, il nous fit parvenir un courrier de monsieur Lelièvre annonçant qu'il avait retenu notre proposition et qu'il allait s'étendre chez nous, sur le site que nous lui avions proposé.

Mais à notre vive surprise, la situation n'évolua plus au cours des années suivantes. Nos relations personnelles avec monsieur Lelièvre commencèrent à se distendre. Nous apprîmes par la bande qu'il cherchait à s'étendre sur un site mis à sa disposition par le pétrolier Total sur le bassin de Lacq que ce dernier venait de reprendre quelque temps auparavant. Au cours d'une réunion très tendue à la sous-préfecture d'Oloron, monsieur Lelièvre nous le confirma. À partir de ce moment-là s'engagea une bien curieuse situation. Toyal et Total annoncèrent le projet d'extension des activités Toyal sur le site de Lacq. Le discours semblait équivoque sur l'avenir même de notre site et l'on nous expliqua qu'on allait construire chez nous une usine verte mieux adaptée au caractère de notre vallée, que seuls les produits les plus polluants seraient traités à Lacq avant de retourner chez nous...

Bref, la confusion s'installa. La vérité est que la société Total n'avait pas repris le bassin de Lacq dans l'unique but d'exploiter les quelques millions de tonnes de gaz et de pétrole qui y gisaient encore mais aussi afin de récupérer les immenses concessions pétrolières rassemblées un peu partout dans le monde par ses prédécesseurs, SNPA, ELF Aquitaine et FINA. Elle se souciait donc fort peu de la reconversion de ce qui avait été le plus grand gisement découvert en Europe de l'Ouest, visité dans les années soixante sous la conduite du général de Gaulle par les plus grands chefs d'État du monde. L'exploitation de ce site pétrolier avait permis une embellie considérable de l'économie sur l'ensemble de la région et de notre département : des centaines d'ingénieurs étaient venus s'installer chez nous, apportant un gisement inégalé de matière grise, et le site et les activités annexes générées avaient créé plusieurs milliers d'emplois. Notre région avait ainsi, durant des décennies, fourni du pétrole et du gaz à toute la France et à une partie de l'Europe. Je vivais mal, comme bien d'autres, le peu d'empressement de Total à engager la reconversion de ce site, et j'appris que, sous l'impulsion de Thierry Demarest, son P-DG de l'époque, l'usine avait décidé de partir à la recherche de toute unité de production intéressante de la région et d'essayer ainsi de faire croire à un semblant de reconversion. L'usine Toyal faisant partie de ce plan général, ma méfiance s'accrut encore. Mes relations avec monsieur Lelièvre se tendirent un peu plus, même si, en 2003, il m'envoya un beau message de félicitations après mon chant à l'Assemblée. Avec les maires de la vallée nous nous mettions en quatre pour essayer de garder le contact. Malgré cela la situation nous échappait. Mes relances et mes interrogations demeuraient sans réponse.

Le 2 avril 2004, je reçus une lettre de monsieur Lelièvre. Son contenu ne manqua pas de me surprendre :

« Maintenant que les gesticulations de la campagne électorale sont finies [...], je peux vous assurer que la vie d'une entreprise ne bat pas au rythme du calendrier électoral. Si la vallée s'éteint, c'est votre problème, car c'est le bilan des responsables politiques élus... Quant à moi, mon "challenge" pour les cinq années à venir est de porter Toyal Europe au premier rang européen. [...] Il est absolument insupportable que vous vous interposiez dans la stratégie d'un groupe privé. [...] Monsieur le député, arrêtez vos gesticulations, vous fatiguez tout le monde. Vous créez des problèmes, mais vous n'en résolvez aucun. »

La stratégie des groupes Total et Toyal était maintenant clairement définie. Il s'agissait de construire à Lacq, sur un terrain vendu par Total, une nouvelle unité de production. Elle était présentée comme une extension des activités de Toyal sur l'ensemble du Béarn et du bassin de Lacq en particulier.

Le problème est qu'il s'agissait très exactement de fabriquer le même produit déjà élaboré sur le site de Toyal vallée d'Aspe. Sauf que celle-ci ferait appel aux techniques les plus modernes et répondrait totalement aux critères de Seveso 2, norme environnementale de protection. Dans le même temps, l'usine d'Accous allait continuer à produire avec des techniques existantes mais déjà dépassées dans une usine qui, elle, n'était pas aux normes Seveso 2. Les travaux de Lacq présentés avec un montant d'investissement et de création d'emplois *a minima*, pour ne pas effrayer, devaient durer un an. Mais que deviendrait après cette année-là le site d'Accous ? Nombre de spécialistes et d'administrations émettaient déjà des réserves sur la vétusté d'une partie de ses installations. Il serait alors facile de faire monter le site de Lacq en charge et de désaffecter progressivement celui de la vallée d'Aspe.

Puis tout bascula : comme dans toutes les situations de mouvement collectif instantané, tout le monde parut se faire à cette idée-là tout en donnant le sentiment de continuer à croire, juste un petit peu, ce qu'il faut pour sauver les apparences, à la thèse officielle. C'est ce que j'ai appelé, toutes proportions et situations gardées, le syndrome d'Outreau : tout le monde s'élance à bride abattue dans la même direction sans se poser de question. Le danger n'échappait pourtant pas à quelques représentants du personnel qui, eux, restaient lucides et ne comprenaient pas comment une même usine pourrait fabriquer strictement le même produit sur deux sites différents, distants seulement de 65 kilomètres. Malheureusement, toute possibilité de contestation avait été vivement annihilée dans la vallée. Les salariés craignaient beaucoup pour leur avenir et ne savaient trop quelle contenance prendre. Élus et responsables, eux aussi bien conscients du danger, étaient très préoccupés par l'affaire mais se trouvaient si démunis qu'ils craignaient en bougeant de faire pire que mieux.

Le problème, c'est que l'un des deux sites se trouvait dans une vallée montagnarde et que l'autre bénéficiait de l'appui sans réserve du tout-puissant groupe Total. Par ailleurs, ces mêmes salariés voyaient assez mal comment ils pourraient s'y rendre pour faire les trois-huit sur le bassin de Lacq tout en habitant en vallée d'Aspe. Oh ! certes, je sais bien que la distance n'apparaît pas insurmontable à des Franciliens, dont certains font tous les jours bien plus que cela. Mais il s'agissait de descendre de la vallée, de traverser Oloron-Sainte-Marie et par de petites routes arriver jusqu'à Lacq. Ce n'était pas concevable sur la durée et d'ailleurs, comme le faisaient observer certains salariés éclairés, pourquoi Total se donnerait-il tant de mal pour faire venir cette usine avec ses salariés alors qu'ils peineraient eux-mêmes à reclasser des centaines de personnes dans les années futures ? L'opération était donc fort bien mise au point. Elle était de plus puissamment soutenue par Alain Rousset, le président du conseil régional d'Aquitaine, qui avait été lui-même quelque temps auparavant commissaire chargé de la reconversion du bassin de Lacq à la préfecture des Pyrénées-Atlantiques.

Comme je n'ai jamais frappé personne dans le dos, je pris soin d'informer tout le monde de ma volonté déterminée de me battre. J'informai officiellement les responsables de Total, l'ensemble des pouvoirs publics et des administrations en charge du dossier, et bien sûr les responsables de Toyal, au premier rang desquels le P-DG du groupe Toyo-KK monde, monsieur Imasu, dont j'avais eu la chance de faire la connaissance lorsque durant quelques mois il fut le représentant de la société mère chez nous à Accous. J'avais vite apprécié cet homme qui m'était apparu d'une grande intelligence, d'une rare finesse et d'une profonde compétence. J'eus le sentiment diffus qu'il laissait partir sa filiale à Lacq à contrecœur. Cet homme de tradition nippone n'aimait pas les changements trop brusques lorsqu'ils ne s'imposaient pas. Mais Total était tellement puissant...

Je l'en informai donc le 23 décembre 2004.

« Cette délocalisation conduit notre belle vallée à la mort. Rien, absolument rien, ne vous oblige à partir. Vous gagnez de l'argent et vous fabriquez un produit haut de gamme. Si vous partez, je vous demande solennellement d'informer vos actionnaires et votre hiérarchie que nous engagerons toutes nos forces aussi longtemps qu'il le faudra, et quel que soit le prix à payer, pour vous garder parmi nous, comme cela a toujours été le cas depuis soixante-dix ans maintenant. C'est pour nous une question de vie ou de mort. »

*

Il me fallait donc agir. Mais comment ? Depuis mon adolescence, j'avais été marqué par le combat non violent. La force qu'il constituait, sans mettre la vie d'autrui en péril, en ne prenant que la sienne comme arme, m'avait profondément inspiré. Et toutes les lectures et conversations que j'avais eues dans ce sens avaient trempé mes convictions.

En moi, peu à peu, l'idée d'une grève de la faim s'était faite jour depuis trois ans. C'est en 2002, en effet, alors que je venais d'être élu député, et que j'avais compris que ni rien ni personne ne pourraient arrêter ce processus funeste, que tout avait commencé. J'y voyais la meilleure expression à la fois de ma volonté farouche de combattre et de ma non-violence. Mon sommeil devint agité, les cauchemars revenant en boucle. J'imaginais mon départ honteux de l'Assemblée sous les sarcasmes de mes collègues et les injonctions de Jean-Louis Debré, mon épouse perdue face à mes actes, mes enfants soumis tantôt aux railleries de leurs camarades de classe, tantôt à de terribles questions : « Mais pourquoi tu le laisses mourir, ton père ? » Et lorsque je me réveillais en sursaut, trempé de sueur, c'était pour retrouver des doutes tout aussi lancinants. Un député qui entame une grève de la faim déroge-t-il à ses fonctions ? Une telle attitude est-elle compatible avec son rôle d'élu de la nation ? Comment réagiraient mes collègues et surtout, ce qui était plus grave à mes yeux, mes concitoyens ? Qui sait si, au-delà de cet abattement et de cette indifférence où je les voyais osciller, ils comprendraient le sens de mon action ? Et l'impact de la grève sur la presse et l'opinion ? Je me levais le matin totalement abattu : non je ne le ferais pas, ce n'est pas possible. Je ne trouverais jamais la force. Puis, le soir revenu, après avoir refait le plein de déceptions tout au long de la journée, ma hargne reprenait le dessus. En somme, comme lors d'autres événements importants de ma vie, je vivais par anticipation les mille affres et épreuves à venir. Cette singularité de mon caractère m'a sans doute épargné bien des souffrances lorsque, quelques mois plus tard, je me retrouvai au cœur des épreuves. D'une manière étrange, je m'y étais déjà préparé lors de ces cauchemars aux allures prémonitoires.

Je finis par trouver la paix au bout d'un an et demi. Comme toujours, c'était à l'occasion de mes travaux de fin d'été sur la ferme familiale. Le fait de retrouver ma mère, mon frère, mes sœurs, mon épouse et mes enfants, tous ces êtres qui me sont chers et dont ma vie trépidante et agitée m'éloigne malheureusement trop souvent ; les voisins, aussi, avec leur inébranlable bon sens et leurs histoires du pays. L'effort physique enfin. Trempé de sueur du matin au soir, je passais là quinze jours d'activité intense. Après les repas, qui étaient en fait la plupart du temps des pique-niques pris dans la bonne humeur en pleine nature, au milieu des paysages grandioses qui avaient tout vu de moi, je retrouvais ma sieste quotidienne à l'ombre d'un arbre, à même le sol. Je fus surpris de retrouver très tranquillement le sommeil. Certains jours, je dormais deux heures de suite. Très rapidement, je sentais la sérénité revenir au plus profond de moi-même. Je sus, à la fin de mon séjour, dans les prés en pente de mon enfance, que mon affreux calvaire était enfin fini. J'étais désormais convaincu qu'il fallait me lancer dans cette aventure, aussi risquée soit-elle, quitte à y laisser ma santé et peut-être ma vie. Que vaut en effet une telle action si elle n'est pas conduite jusqu'au bout ? Pour qu'elle soit crédible, elle ne doit pas être soumise à la peur ; sinon ce n'est pas la victoire qui la couronne, mais la honte. J'étais prêt. Une fois de plus, il me fallait maintenant attendre l'heure et le jour.

Ceux-ci vinrent le samedi 4 mars 2005. Je venais de présider à Pau l'assemblée générale de l'Association des maires des Pyrénées-Atlantiques en présence du préfet. Alors que j'entretiens d'excellentes relations avec lui, ce jour-là il me parut remonté contre moi. Il est vrai que j'y avais mis du mien. En effet, trois jours auparavant, je m'étais rendu à Canfranc où, devant toute la presse régionale française et nationale espagnole, il était venu expliquer le bien-fondé de l'ouverture du tunnel du Somport aux camions transportant des matières dangereuses ; nous avions toujours dit qu'ils n'y passeraient jamais. Certes ces bombes roulantes empruntaient déjà la vallée et traversaient depuis des décennies Oloron-Sainte-Marie en passant devant tous les lycées et collèges. Mais le fait de leur ouvrir les portes du Somport officialisait leurs si dangereux convois tout au long d'une route inadaptée et risquée. Je n'avais donc rien fait de moins que d'aller lui apporter la contradiction en direct, en des termes polis mais déterminés. De plus, pour faire bonne mesure, sentant venir à grands pas le projet de renforcement ursin de Nelly Olin, et pressentant encore qu'il se déroulerait durant une période au cours de laquelle pour la première fois je ne pourrais opposer aucune défense, j'avais organisé deux jours avant une grande réunion à Escot à laquelle avaient participé plus de deux cents personnes pour les avertir de l'imminence de la réalisation de ce projet et tenter, comme nous l'avions fait tant de fois auparavant, d'organiser la résistance.

Comme on s'en doute, le préfet n'avait apprécié ni l'une ni l'autre de mes initiatives et me le fit clairement sentir. À l'heure des séparations, nous nous retrouvâmes à la sortie du palais des congrès Beaumont de Pau. Nous nous expliquâmes brièvement. Puis je lui demandai :

« Est-ce bien cette semaine que vous allez réunir la commission qui donnera son feu vert à la délocalisation de Lacq ? »

Depuis l'enquête de juin précédent, alors que la tâche lui en incombait sous un délai de deux mois, l'autorité préfectorale avait en effet repoussé la convocation de la commission d'hygiène et de sécurité. Son avis et ses résolutions seraient pourtant décisifs pour le maintien ou non de l'entreprise Toyal en vallée d'Aspe. L'entreprise devait se mettre aux normes, c'est entendu ; mais sous quels délais ? Avec quelles mesures dérogatoires ? Nul ne le savait tant que la commission n'aurait pas tranché.

Le préfet prit son air le plus concentré pour me répondre.

« Jean Lassalle, regardez-moi. Écoutez-moi. Vous êtes un député que j'aime. »

Après semblable entrée en matière, je redoutais le pire. La suite ne me déçut donc pas.

« Si, si, je vous assure. Vous appartenez à une race fort rare d'élus. Ceux dont le courage face à l'adversité est indéfectible. Je n'en ai pas vu beaucoup dans ma carrière. »

Le préfet marqua une nouvelle pause avant de m'asséner le coup de grâce.

« Je vais vous dire quelque chose, monsieur Lassalle. Toyal, c'est fini. Vous aviez certainement raison sur toute la ligne. Ils ont décidé de partir, et ils partiront. Mais ce n'est pas pour autant la fin de votre vallée ! Faites des chambres d'hôtes, des gîtes, des auberges à la ferme, que sais-je ! Le temps est venu d'envisager une reconversion en profondeur de notre région. Si vous vous y attelez, soyez sûr que vous aurez tout l'appui des pouvoirs publics que vous souhaitez. Je m'y emploierai. Tout de même, monsieur Lassalle : vous êtes capable de mener un beau projet de ce genre ! Ne vous laissez pas entraîner dans la spirale de l'échec ! »

On y était enfin. Le départ de Toyal, l'arrivée de quelques soi-disant écologistes supplémentaires, quelques ours slovènes en plus, peut-être un numéro d'« Ushuaïa » consacré à nos si belles montagnes pyrénéennes, mais la mort définitive de la vallée. Je me sentais soudain très reconnaissant à l'égard du préfet. Avec lui, au moins, les choses étaient claires. Je perçus instantanément qu'il venait de tout faire basculer.

« Monsieur le préfet, puis-je à mon tour vous exprimer ma pensée ? »

Il m'y encouragea.

« Vous savez ce que vous allez faire ce soir, vous ? Excusez-moi, je le sais, et en plus je vous retarde. Vous allez voir le match de la section paloise de rugby. Mais après ? Qu'est-ce que vous allez devenir ? Vous n'en savez rien, pas plus que moi du reste. J'ignore ce que je deviendrai ce soir. On ne sait rien de la minute à venir. Mais vous, vous m'annoncez tranquillement qu'il faut faire des gîtes ruraux et des auberges à la ferme. Bon sang, ça fait vingt ans que je fais ça ! Mais s'il n'y a pas un salaire qui rentre en parallèle, s'il n'y a pas une exploitation solide et structurée à côté, aucun gîte n'apportera suffisamment d'argent à la famille ! Un jour, certaines mamans s'en vont à la ville pour trouver de vraies écoles pour leurs enfants. Leurs maris finissent par les suivre, car les enfants, c'est sacré, c'est l'avenir. Et beaucoup oublient de revenir. Voilà la réalité à laquelle je suis confronté tous les jours, monsieur le préfet. Alors oui pour les gîtes et les auberges, mais dans un tissu réel, solide, harmonieux. Si Toyal part, plusieurs exploitations vont disparaître. Plus question d'y faire des chambres d'hôtes. Par ricochet, l'administration fermera le collège, puis la poste. La pharmacie disparaîtra à son tour, suivie par la dernière épicerie de la vallée. Je sais tout cela, et vous le savez tout aussi bien que moi. Mais je vous l'affirme : "Toyal, ce n'est pas fini. Toyal, ça n'a pas commencé !" »

*

Dès mon départ de Pau et mon retour à Lourdios-Ichère, la pluie succéda au beau temps ; une de ces pluies froides qui n'en finit plus et qui vous transit jusqu'aux os. Je m'en allai signer mes parapheurs à la mairie, traiter et classer les dossiers en cours qui me paraissaient les plus urgents avant de repartir à la nuit tombante tenter d'achever, sur une pente très raide, la clôture des chevaux que j'avais entreprise quelques jours plus tôt. En bon paysan, je ne voulais pas partir à la ville sans avoir au préalable réglé les problèmes matériels. La tâche m'occupa jusque très tard dans la nuit. Le fait que je travaille à tâtons, ruisselant de la tête aux pieds, m'obligeait à ne pas penser à ce qui allait suivre. Dès le lendemain, j'annoncerais à mon épouse et à mes enfants la décision que j'avais prise et qui, désormais, était irrévocable. Puis je partirais pour Paris le lundi soir avec mon sac de couchage.

Le dimanche matin, je retournai tôt à mon bureau à la mairie. Il restait tant à faire. Et pour une fois, je revins à midi pile à la maison. Mon épouse me le fit remarquer avec étonnement. Je refermai la porte de la cuisine derrière nous et lui dis :

« Pascale, j'ai à te parler. »

Toujours très maîtresse d'elle-même, je sentis percer dans son regard une ombre d'inquiétude.

« J'ai décidé de faire une grève de la faim. Je ne peux pas supporter ce qu'on va faire à Toyal. J'ai le sentiment que, si je ne le faisais pas, je commettrais mon premier délit de fuite. Je te promets que ce n'est pas un coup de tête. Il y a des mois que je rumine ça dans ma tête. Je sais combien cela te paraîtra dur, mais j'ai besoin de toi, de ton aide, de ton soutien. »

Comme je le redoutais, sa réaction fut terrible. « Sais-tu comment se finira cette histoire ? Te souviens-tu encore que tu as quatre enfants ? Que l'aîné n'a que 18 ans et qu'il s'en va dans quelques jours disputer sa première coupe du monde de rugby à Dubai ? Que le second va passer son BEPC dans quelques semaines ? Et que le dernier n'a que 8 ans ? Et moi, qu'est-ce que tu fais de moi dans cette affaire ? Me débrouiller seule ? Gérer ta vie ou ta mort ? » Je ne répondis rien. Très vite, elle reprit ses esprits et avec un brin d'ironie me demanda :

« Où vas-tu accomplir cet exploit, ce coup-ci ?

– À l'Assemblée nationale, là où les électeurs m'ont envoyé pour que je les y représente et que j'y défende leurs intérêts. »

Elle reprit doucement :

« Mais notre vie sera-t-elle donc toujours ainsi ? N'y aura-t-il jamais un moment de tranquillité comme en vivent nos amis ? Et tu penses ainsi émouvoir les décisionnaires ?

–Je n'en sais rien. Une chose est sûre. Ils se souviendront de moi. Pascale, je commence dès mardi matin et je ne sais pas combien de temps cela durera.

– Mais jusqu'où es-tu prêt à aller ?

– Loin. Très loin, Pascale. Pardonne-moi. »

L'émotion étant très forte, je ne sentis pas utile de préciser davantage. Mais elle me connaissait si bien qu'elle avait compris. Au bout d'un moment, je lui dis :

« Je te demande l'autorisation d'en parler moi-même aux enfants tout à l'heure, pendant le déjeuner.

– Ah, c'est donc pour ça que tu es rentré si tôt ! Écoute, je te rappelle que les enfants sont aussi les tiens et, encore une fois, que le dernier n'a que 8 ans. Je te souhaite de trouver les mots justes pour expliquer tes projets.

– Pascale, puis-je compter sur toi ? »

Elle ne répondit rien et s'écria, comme elle a l'habitude de faire, de sa voix chaleureuse :

« Les enfants, à table ! »

Nous étions là réunis tous les six. Très rapidement, pour me laisser le temps de parler pendant la durée du repas, je repris devant eux les explications que je venais de donner à mon épouse. Je terminai en leur disant :

« Pardonnez-moi. Je vous aime plus que tout au monde, mais je n'ai pas le choix. »

Leur réaction spontanée à tous les quatre me stupéfia et me remplit d'une indicible joie. D'abord je vis Thibault, l'aîné, véritable colosse malgré son jeune âge me regarder. De grosses larmes coulaient sur ses joues. Geoffray, le second, âgé de 13 ans, se leva comme un ressort, me prit dans ses bras et m'embrassa de toutes ses forces. Il me murmura à l'oreille :

« Papa, nous te soutiendrons jusqu'au bout. »

Je vivais l'un des plus intenses moments d'émotion que la vie m'ait procurés jusqu'à ce jour. Alizée, 11 ans, notre petite grande fille, fit tomber un peu la tension :

« Mais dis donc, papa, tu ne pourras pas trouver un peu le moyen de manger en cachette de temps en temps ? »

Et Amaury, le petit dernier, enchaîna aussitôt :

« Alizée a raison, papa. Moi, quand je rentre de l'école, à 5 heures, j'ai très faim, tu sais, et pourtant j'ai mangé à midi. »

Tout était dit. Je me sentis profondément rasséréné. L'après-midi, malgré la pluie qui n'en finissait pas, nous partîmes tous finir cette fameuse clôture et y enfermer les chevaux. Le soir, après le dîner, Thibault proposa :

« Ce serait chouette qu'on trouve un film bien à la télé. »

Nous le suivîmes tous et nous installâmes, tandis qu'il remontait les canaux. Le hasard incroyable voulut qu'il s'arrêtât sur des images fortes qui, immédiatement, retinrent notre attention. Il s'agissait de Gandhi en train de jeûner. Le film était long. Il dura jusqu'à minuit passé. Pratiquement pas un seul mot ne fut échangé. Il n'y eut qu'un moment où il me sembla ressentir moi-même les souffrances de Gandhi. Ils le perçurent tous et me regardèrent avec insistance.

Toute la famille au lit, je préparai ma valise avec un soin inaccoutumé. Je notai combien, dans de tels moments cruciaux, le moindre geste revêt une tonalité définitive. Dans combien de temps et dans quel état reverrais-je ma femme, mes enfants, ma mère, mon frère, mes sœurs ? Je l'ignorais. Tout en rangeant mes affaires, je songeais à ce que des médecins m'avaient expliqué sur les étapes d'une grève de la faim. La disparition de cette faim elle-même en quelques jours. Puis la montée d'un état léthargique, peu douloureux, accompagné d'une sensation permanente de froid. À la troisième semaine, arrivée des vertiges et des malaises. Vers la fin du premier mois, le risque croissant de séquelles cérébrales irréversibles. Ensuite, grande inconnue : la résistance obstinée des uns, l'effondrement des autres. Fallait-il y voir la rançon d'une bonne ou mauvaise santé générale, la marque du destin personnel, ou bien le signe de la plus ou moins grande obstination mise dans le combat ?

J'avais terminé, il était grand temps de se coucher. Comme disait souvent mon père : « Lorsque ta décision sera prise, mets-toi en route et ne te retourne pas. Va jusqu'au bout. » C'est ce que je fis. Le lundi matin je partis tôt. Une série de réunions et un enterrement m'attendaient avant de prendre l'avion du soir. Arrivé à mon bureau de l'Assemblée nationale, je mangeai un peu de pain et de saucisson, comme j'avais coutume de le faire, et entrepris de prévenir mon frère en lui demandant d'avertir mes sœurs. J'appelai ensuite quelques amis très proches, des hommes de la vallée comme moi pour la plupart. À chaque fois, un silence sidéré accueillit mes paroles. Il était minuit et demi, et je pensais en avoir terminé. Ce ne serait que le lendemain matin que je me rendrais compte que j'avais oublié d'appeler ma mère.

À cette heure-là de la nuit, le moment était venu de prévenir François Bayrou qui dormirait certainement, ce qui me simplifierait bien les choses. Je lui laissai donc un simple message sur sa boîte vocale. Mais mon portable sonna immédiatement. Je vis le numéro de François s'afficher. Il n'y alla pas par quatre chemins :

« Jean, il faut que je te voie à tout prix demain matin à l'heure que tu voudras. Nous avons à parler.

–Je ne peux pas, je n'ai pas le temps demain matin. »

Il insista.

« Je te dis qu'il faut que nous parlions. »

Nous décidâmes de nous retrouver à sept heures et demie dans un petit café non loin de l'Assemblée nationale.

Puis j'entrepris la rédaction du petit mot manuscrit que je ferais remettre dès mon arrivée à la salle des Quatre-Colonnes à Jean-Louis Debré, président de l'Assemblée nationale, et le communiqué de presse pour les agences France-Presse et Reuters. Tout me parut prêt. Je m'endormis comme une souche.

Le lendemain fut un jour d'intense émotion. Je commençai par retrouver François Bayrou comme convenu. Il enchaîna argument sur argument. Ceux-ci tenaient en deux points essentiels : non seulement ma cause était perdue d'avance mais je faisais courir un grand risque à ma famille. Devant ma détermination inébranlable, il finit par se taire. C'est le moment que je choisis pour ajouter à son désarroi : ma grève de la faim se déroulerait en pleine Assemblée nationale, précisément dans la salle des Quatre-Colonnes. Je le vis blêmir. Tête dans les mains, il marmonna : « Oh non ! ce n'est pas possible, pas possible... »

Je le quittai pour aller acheter mes deux premières bouteilles d'eau et me rendre dans la salle des Quatre-Colonnes. Après quelques salutations et poignées de main aux collègues, je pris place sur le fameux canapé rouge que j'avais choisi depuis si longtemps et demandai à parler au chef des huissiers.

« Monsieur le président Debré est-il là ?

– Oui, monsieur le député.

– Parfait. Voulez-vous avoir l'obligeance de lui remettre ce pli ? Et vous assurer qu'il en prend connaissance ? »

L'homme réapparut au bout de dix minutes.

« J'ai remis le pli à monsieur le président Debré ainsi que vous me l'avez demandé. Celui-ci l'a ouvert et l'a lu. Puis il l'a rangé dans sa poche, sans commentaire. »

Je lui remis ensuite mon communiqué aux deux agences de presse :

« Ce jour, mardi 7 mars 2006, j'engage à l'Assemblée nationale, lieu et symbole de la représentation du peuple de France, une grève de la faim qui ne s'arrêtera que lorsque la délocalisation de l'usine Toyal, qui emploie cent cinquante salariés dans la vallée d'Aspe (Pyrénées-Atlantiques) et qui est arrachée à son site par le groupe Total sans aucune justification, aura pris fin.

« Il m'est devenu insupportable que des hommes seuls, aussi puissants soient-ils, puissent décider du sort de dizaines de familles, de leur vie ou de leur mort, et du devenir de notre territoire déjà en lambeaux.

« Durant ce jeûne, je prendrai tout le temps nécessaire pour parler à tous ceux qui pourraient être intéressés par mon sentiment sur quelques faits précis, révélateurs du dysfonctionnement qui depuis longtemps mine insidieusement l'édifice de notre société, la rendant chaque jour plus injuste, inhumaine et pour tout dire effrayante. »

On comprend à la lecture de ce texte quel était mon objectif. Il s'agissait, à travers le cas de Toyal, de revenir à la qualification première du député : la défense des intérêts des citoyens par lesquels il a été élu, afin de porter d'une voix forte leurs espoirs et leurs craintes. Comme je devais le déclarer au *Figaro* quelques jours après : « Je n'ai pas l'âme d'un martyr, je suis un élu qui combat aussi pour sa région, et j'utilise tous les moyens à ma disposition pour me faire entendre. »

Puis les minutes s'écoulèrent tranquillement. J'en profitai pour donner quelques ultimes coups de fil. Bientôt je sentis qu'autour de moi l'interrogation croissait. Je tombai sur Henri Cuq, ministre des Relations avec le Parlement.

J'ai toujours apprécié cet homme d'apparence bourrue mais au raisonnement très fin et au cœur d'or. Il m'interpella, apparemment agacé :

« Dis donc, Lassalle, d'où proviennent les capitaux de l'industriel contre lequel tu protestes ? Sont-ils français ? »

Je compris tout de suite où il voulait en venir. Je lui répondis que non, qu'ils étaient japonais.

« Alors pourquoi tu fais ta grève ici ? Pourquoi tu ne pars pas à Tokyo ou à Hiroshima ? »

Je lui répondis sur le même ton volontairement dur :

« Dis donc, Henri, tu es gaulliste, toi ?

– Oh oui alors !

– Donc tu admires de Gaulle ?

– Quelle question !

– Eh bien moi aussi, figure-toi. En 1940, ils étaient où, les Allemands ? En France, non ?

– Quel rapport ?

– Et le Général, il est parti résister où ?

– À Londres...

– Je ne te le fais pas dire...

– Tu ne vas quand même pas comparer... s'emporta-t-il.

– Je ne compare rien, et j'ai les pieds sur terre. Mais je suis un résistant et un résistant choisit toujours le lieu le mieux adapté pour engager son combat. Surtout lorsqu'il est prêt à y mettre le prix que je m'apprête à y mettre.

– Ah bon ! Si c'est comme ça je comprends. Je croyais qu'il s'agissait encore d'une de vos attaques contre le gouvernement, aux gars de l'UDF et à toi.

–Non, Henri. Ce coup-ci j'agis en solitaire, et le gouvernement n'a rien à voir là-dedans. J'ai bien pris soin de préciser les choses car il y a longtemps qu'aucun gouvernement ne peut plus rien dans le genre de combat que j'engage. »

Sur ces paroles il me serra la main et me souhaita bonne chance.

Il était bientôt midi quand Jean-Louis Debré pénétra dans la salle des Quatre-Colonnes. Il marcha d'un pas vif vers le canapé où je me tenais assis et me lança, sur ce ton de colère dont il semble ne jamais se départir :

« C'est quoi cette histoire ? Tu ne pouvais pas attendre demain ? Tu te rends compte avec le CPE ? Et puis tu ne peux pas rester ici. Un député qui affiche sa grève de la faim en public ! Tu te dois de respecter la fonction. S'il le faut, rien ne m'empêchera de te faire expulser.

–Ah bon ? Tu as une loi qui t'autorise à cela ? À moins que tu comptes en faire voter une, toutes affaires cessantes ? Tu n'es pas sérieux. Avec tout cet absentéisme qu'on nous reproche, pour une fois qu'un député s'installe à l'Assemblée, tu t'y opposerais ? Libre à toi. Après tout tu es le chef. Mais tu devras t'expliquer devant l'opinion publique, et je doute qu'elle te suive. »

Le ton changea brusquement. Jean-Louis Debré se voulut plus diplomate.

« Mets-toi à ma place, c'est très ennuyeux. Ne peut-on trouver une solution amiable ?

–Mais elle est toute trouvée. Si tu acceptes que je reste là sans déranger personne, tout se passera bien. Et si tu ne l'acceptes pas, il te faudra renoncer à cette solution amiable, comme tu dis, et me faire expulser. »

Sans doute à court d'arguments, Jean-Louis Debré tourna les talons sans un mot. Je reçus ensuite des visites autrement agréables. Plusieurs collègues de l'UDF vinrent me témoigner leur solidarité, parmi lesquels François Sauvadet, notre porte-parole, qui sut trouver les mots justes auprès des journalistes intrigués.

« Jean engage un combat valeureux. Il est attaché aux racines et au territoire, et il a raison. On a entendu le drame des banlieues, mais on est resté sourd aux cris d'abandon qui montent des campagnes. »

Puis Jean-Louis Debré revint, à la fois belliqueux et soucieux. Il perdit ses derniers moyens lorsque je lui annonçai que, s'il le fallait, je tiendrais jusqu'au bout, c'est-à-dire jusqu'au-delà des cinquante jours que les médecins m'avaient annoncés comme mortels.

« Cinquante jours ? Mais tu es fou ! »

Cet homme avait besoin d'être apaisé. Je m'y employai.

« Je te promets de ne pas m'afficher. Quand ça n'ira plus, je ne viendrai pas, je resterai dans mon bureau. Je ne veux pas qu'on me voie diminué. Je ne suis pas un martyr, mais un combattant.

–J'accepte ta présence ici. Mais j'exige un contrôle médical strict. Tu es d'accord ?

– Mais oui, ne t'inquiète pas. Je te cause déjà suffisamment de souci, je ne vais pas en plus t'embarrasser avec mon cadavre. D'ailleurs je te signale que j'ai envie de tout, sauf de mourir.

– Bon... Bon... Mais as-tu bien pesé les autres risques ? Tu vas mettre tes collègues dans une situation délicate, prendre les journalistes en otage, irriter le personnel, et pour finir, flinguer ta carrière politique. Ça fait beaucoup. »

Comme deux heures plus tôt, comme à chaque fois par la suite qu'il venait me voir, Jean-Louis Debré repartit sans avoir obtenu les réponses qu'il attendait de moi. Ce manège dura un mois entier.

L'après-midi s'écoula vite. Journalistes et collègues m'informaient de la place que, déjà, ma grève prenait dans les médias. Tour à tour les agences Reuters et AFP, puis TF1, RMC, *Sud Ouest*, *La République des Pyrénées*, Europe 1, RTL, *Le Parisien*, relayèrent l'événement. La fin de la journée arriva. Il était 3 heures du matin. Je n'étais ni affamé ni fatigué ; et, pour tout dire, assez content de moi.

Quand tout le monde eut compris que loin de lâcher prise je resterais sur mon canapé aussi longtemps qu'il le faudrait pour obtenir gain de cause, la curiosité, l'amusement, voire la condescendance, laissèrent place à des sentiments plus marqués. Des mots assez durs, venus souvent des rangs de la droite, fustigèrent mon « gauchisme mystique ». D'autres, à gauche, s'émouvaient de ce qu'ils appelaient mon « populisme » tandis que des légalistes professionnels dénonçaient ma « méthode ». Dans tous les rangs, des reproches apparurent à propos de mon irresponsabilité : je n'avais pas à me substituer à des décideurs économiques soucieux de sécurité et d'environnement autant que de coûts de production. Répondre à un tel argument ne posait guère de problème : les dégâts causés par AZF à Toulouse prouvaient suffisamment qu'une usine est aussi dangereuse lorsqu'elle est insérée dans le tissu urbain qu'en pleine campagne. D'autres, plus subtils, saisissaient mal le sens d'un combat qui ne visait, après tout, qu'une délocalisation de quelque 60 kilomètres. Ils ne voyaient pas qu'en montagne 60 kilomètres signifient une heure et demie de transport et qu'un tel départ entraînerait à court terme la mort de la vallée. Le symbole de ma lutte était pourtant limpide : à travers Toyal et Total, je voulais dénoncer les agissements de toutes ces multinationales qui, au lieu de créer de l'emploi et de la richesse, ont choisi de spéculer avec âpreté sur leurs gains de production et leurs profits tandis qu'élus et pouvoirs publics, privés de tout moyen d'agir, les regardent faire sans broncher. Comme l'avait exigé le président Debré, je me rendis dans les jours qui suivirent en visite devant le docteur de l'Assemblée. Je la connaissais déjà et je la portais en très haute estime, j'avais confiance en elle. Aussi ne fus-je pas surpris par ce qu'elle me proposa :

« Votre vie vous appartient, et loin de moi l'idée d'interférer un tant soit peu dans vos décisions, mais dans cette affaire ma responsabilité est aussi de protéger celle du président. Je vous propose donc une visite tous les deux jours pour commencer, puis quotidienne lorsque je le jugerai opportun. Il me reviendra peut-être un jour, si malheureusement vous ne deviez pas trouver de solution, de vous faire hospitaliser. »

Je l'interrompis :

« Mais, je pourrai continuer mon mouvement quand même ? On ne pourra pas abuser de ma volonté et me nourrir malgré moi ?

– Non, bien sûr, votre volonté sera respectée, puisqu'elle vous appartient, tout comme votre vie. Je n'ai jamais été confrontée à une telle situation et notre rôle est avant tout d'apporter des soins à ceux qui en ont besoin et qui le veulent, et certainement de conseiller au mieux ceux qui comme vous, un jour, font un choix différent. En attendant, vous allez me prendre une pincée de gros sel tous les matins et boire au minimum trois litres d'eau par jour. Au bout de quelque temps, je vous imposerai un traitement de vitamines B1 et B6, en attendant une prise de sang deux fois par semaine. »

Cette dernière injonction me combla, elle me permettrait de répondre scientifiquement aux sceptiques sur la totale honnêteté de ma démarche. On ne ment pas sur les acides aminés avec une prise de sang. Je n'oublierai jamais ce médecin, cette femme que j'allais mieux découvrir encore au cours des semaines à venir : un être exceptionnel.

J'allais en rencontrer quelques autres tout au long de ce périple, tel le docteur Bonhomme de Paris dont François Bayrou avait exigé qu'il vînt m'ausculter et occuper la chambre du député Gérard Vignoble située non loin de la mienne.

C'est au bout de la première semaine que j'ai vécu ma première alerte sérieuse, qui fut d'ailleurs la seule. Je ressentais de plus en plus fort des douleurs à la poitrine qui résonnaient jusque dans ma mâchoire. Au début, je ne m'en inquiétais pas. Je vivais alors la redoutable période des crampes d'estomac qui me laissaient trempé de sueur et le souffle coupé. Je pensais qu'il s'agissait là de leur prolongement naturel. À l'occasion d'une de mes visites, je décidai cependant de m'en ouvrir au médecin de l'Assemblée. Je craignais en effet que le cœur ne fût déjà touché. Elle décréta immédiatement un puis deux électrocardiogrammes qui livrèrent un verdict sans équivoque : le cœur était en parfait état. Par contre, elle décida de pousser plus avant ses investigations et découvrit un début de septicémie. Comme je n'allais plus aux toilettes, les litres d'eau que j'ingurgitais stagnaient dans mon tube digestif et avaient déclenché une solide infection. « Heureusement qu'on s'en est rendu compte ! » conclut le médecin. Elle me donna deux gélules et le mal disparut. Mais tels les bébés, il me fallut recourir aux couches qui ne me quittèrent plus jusqu'à la fin de mon mouvement. En fait, la seule séquelle que j'ai gardée de cette épreuve, c'est un très mauvais fonctionnement de l'intestin grêle qui, durant toute cette période, s'est pratiquement desséché.

Deux fois par semaine je recevais mes visiteurs du soir : des amis, qui m'en présentaient d'autres. C'est ainsi que j'ai fait la connaissance du professeur M., spécialiste de la nutrition et des grèves de la faim. Le docteur M., directeur du service de la nutrition à l'hôpital de Garches, qui allait lui aussi jouer un rôle déterminant dans la conduite de mon action, puis un autre professeur célèbre dans la même spécialité et dont j'ai oublié le nom, mais certainement pas le visage. J'ai aussi fait la connaissance de Pierre Vuarin de la Fondation Charles-Léopold pour le progrès de l'homme, et bien d'autres encore. Nous analysions les effets de mon mouvement à travers le pays, puis plus tard dans le monde entier. Car derrière cette grève de la faim, et son accompagnement médiatique, il convenait de conduire une gigantesque partie d'échecs avec mes adversaires. Aucune pression ne m'étant épargnée, il fallait sans cesse réfléchir et anticiper pour ne pas commettre de fautes. Et si possible, provoquer celles du camp adverse et notamment celle du groupe Total, aussi déterminé que puissant. Le concours de toutes ces personnes me fut donc très précieux.

Dans la journée, un petit groupe de proches avait décidé de me suivre en permanence pour faciliter mon action. Leur présence fut permanente, chaleureuse et efficace. Comme ils travaillaient tous, ils se relayaient pour que j'aie toujours quelqu'un à mes côtés pour m'aider à me déplacer, accueillir les innombrables visiteurs, préparer les courriers, répondre aux centaines de coups de fil que je recevais. Ainsi, Géraldine Balesta, ma toute première collaboratrice dès mon élection en 2002, béarnaise comme moi, mit tout son savoir-faire au service de la cause. Je n'ai jamais su comment elle trouvait le temps de dormir ! Il y avait aussi Sophie Bege, Monique Sémavoine, Chadia, la stagiaire de l'école de sciences politiques de Toulouse qui suscita l'admiration de tous ; il fallait à la fois tenir le bureau et ses mille et une sollicitations, suivre les affaires en cours sur la circonscription et dans les organismes dont j'avais la charge. Il y avait encore Béatrice Marty, montagnarde comme moi, mais des Alpes ; elle avait eu une importante responsabilité dans l'un des arrondissements parisiens. Antoine Nougarede, Gérard Cazalis, Didier Hervé intervenaient plutôt le week-end car ils ne travaillaient pas sur Paris. Quant à Nicolas Krausz et Claudine Stanislas, malgré l'ampleur de leur tâche à l'APMM, ils surent se rendre très disponibles.

Assez rapidement, une tentative de médiation fut engagée à Pau par mes amis béarnais, aussi bien sur le plan politique qu'économique. C'est le président du tribunal de grande instance de Pau qui en prit l'initiative au côté de mon ami fidèle, maître Jean-Pierre Casadebeig, bâtonnier du barreau de Pau, qui m'a suivi dans toutes mes péripéties judiciaires depuis le premier jour. Le président convia au tribunal l'ensemble des acteurs concernés, dont les groupes Total et Toyal, mais aussi les présidents de la chambre du commerce et de l'industrie et du MEDEF et les fonctionnaires en charge du dossier. Malgré les énormes efforts qu'ils déployèrent, cette initiative n'aboutit pas, car la solution ne pouvait se trouver qu'au plus haut niveau.

Au bout d'une vingtaine de jours, je commençai à sérieusement ressentir la fatigue. Je m'étais certes allégé de 20 kilos, ce qui soignait ma ligne mais m'affaiblissait au point de ne presque plus pouvoir marcher. Les médecins qui venaient m'examiner étaient surpris de ma résistance et d'un état général plutôt satisfaisant ; ma tension n'avait pas trop baissé et le moral était au beau fixe. Quant à mon rythme de vie, il n'était pas réglé au métronome, mais presque. Chaque matin, j'étais contraint à près de deux heures d'exercice dans les longs couloirs, heureusement moquettés, pour retrouver mon équilibre. Je commençais en rampant et m'élevais progressivement en me tenant aux murs. À mesure que les jours passaient et que ma tension baissait, la distance séparant mon bureau de l'Assemblée devenait de plus en plus dure. Au bout de quelques dizaines de mètres, j'avais l'impression que chacune de mes jambes pesait une tonne, j'étais trempé de sueur froide, et c'est avec un voile devant les yeux que je retrouvais enfin mon canapé rouge. J'étais tous les jours accompagné par un ou deux de mes amis fidèles qui se relayaient ensuite pour rester auprès de moi durant toute la journée. Je ne quittais la salle des Quatre-Colonnes que le soir pour rejoindre mon bureau, à une centaine de mètres de là, où je dormais.

Dans la journée, je travaillais. Pas un jour ne passait sans que je m'occupe avec soin de ma correspondance, passe de nombreux coups de téléphone ou lise toute la presse. Et puis il y avait les interviews à donner, une activité devenue prépondérante. Ma surprise fut grande malgré le durcissement du conflit du CPE qui avait désormais embrasé le pays et dont l'actualité accompagnait au quotidien l'intérêt que suscitait mon combat. Radios, télévisions françaises et étrangères, je passais partout, et notamment, deux fois par semaine, chez Jean-Jacques Bourdin, animateur vedette de RMC, auprès duquel j'ai découvert un ami. Répondre à toutes leurs questions me fit découvrir avec joie que le jeûne rend lucide. Inlassablement j'expliquais quels étaient à mes yeux les droits et les devoirs de l'homme politique, le danger de cette séparation absolue entre politique et économie, la force que toute vraie conviction est capable de mobiliser pour une cause qu'elle estime juste, la nécessité d'une prise de conscience générale face aux multiples dysfonctionnements du monde moderne et d'une lucidité nouvelle devant les périls qui nous menacent. Et, bien sûr, la nécessité impérieuse pour les élus de re-légitimer leur fonction, de devenir les porte-voix d'une expression populaire qu'ils n'auraient jamais dû cesser d'être. Et lorsque certains journalistes m'interrogeaient sur mon supposé désespoir, je leur rétorquais : « Est-ce que vous parleriez de désespoir en voyant un homme se jeter à l'eau pour en sauver un autre ? Moi, j'emploierais plutôt celui d'espoir. Je veux aller vers la vie, et non vers la mort. »

Je redoutais tout particulièrement les mardi et mercredi après-midi. Ces jours-là, comme les questions au gouvernement drainaient un très grand nombre de journalistes, il m'arrivait d'enchaîner une quinzaine d'interviews consécutives. En ces moments-là, la présence, la confiance et l'amitié dont faisait preuve le personnel de l'Assemblée m'étaient des plus précieuses. Toutefois, malgré la sollicitude et la compréhension de mes interlocuteurs, je terminais ces séances totalement lessivé. Le souffle court, le cœur complètement affolé, il me fallait plusieurs heures pour récupérer. Et lorsque le mercredi soir était passé, je me disais : « Je viens de franchir L'Alpe-d'Huez, encore une semaine de course assurée... »

Mon attitude suscitait des débats de plus en plus nombreux au sein du monde politique comme de l'opinion, et je considérais de mon devoir d'y répondre. Je reçus ainsi à plusieurs reprises la visite de Marie-George Buffet, venue s'enquérir de ma santé et m'encourager à tenir bon. Mon ami Dédé le Rouge, député du Puy-de-Dôme, venait me voir plusieurs fois par jour. Députés, sénateurs, eurodéputés UDF en faisaient de même. Désormais, c'était la plus grande majorité des députés, toutes tendances politiques confondues... Que d'émotions lorsque tel d'entre eux se mettait à pleurer tout contre moi en me disant : « Tu assumes ce que nous n'avons pas le courage de faire. Tu dis tout haut ce qu'une très grande majorité d'entre nous pense tout bas. » J'écoutais le malheur qu'avait ou qu'allait provoquer chez lui telle ou telle délocalisation. Plus j'avançais, plus ces scènes bouleversantes se multipliaient. Jean-Marie Cavada venait me rendre visite tous les dimanches et Xavier Bertrand, ministre de la Santé, me téléphonait tous les jours. J'eus aussi l'agréable surprise de voir Christine Boutin lancer un comité de soutien en affirmant que je ne m'étais pas trompé de combat. Une visite me toucha particulièrement, ce fut celle d'Auguste Cazalet. Ce paysan, ancien combattant de la guerre d'Algérie, fut le suppléant de l'ancien député et ministre Maurice Plantier. Député d'abord, il est actuellement l'un des sénateurs les plus connus pour sa chaleur humaine et son franc-parler. Du franc-parler, il ne m'en manqua plus lorsqu'il vint me voir et me parla. Je porte une réelle estime à cet homme-là. L'un des plus puissants réconforts que j'aie vécus durant tous ces jours me vint des enfants. Régulièrement, des groupes conduits par des professeurs viennent en effet visiter l'Assemblée nationale. Je n'oublierai jamais leurs encouragements chaleureux : « Jean, on t'aime. Jean, on te soutient. » Ils exprimaient avec les mots les plus simples des sentiments qui m'allaient droit au cœur ; des sentiments spontanés, sincères, entiers et généreux.

Mais les plus grands encouragements me venaient de mon épouse et de mes enfants qui montèrent à Paris tous les week-ends pour me voir avant que mon corps ne s'amaigrisse trop. Leur présence, leur enthousiasme me transcendaient. Au cours des dernières semaines, mon épouse vint seule. Sa force tranquille me faisait du bien, tout comme les coups de fil réguliers de ma mère, mon frère et mes sœurs.

Au trente-cinquième jour, croyant sans doute tenir la méthode infaillible pour que je quitte définitivement mon canapé rouge, le président Debré me fit transporter d'office à l'hôpital de Garches pour y subir un check-up complet. Je passai une demi-douzaine d'électrocardiogrammes, autant d'encéphalogrammes et de radios des reins, et j'en conclus que si après cela on ne me trouvait rien et que je retournais à l'Assemblée, c'est que j'avais beaucoup de chance. À la fin de la visite, je me retrouvai dans le bureau du professeur M. qui me dit :

« Votre état de santé est faible. Soyons clairs : vous risquez à tout moment un arrêt cardiaque, une rupture d'anévrisme ou un blocage des reins. Mais en l'état actuel des choses, rien ne me permet de vous hospitaliser contre votre gré. Je dois encore vous dire autre chose : lors de notre première rencontre, je vous avais prévenu que le premier élément qui vous ferait défaut serait la lucidité, et qu'à partir de ce moment-là il serait plus prudent de cesser votre propre communication. Mais après l'examen que nous venons de faire et les divers entretiens que vous avez eus avec les membres de mon équipe, je peux vous affirmer que vous ne perdrez votre lucidité qu'en rentrant dans le coma. L'étrange lueur qui brille dans vos yeux montre la totale adéquation qu'il y a entre votre psychique et votre physique. »

J'étais fou de joie. L'annonce qu'il m'avait faite dès les tout premiers jours de mon combat m'avait tellement marqué qu'elle m'avait conduit à modifier les termes de la démarche écrite que j'avais déposée devant notaire afin de décharger ma famille de toute responsabilité. Je lui demandai aussitôt :

« Combien de semaines me reste-t-il avant le coma ?

–Je me garderais bien de faire le moindre pronostic. Votre cas est tellement étonnant... Sachez quand même que ça ne va pas durer éternellement et, compte tenu de votre résistance, le jour où vous rentrerez dans le coma, vous n'en sortirez certainement plus. »

Je n'étais pas peu fier ce jour-là de retourner à l'Assemblée et de prendre position dans la salle des Quatre- Colonnes.

*

Les derniers jours de ma grève ont été rudes. Je n'y ai mis un terme que lorsque j'ai eu la certitude qu'un protocole acceptable avait été signé. Tout d'abord, je reçus l'assurance expresse de François Bayrou et de Christian Blanc que le groupe Total se mettrait définitivement de la partie. Je lui en fus immédiatement reconnaissant. Certaines de ma détermination autant qu'inquiètes de la tournure que prenaient les événements, les plus hautes autorités de l'État avaient fini par se mobiliser. Le Premier ministre s'était même saisi du dossier fort tôt, le 18 mars, soit onze jours après le début de ma grève, mais la discussion entre les différents partenaires s'était empêtrée dans des réunions stériles.

Le 13 avril, dans l'après-midi, je reçus la visite du Premier ministre, Dominique de Villepin. Il venait m'annoncer qu'après de longues négociations un protocole d'accord était sur le point de m'être soumis. Le ministre délégué à l'Industrie, François Loos, qui lui aussi avait été un des tout premiers à s'inquiéter de mon sort, y travaillait de concert avec le Premier ministre. Plus tard dans la soirée, c'est le président de la République en personne qui prit la peine de m'appeler. Il me parla avec chaleur et humanité, me confiant qu'il avait lui-même envisagé jadis de mener la même action quand il voyait l'état économique dans lequel se trouvait la circonscription de Corrèze dont il était l'élu. Malgré toute l'influence dont il jouissait alors à Paris, lui-même ne parvenait pas à obtenir d'avancées par les voies légales... C'est dire les blocages dont souffre notre République ! « C'est pour ça que j'ai beaucoup suivi ce que vous avez fait et je me suis beaucoup retrouvé », ajouta Jacques Chirac qui, comme à chaque fois où il laisse parler son cœur, sut trouver les mots pour me réconforter et m'émouvoir. Il poursuivit :

« Je suis en train de faire tomber les derniers obstacles, ce n'est pas facile mais j'y arrive. Toute la difficulté est de ne pas donner aux Japonais l'idée qu'on leur fait rendre gorge par le chantage. Demain matin sera organisée une réunion entre eux et nous. »

Le 14 avril au matin, à l'occasion de ma visite hebdomadaire chez le docteur de l'Assemblée, ma tension avait chuté bien au-delà de l'ordinaire. Le docteur appela aussitôt le professeur M. à Garches pour lui en faire part. Ils décidèrent tous deux, après un bref échange avec le président Debré, de me transférer à Garches. Il était 8 heures du matin et je devais être l'invité de France Inter. Je leur demandai comme une faveur parce que j'avais promis de répondre aux questions du journaliste puis ils me mirent dans une ambulance.

À peine arrivé à l'hôpital, et après m'être entendu répéter que j'allais être coupé de l'extérieur et que je ne devais plus m'occuper de rien mais seulement prendre soin de me rétablir, on m'annonça un coup de téléphone important. Comme quelques heures auparavant, il s'agissait du président. Il tenait à m'annoncer qu'une issue favorable était en vue.

« Ils sont sur le point de signer le protocole que Nicolas Sarkozy leur a soumis, mais je souhaite qu'il vous consulte au préalable pour voir si vous êtes d'accord avec les termes. Je pense pour ma part qu'il est acceptable et même très bien. Mais je laisse le soin au ministre d'État de vous en communiquer les termes. »

Quelques minutes plus tard, comme le président me l'avait annoncé, j'avais Nicolas Sarkozy au bout du fil. Un point le souciait, et il me le cita. Il s'agissait de savoir si l'on obligeait ou pas les Japonais, en cas de découverte de nouveaux produits, à développer impérativement leur activité en vallée d'Aspe. Bien sûr, eux renâclaient à se ficeler ainsi. J'ai mis le ministre à son aise.

« Il faut renoncer à cette clause. On ne va quand même pas en mettre plein la montagne, des usines ! Je n'ai pas mené cette action pour bloquer tout développement ultérieur de Toyal !

– Merci pour ta clairvoyance. Je te relis le texte pour qu'il n'y ait pas de malentendu entre nous, puis je t'envoie quelqu'un pour que tu le signes toi-même.

– Nicolas, je te demande comme une faveur d'appeler personnellement Alain Rousset, président du conseil régional d'Aquitaine, pour lui expliquer directement les modalités de l'accord.

– Je le fais immédiatement », m'assura-t-il.

J'ai passé deux jours sans être alimenté, même par intraveineuse. Le professeur M. m'expliqua que mon organisme était encore trop tendu pour recevoir la moindre nourriture, même liquide, car elle pourrait provoquer un incident fatal. On me brancha donc un goutte-à-goutte qui m'instillait seulement de l'eau salée. En ce jour de Pâques, je me surpris à sourire en pensant : « J'espère que le Christ ne va pas m'en vouloir » car lui s'était alimenté au quarantième jour !

Parmi les nombreux articles agréables que je lisais, j'avais parfois la surprise de découvrir des analyses moins aimables. Ainsi le président du conseil régional d'Aquitaine, Alain Rousset, socialiste en qui je découvrais un adversaire politique, ne ménageait pas ses critiques à mon égard. Même s'il pratiquait l'attaque au fleuret moucheté plutôt qu'au bulldozer, spécialité qu'il laissait à monsieur Lelièvre, il n'en cherchait pas moins à déprécier mon action. Il déclarait par exemple à qui voulait l'entendre, journalistes ou élus, que j'étais un poète et non un homme de dossier. Il est vrai qu'en tant que délégué à l'industrialisation du bassin de Lacq au sein de la direction du développement régional du groupe Elf-Aquitaine de 1986 à 1998, il avait été favorable à la venue de l'usine Toyal à Lacq. Dans un entretien accordé à un journaliste, entre autres gracieusetés, il allait jusqu'à prétendre que mon action relevait de la supercherie et que le chantage ignoble que j'avais exercé nous avait couverts de ridicule dans le monde entier et nous avait mis les Japonais à dos... Me voyant impavide, le médecin qui m'avait apporté le journal ne put que conclure dans un sourire :

« Décidément vous allez bien, car vous supportez de ces choses... Vous avez vraiment un mental d'acier. »

Et c'est ainsi que, après trente-neuf jours de grève de la faim, le 14 avril 2006, Nicolas Sarkozy cosignait au nom du gouvernement français avec monsieur Imasu, patron du groupe Toyo-KK au Japon, monsieur Lelièvre, responsable de Toyal France, et un responsable de Total, un bref protocole de cinq points. La société Toyal renonçait à acheter les terrains de Lacq et s'engageait à réaliser à Accous les investissements prévus. L'État, la firme Total et les collectivités locales compenseraient les coûts supplémentaires éventuels de l'opération. Enfin, le communiqué engageait l'aménagement des services de secours et d'incendie sur le site d'Accous afin que la sécurisation requise soit assurée.

Frédéric Lefèbvre et Constance Le Grip, très proches collaborateurs de Nicolas Sarkozy, m'apportèrent le fameux protocole final à l'hôpital de Garches. Je le signai sans le lire. François Bayrou qui avait été le premier à me rejoindre m'indiqua que de très nombreux journalistes attendaient dans la cour et souhaitaient m'interviewer. Le professeur M. était sceptique. Ils convinrent tous les deux d'attendre la fin de la matinée pour voir l'évolution de mon état et organiser un éventuel point presse. À midi, comme je me sentais très bien, il fut décidé que la rencontre avec la presse aurait lieu à 15 heures dans la salle des fêtes de l'hôpital de Garches. Elle fut particulièrement chaleureuse. Je n'ai jamais rencontré autant de journalistes de ma vie. Deux proches collaborateurs, Nicolas Krausz et Didier Hervé, avaient pris place à mes côtés pour me rappeler au calme car, dès que je me passionnais un peu trop, mon rythme cardiaque s'envolait et je me retrouvais à chaque fois à deux doigts de la syncope. Le professeur M. avait tenu lui aussi à prendre place à mes côtés pour éviter tout incident éventuel. Il était temps : ma tension avait plongé dans les abysses et j'avais perdu plus de 30 kilos.

Les jours suivants m'apportèrent beaucoup de réconfort, on s'en doute. J'étais très reconnaissant à la presse d'avoir repris le message que j'avais si profondément voulu faire passer. Il n'y avait ni vainqueur ni vaincu, car les victoires appellent les revanches de demain. Si victoire il y avait, elle ne pouvait être que générale et partagée. Dans cette affaire n'existaient pas plus de gagnants que de perdants, car les Japonais n'en sortaient nullement abaissés. On ne s'abaisse pas lorsqu'on favorise l'élaboration d'un compromis et je tenais à leur faire savoir. En fait, nous nous étions tous sortis d'un mauvais pas. Un autre journaliste, moins solennel, me demanda quel serait mon premier plat lorsque je reviendrais au pays. Je lui répondis que ce serait une *chingarre* – ventrèche fraîche de cochon grillé – avec deux œufs et un bon coup de rouge.

Quant aux marques de réconfort et de sympathie, je n'en citerai que quelques-unes parmi les centaines de milliers (!) qui me parvinrent ou qui m'étaient déjà parvenues dès les tout premiers jours de mon combat. Il y eut la belle lettre de François Bayrou qui me prouva, une fois de plus, combien il était proche de moi et combien les très jolis mots qu'il m'écrivait lui étaient dictés par le cœur.

« Jean de là-bas, Jean de la vallée d'Aspe,

« Dans l'enceinte de l'Assemblée nationale, dans la salle des Quatre-Colonnes, lieu de tous les complots, de toutes les perfidies, de tous les poisons du monde médiatico-politique, tu t'es installé sur une banquette de velours rouge, avec ta bouteille d'eau et tu t'es mis en grève de la faim. Tu as fâché et choqué beaucoup de gens. Les meilleurs esprits, aussi bien que les petits cœurs et les petites bouches, et les habitués des Quatre-Colonnes ont jugé que ce n'est pas comme ça qu'on fait de la politique. En effet, car ce n'était pas ce qu'on appelle aujourd'hui “de la politique”, pas des manœuvres et du faire-semblant. C'était quelque chose de très ancien, presque disparu, pas généralisable et qui s'appelle l'héroïsme et le pacifisme. Par cette violence non violente, tu as fait plier l'acier des volontés économiques et des indifférences politiques. Pendant ces quarante jours, Jean de là-bas, tu as rallumé une petite flamme très ancienne, qui tremble, qui brille et qui dit qu'il n'y a pas de combats perdus... »

Qu'elles émanent de gens illustres, de collègues ou d'inconnus, toutes ces lettres me touchaient comme autant de témoignages venus d'amis. J'y trouvais la justification, *a posteriori*, non seulement de ma grève mais de toute mon action politique : nécessité de l'engagement de l'élu, nécessité de la détermination politique mise au service des citoyens. Sans doute ma position de président de l'Association des populations des montagnes du monde expliquait-elle en partie le retentissement qu'avait eu ma grève au-delà de nos frontières ; les missives qui me parvenaient du monde entier prouvaient que mon acte avait résonné dans le cœur et dans l'âme de bien des habitants de cette planète. Je mettais un point d'honneur à y répondre mais je fus bientôt écrasé par leur nombre. Pardon à tous ceux à qui je n'ai pas pu répondre ! Dans le même esprit, j'avais tenu à adresser une lettre manuscrite à Jacques Chirac, Nicolas Sarkozy et Dominique de Villepin pour les remercier de leur soutien et de leur action.

Je suis resté quinze jours à Garches. Les médecins voulaient me garder encore deux semaines, mais je n'en pouvais plus de cette inactivité forcée. Je me sentais rétabli, je n'avais plus qu'une idée en tête : partir rejoindre les miens. Ma famille m'a accueilli à bras ouverts, rassurée et heureuse. Mes enfants étaient en vacances. Cela tombait bien. La saison était déjà bien avancée, et le potager avait bien besoin de nous. Nous nous y sommes tout de suite mis.

*

Je me doutais que l'affaire Toyal ne trouverait pas son issue complète avec la signature du protocole. J'étais cependant loin de me douter des rebondissements en chaîne qui, jusqu'à aujourd'hui encore, défraient à intervalles réguliers la chronique. J'étais surtout loin de me douter que monsieur Lelièvre ferait preuve d'une telle obstination – une attitude qui creusait, entre lui et moi, un fossé de plus en plus profond, et que je regrette.

Le préfet des Pyrénées-Atlantiques avait reçu mission de réunir tout le monde début mai. Nous nous sommes donc retrouvés autour d'une table, le préfet, le président du conseil général, le vice-président du conseil régional, le président de la communauté des treize communes de la vallée devenu maître d'ouvrage du projet avec l'appui logistique de toutes les administrations de l'État. Chacun s'accorda à trouver l'extension tout à fait réalisable sur le site de la vallée d'Aspe et à penser qu'il fallait donc diligenter au plus vite les études pour savoir comment protéger sols et sous-sol, nappe phréatique et cours d'eau adjacents. Les appels d'offres furent lancés. Tout cela prit un certain temps, mais la première proposition de la communauté de communes et de l'État fut adressée à Toyal le 15 janvier 2007. La plate-forme dont ils avaient besoin, soit 2,5 hectares, entièrement équipée et sécurisée, coûterait 3,9 millions d'euros, sur lesquels seul un peu plus d'un dixième devrait être financé par Toyal, le reste étant pris en charge par l'État et les budgets territoriaux.

Levée de boucliers immédiate, que je devinais orchestrée par monsieur Lelièvre, articles dévastateurs dans la presse, refus de Toyal d'aller plus avant dans les discussions. Alain Rousset, le président du conseil régional, annonça alors qu'il partait pour le Japon afin d'excuser mon action qui leur avait fait soi-disant perdre la face. Il entendait ainsi réhabiliter les hommes politiques français et relancer les investisseurs japonais. Mon sang ne fit qu'un tour. Je n'avais pas l'impression que le Japon avait été très ému par ma grève, ni qu'elle avait en quoi que ce soit paralysé les investissements étrangers en France. Ce n'est pas l'impression que m'avaient laissée les très nombreux messages de sympathie que j'avais reçus de ce pays. L'un de leurs plus grands journaux avait même titré : « Le samouraï des Pyrénées »... Je décidai de partir à mon tour au Japon afin de m'expliquer moi-même là-bas. Je réussis tant bien que mal à connaître le jour où Rousset devait partir et bouclai ma valise. Ce dernier changea trois fois d'avion avec sa délégation pour tenter de me semer. J'arrivai finalement à Tokyo. Je rejoignis mon hôtel. Découvrant le prix de la chambre, je demandai aussitôt s'il n'y avait pas une chambre de bonne disponible... Je retrouvai l'interprète avec laquelle des amis m'avaient mis en relation. Je lui demandai de se rendre à l'aéroport où Alain Rousset devait arriver six heures plus tard. Je lui remis une de ses photos. Je ne tenais pas à le perdre dans Tokyo !... Je répondis aux médias qui se trouvaient déjà sur place, dont TF1, signai des autographes à un groupe de Japonaises qui m'avaient reconnu et partis dîner. La tête de Rousset quand il découvrit, le lendemain matin au petit déjeuner, que j'étais descendu dans le même hôtel que lui !

« Mais qu'est-ce que tu fais là ?

– La même chose que toi : je suis venu défendre la France auprès des investisseurs nippons. Et accessoirement, expliquer ma conduite aux dirigeants de Toyal.

– Tu dois rentrer en France tout de suite, Jean. Tu ne te rends pas compte qu'en agissant ainsi tu détruis ta carrière et l'image du politique en France. Je t'aime beaucoup, tu as beaucoup de cœur, mais tu n'as aucune chance sur ce coup-là.

– Je reste. Maintenant que je t'ai retrouvé, tu ne peux pas savoir le plaisir que j'ai.

– Mais tu es vraiment capable de tout !

– Oui, je t'en fais la confidence. »

Un assez long temps s'écoula. Malgré l'envie qu'il en avait, Rousset sentit bien qu'il ne pourrait pas faire l'impasse sur ma présence. Un soupir, puis :

« Jean, je te propose l'armistice ; on ne peut pas être deux hommes politiques français comme ça au Japon !

– Contentons-nous d'un cessez-le-feu révisable chaque matin. »

Nous avons donc vécu cette paix armée, et le voyage s'est très bien passé. Monsieur Imasu, le P-DG de Toyo-KK, maison mère de Toyal, m'a reçu longuement pour confirmer que l'usine resterait bien au même endroit et que son extension comporterait tout ce qui avait été prévu à Lacq : une nouvelle unité de production avec double équipement, fours, concasseurs, etc.

Bien des difficultés se sont encore fait jour depuis cette rencontre. Pourtant, grâce à l'action du préfet et du sous-préfet, inlassables, tout comme celle de René Rose et du cabinet de Nicolas Sarkozy, l'accord définitif a été signé à Pau le 9 octobre 2007 : tous les investissements qui devaient se réaliser à Lacq le seront en vallée d'Aspe. Je sais pourtant qu'il y aura encore ici où là quelques péripéties à surmonter. Mais pour l'heure, afin de ne gêner personne, j'ai choisi d'être totalement absent de cette belle conclusion. Toutefois, je crois que je n'oublierai jamais la déclaration du P-DG, M. Imasu, rapportée par la presse : « C'était quelque chose d'inimaginable pour moi, et j'ai vu que l'inimaginable pouvait arriver. »

## 7

## « *FRANÇOËS, É R'AUDE RAY*[1] »

Au contact de ma famille et des travaux du potager, je me reconstruisis très vite. Mais je restais encore faible. Je décidai pourtant de remonter à Paris la semaine suivante, soit huit jours seulement après en être revenu. Les médecins et mon épouse n'y étaient pas favorables mais je ne voulais pas donner le sentiment que j'étais touché ni physiquement ni moralement. En outre, j'avais promis de me rendre dans les Vosges, où un comité de soutien s'était mis en place durant ma grève de la faim. J'avais promis à ses membres que ma première sortie serait pour eux et je tenais à honorer ma promesse. Ils m'avaient tant soutenu... Il avait donc été convenu que je me rendrais chez eux le mardi en fin d'après-midi.

En attendant mon décollage de Pau ce lundi soir, je prenais connaissance à la lecture de la presse du dépôt par

1. François, mon autre frère.

le groupe PS à l'Assemblée d'une motion de censure du gouvernement à propos du CPE. Je compris immédiatement ce qui allait arriver : l'UDF allait naturellement, compte tenu du contexte, la voter. J'eus même envie de redescendre de l'avion, mais la porte était déjà fermée. L'espace d'un instant je m'en voulus terriblement de ne pas avoir écouté les conseils pressants et décidément toujours justes de mon épouse.

Arrivé à Orly, je téléphonai à François Bayrou et laissai un message sur son portable : « Cher François, je remonte à Paris contre l'avis de tous, et demain soir j'ai promis d'être dans les Vosges. Je viens de découvrir que le PS a déposé une motion de censure, et j'imagine que tu vas nous y associer. »

Dans le taxi qui me conduisait à l'Assemblée, j'entrepris d'écouter, afin de la décharger un peu, ma messagerie vocale. L'un des derniers messages était de François Bayrou : « Jean, j'ai bien reçu ton message. C'est tout réfléchi. Ton vote t'appartient, bien sûr, mais je ne te cache pas que j'ai absolument besoin de toi pour la motion de censure. Ne t'en fais pas pour ton déplacement dans les Vosges, je te promets que tu y seras demain soir. »

Ma réponse ne tarda pas.

« J'ai compris, François. Je serai là demain. Mais auparavant je dois aller à l'Élysée pour discuter avec des conseillers de Chirac de l'organisation de la prochaine conférence interministérielle sur l'avenir de la montagne. Je ne pourrai donc même pas participer à la réunion du groupe. »

Ma première impression à Pau avait donc été la bonne, j'allais de nouveau revivre l'une de ces déchirures dont j'ai le secret. Il aurait suffi que je reste me reposer une semaine de plus à Lourdios-Ichère, comme François me l'avait demandé lui-même quelques jours auparavant, et j'aurais échappé à ce déchirant dilemme.

Ce mardi matin, j'arrivai à l'Élysée avant 11 heures, comme convenu. Cela faisait déjà deux ou trois ans que je travaillais avec des conseillers de Jacques Chirac pour harmoniser nos actions avec ceux de l'ensemble des ministères afin d'organiser en France la première conférence intergouvernementale mondiale sur la montagne. Mais ce jour-là, d'autres sujets vinrent nourrir la conversation avec ces hommes que j'appréciais. L'issue de ma grève de la faim, bien sûr, et son impact dans le monde, que mes interlocuteurs n'auraient pu imaginer ; le rôle positif de Jacques Chirac, que je me plus à souligner. Avant de passer à l'ordre du jour, je tins à aborder un autre sujet :

« Vous savez que la motion de censure va être débattue et votée cet après-midi.

– Oui, d'ailleurs nous nous demandions quelle position vous alliez adopter, me répondit un conseiller.

– Je vais vous le dire et vous demander de bien vouloir faire passer le message à monsieur le président de la République. Je suis déchiré. Mais je suis convaincu, croyant le connaître un peu, que, confronté à un choix contradictoire et embarrassant, il faut toujours respecter son premier cercle de fidélité. Jacques Chirac vient de me sauver la vie, c'est vrai, mais je n'ai pas d'histoire commune avec lui et je n'en ai jamais eu. Par contre, comme vous le savez, je partage une histoire très ancienne avec François Bayrou. Même si cette situation est difficile à vivre pour moi, je ne peux pas ne pas choisir le premier cercle, celui de mon engagement de toujours. Je vais donc vous décevoir : j'ai tant de respect pour le président de la République que je tenais à m'en ouvrir directement. Je voterai la motion de censure. Ce qui ne m'empêche pas de demeurer très reconnaissant envers Jacques Chirac, comme j'espère avoir un jour l'occasion de le lui exprimer de vive voix. »

Les choses se passèrent donc ainsi. Ce soir-là, je reçus dans les Vosges, de la part de ces hommes et de ces femmes, un accueil qui me toucha.

*

La première fois que j'ai rencontré François Bayrou, je devais avoir 18 ou 19 ans, et lui un peu plus de la vingtaine. C'était en plein festival du Béarn, à Siros, que je commençais à fréquenter assidûment depuis qu'André Mariette, son père fondateur avec Robert Chandernagor, et Jo Eygun m'y avaient accueilli chaleureusement. J'ai vu un jeune homme s'avancer vers moi, à la fois sérieux et dilettante : François Bayrou. Je ne l'avais jamais vu.

« Tu es bien Jean Lassalle ? m'a-t-il demandé. J'ai besoin de toi. »

Sur l'instant j'ai cru qu'il avait un ennui avec sa voiture, panne ou crevaison, et qu'il me demandait de l'aider.

« Oui, c'est moi. Mais qu'est-ce que je peux faire pour toi ?

– Je veux devenir président de la République, j'ai besoin de toi.

– Mais pourquoi tu veux être président ? lui ai-je demandé, interloqué par ce que j'entendais et le culot incroyable de ce type que je ne connaissais pas.

– Parce que je veux changer le monde. Mais tu réfléchiras, tu as le temps, je ne suis pas pressé. »

J'eus à l'instant même le sentiment que cet inconnu disait vrai ; que non seulement il croyait à ce qu'il disait mais qu'en outre il serait bel et bien un jour président de la République. Comme j'étais passionné de politique et passais mon temps à suivre les discussions familiales et à lire tout ce qui me passait sous la main, j'ai été intrigué par ce jeune homme qui partageait la même passion que moi. Et puis, compte tenu de la terrible timidité que j'ai décrite, j'ai ressenti de l'admiration. En voilà un qui savait faire ce dont j'étais incapable ; un garçon qui allait avec courage vers les autres et pouvait affirmer son ambition. Pour toutes ces raisons, j'ai aussitôt reconnu un autre frère.

Tant de choses nous rassemblent : notre terroir, d'abord. Nous lui devons notre amour pour la liberté et l'indépendance, mais aussi notre attachement viscéral à la France, car nous aimons partager notre volonté identitaire. En bons Béarnais, François et moi sommes fiers de cette particularité qui intrigue et parfois exaspère. Elle nous procure de l'amusement et du plaisir, au point que spontanément, lorsque nous nous parlons, c'est notre langue natale qui nous vient aux lèvres. Nos enfances aussi se ressemblent, et nos caractères. Petits villageois issus de milieux modestes, nous avons vécu des enfances peu faciles. François en a longtemps gardé un bégaiement qu'à force de volonté et de travail il est parvenu à vaincre, et moi une timidité maladive face aux autres qu'il m'a fallu combattre pendant des années.

Notre relation est tissée de complicité et d'intuition. Aussi nous comprenons-nous à demi-mot. Parce qu'il est plus cultivé que moi, il a une aisance des mots et une capacité formidable à théoriser ses positions. J'ai pourtant toujours eu la conviction que nous partagions la même attitude réfléchie, la même détermination, les mêmes inspirations, le même besoin d'agir, mais que nous ne l'exprimions pas de la même manière, avec les mêmes attitudes et des parcours différents. Pour ma part, je suis tenaillé par des certitudes instinctives, aussi impératives que déchirantes. Aussi avons-nous depuis longtemps compris comment nous fonctionnons l'un et l'autre. Nous ne nous jugeons pas, car nous faisons mieux : nous nous complétons sur un territoire et un idéal communs. Quand nous avons quelque chose à nous dire, un rapide coup de téléphone ou une rencontre fortuite nous suffit. Par contre, il nous arrive, au moment où nous nous y attendons le moins, de nous retrouver dans une de ces longues conversations dont nous avons le secret. Il nous est aussi arrivé, selon l'expression désormais consacrée, de nous « friter grave ». Très grave. Mais, comme on dit chez nous en matière de rugby, les fondamentaux sont bons : indépendance d'esprit, fidélité à des valeurs humanistes, dignité, identité. Nous partageons aussi une certaine idée de notre pays, que nous voulons libre et heureux, et une même méfiance à l'égard d'un monde désincarné qui manque tant de dialogue, d'échange, de chair, et n'a réussi qu'à imposer un capitalisme débridé.

Aussi ne nous sommes-nous jamais perdus de vue même si nos itinéraires politiques ont mis du temps à se rejoindre sous une même bannière. J'ai conquis mon premier mandat électif avant lui, lorsque j'ai été élu maire, mais nous avons été élus conseillers généraux le même jour. Lorsqu'en 2002 je me suis présenté pour la première fois aux élections législatives, je me suis tout naturellement retrouvé dans les rangs de l'UDF, plus que clairsemés. Au-delà de l'amitié que depuis toujours je portais à son leader, la ligne qu'il défendait me paraissait, depuis si longtemps déjà, la plus proche de mes convictions. J'y voyais autant de passion que de mesure. Passion de l'échange entre les hommes, libre examen des problèmes, ouverture d'esprit et de jugement. Mesure d'une politique faite par des hommes et pour des hommes, loin de tout extrémisme doctrinal mais proche des citoyens. En fait, plus que l'UDF elle-même, c'est à l'ancien CDS, où il m'avait convaincu de le rejoindre et qui par la suite était devenu une composante de l'UDF, que je me retrouvais pleinement, parce que le Centre des démocrates sociaux incarnait à mes yeux le mouvement libre qui correspondait aux attentes du citoyen libre que je me suis toujours efforcé d'être. Pour être tout à fait exact, l'UDF de l'époque, à laquelle j'avais adhéré de par ma proximité avec François Bayrou et les responsabilités qu'il y occupait, je m'y reconnaissais peu ; je me suis toujours senti beaucoup plus proche du CDS d'abord, de Force démocrate ensuite, que des libéraux, dont certains m'apparaissaient beaucoup plus à droite encore. Pour autant, l'UDF est devenue ma famille. J'y reste fidèle même si, comme dans toute famille, aux périodes d'harmonie succèdent parfois des phases de doutes et d'affrontements entre ses membres. Mais j'apprécie François Bayrou, autant l'homme que le politique, et je me reconnais dans la plupart de ses prises de position ; le reste n'est que détails.

Et puis autre chose me retenait en 2002 à l'UDF. À une époque où, sous la bannière de leur président nouvellement réélu, les UMP avaient entonné le chant des sirènes, choisir ce moment pour continuer dans un groupe que tant d'autres quittaient, c'était, à mes yeux, faire preuve d'une élégance morale que j'aurais eu du mal à m'interdire.

*

En mai 2005, comme une majorité de Français, j'ai voté non au référendum sur le projet de Constitution européenne ; et cela, malgré mon appartenance à l'UDF et les forts espoirs que j'avais, depuis ma jeunesse, placés dans la construction européenne, malgré le rêve de paix qui m'habite, et malgré les incontestables réalisations qu'il faut verser au crédit de l'Union européenne.

Il ne s'agissait ni d'un vote d'humeur, ni d'une manifestation de rejet du gouvernement en place. Il ne s'agissait pas plus d'une poussée urticante de souverainisme. Mais depuis des années j'étais arrivé à un bien triste constat : face à une mondialisation qui a accéléré la concentration des richesses entre les mains de quelques-uns et a généralisé la misère partout ailleurs, l'Europe n'a pas su constituer un contre-feu efficace.

Hélas

vrai

Les causes de ce phénomène sont anciennes. Elles remontent à ce terrible fléau que fut la Seconde Guerre mondiale. Le précédent conflit avait tué plus de 1,5 million de Français, mais il avait laissé quelques illusions sur la capacité de l'homme à pouvoir surmonter de lourdes épreuves. La Seconde Guerre les a emportées. Les hommes ont alors été pris dans une violence générale ; celle de la terreur nazie et de la terreur stalinienne. Que les dirigeants de pays aussi avancés que la Russie ou l'Allemagne aient pu planifier de tels massacres laisse sans voix. Quant à la France, si elle n'impulse pas le mouvement de l'horreur, elle le suit. Nos rodomontades actuelles n'y font rien : en novembre 1942, près de 90 % des Français plébiscitaient encore le régime de Pétain. Notre incapacité à la résistance face aux désastres ne date donc pas d'hier. Quand je vois, par exemple, de quelle passivité nous sommes capables face aux délocalisations industrielles qui nous détruisent, je suis pessimiste. Puisque l'ennemi est plus fort, pourquoi combattre ? disent certains. Ils oublient que c'est lorsque l'ennemi est plus fort qu'il faut combattre. Au lieu de cela, ils acceptent, même s'ils protestent pour la forme, ce qui les absout d'agir.

Après la guerre, et avec le temps de la reconstruction, s'ouvre une période fastueuse qui nous fait croire que tous les ennuis sont derrière nous. La France et l'Allemagne parviennent au prix d'efforts considérables à rejoindre le peloton des nations de tête. Chez nous, où l'État lui-même avait volé en éclats, la vieille structure républicaine se reconstruit. Et l'inimaginable se produit : la Communauté européenne du charbon et de l'acier voit le jour, puis le traité de Rome est signé, sous l'égide du couple franco-allemand. C'est comme si aujourd'hui Israël, l'État palestinien et les pays limitrophes construisaient l'union du Moyen-Orient autour d'eux avec un tel succès qu'ils crouleraient bientôt sous des demandes d'adhésion toujours plus nombreuses ! Sans cette immense victoire, il est probable qu'aujourd'hui nos enfants liraient notre nom sur le marbre des monuments aux morts, aux côtés de ceux de nos aïeux.

Nous vivons donc les trente ou quarante années les plus heureuses que la vieille Europe de l'Ouest ait jamais connues. À des gouvernements libéraux succèdent des gouvernements sociaux-démocrates, mais tous s'accordent sur les mêmes principes politiques et croient à la synergie parfaite du couple d'une responsabilité individuelle contrebalancée par l'État providence. Hors de nos frontières, il est vrai que deux modèles bien marqués coexistent : le modèle soviétique que chacun se doit d'adorer ou de détester, mais où personne ne voudrait vivre ; et le modèle libéral que chacun se doit également d'adorer ou de détester, mais où tout le monde voudrait vivre. À l'abri de ces deux parapluies lointains, l'Europe coule des jours tranquilles et développe une formidable puissance économique qui sait rester au service du plus grand nombre d'individus.

En novembre 1989 le mur de Berlin s'effondre, l'Union soviétique vacille avant de sombrer deux ans plus tard en entraînant dans sa chute un empire qu'on croyait immuable. Les populations sont en liesse. C'est la fin du totalitarisme, le monde entier devient libre. Chacun pense que l'humanité va vivre un âge d'or où démocratie et liberté d'entreprendre vont désormais avancer d'un même pas. L'une des rares voix, à ma connaissance, qui s'éleva à ce moment-là pour mettre un bémol à cet enthousiasme général fut celle du pape Jean-Paul II. Mais en quelques années tout se détraque. Nous n'en prenons alors pas conscience, car nous peinons à admettre qu'un modèle unique devient forcément hégémonique. Les Européens se réveillent pour découvrir que le libéralisme, qui prônait la liberté d'action avec des garde-fous, s'est transformé en un capitalisme que même Karl Marx n'aurait osé imaginer. Sa violence et son totalitarisme sont devenus absolus. Le monde du goulag ressurgit sous une autre forme ; désormais d'immenses friches industrielles envahissent le Vieux Continent. C'est que les États-Unis ont pris la main et n'entendent plus la lâcher, malgré une absence de vision stratégique et une méconnaissance du monde proprement effarantes.

L'Europe aurait pu réagir à temps ; elle en possédait les moyens intellectuels et économiques. Elle ne le fit pas. Ce fut au contraire le moment qu'elle choisit pour accélérer le pas dans une direction complètement surréaliste et folle, celle du capitalisme d'outre-Atlantique. Résultat : ces terres d'équilibre qu'étaient la France et l'Europe tout entières souffrent désormais de déséquilibres nombreux et graves. Nous qui avons exporté dans le monde entier nos principes démocratiques fondés sur la mesure, les contre-pouvoirs et le respect des différences n'avons pas trouvé aujourd'hui de meilleur rêve que ces futurs États-Unis d'Europe dans lesquels les anciennes nations conserveraient une place vaguement folklorique, et encore. Mais l'Italie, dont la Rome antique a dominé le monde, n'a pas grand-chose à voir avec le Massachusetts. La France multiséculaire n'est pas le Connecticut. L'Allemagne, il est vrai de construction plus récente, n'est pas plus le Wyoming que l'Angleterre n'est la Californie ou la Floride. Et que dire de la Grèce antique et de la vieille Espagne ! Pourtant nos propres chefs d'État, au lieu de garder les choses en main, dépêchent à Bruxelles de fringants techniciens qu'ils chargent en leur lieu et place de faire avancer le schmilblick ; ces derniers ne se le font pas dire deux fois. Et comme dans tout groupe humain livré à lui-même, ils composent en moins de temps qu'il n'en faut pour le dire une formidable technostructure qui n'a plus de comptes à rendre à personne, si ce n'est, et de plus en plus vaguement, aux chefs d'État qui s'y déplacent encore de temps à autre.

Il est vrai que leur rôle n'est pas facile : pris en tenaille entre la volonté de conserver la souveraineté de leur pays et l'intuition qu'il faudrait les réunir pour mieux les faire travailler ensemble, ils s'en remettent définitivement à leurs missi dominici qui n'en demandaient pas tant. Ces derniers, la bride lâche, font avancer l'affaire au pas cadencé. Comme au Far West du bon vieux temps, ils commencent par ériger une banque, puis un tribunal, avant de s'en aller quérir l'un des plus beaux morceaux de musique qui ait été composé depuis quelques lustres en le décrétant hymne à l'Europe. Fort heureusement, il s'agissait de « L'Hymne à la joie ». Ils plantent sur tous les frontons un drapeau à étoiles, tout comme celui des Américains qu'on copie jusque dans leurs symboles. Et puisqu'il faut une langue commune, qu'elle aussi nous vienne donc d'outre-Atlantique, ce sera plus commode pour les échanges, puisqu'elle a déjà conquis le monde. Et les peuples dans tout ça ? Et les peuples ?... Silence dans les rangs : des hommes de savoir préparent notre destin, il ne manquerait plus qu'on les dérange !

Et c'est ainsi que, depuis dix ans environ, une deuxième mondialisation s'est invitée à notre table. La première a eu lieu lorsque les Européens ont découvert l'Amérique qu'ils ont mise en coupe réglée avant de lancer la même opération en Inde et en Afrique. Elle s'est aussitôt traduite par une exploitation des territoires et une soumission forcée de leurs peuples dont, sous prétexte d'évangélisation, on a bouleversé tous les repères culturels. La plupart ont aujourd'hui disparu. Pendant ce temps nos navires revenaient dans les ports de Marseille, de Lisbonne et de Cadix avec des chargements dépassant l'imagination, or, argent, épices, bois rares, denrées exotiques. Les États aidaient à établir les plans de financement, mais c'étaient les marchands qui tenaient la barre et s'enrichissaient à une vitesse prodigieuse. Bientôt, quelques dizaines de familles maîtrisèrent le monde tandis que les pays s'appauvrissaient considérablement. L'argent se répartissait très peu, car trop massé il s'accumule encore et toujours. Les écarts sociaux se sont creusés, d'où des crises en cascade. Tous les pays qui ont participé à cette première mondialisation, Espagne, Portugal, France, Pays-Bas, l'ont donc payé fort cher. Seuls les Anglais ont su tirer leur épingle du jeu, car ils ont compris qu'en arrivant sur les territoires d'autrui, la seule manière d'y rester durablement consistait à prendre en main le clan dirigeant majoritaire et à exploiter les indigènes par leur intermédiaire, sans faire de sentiment.

Aujourd'hui, tout recommence, mais à l'envers : le Nouveau Monde colonise l'Ancien. Les marchands ne sont plus les mêmes ; les aventuriers et les sociétés de commerce sont devenus de gigantesques entreprises transnationales et sans visage. Ce qui naguère encore créait de l'emploi et de la richesse est devenu spéculation effrénée, cannibalisme économique et humain. Les apparences doucereuses de la régulation n'y peuvent rien. De la même manière qu'on a jadis créé l'ONU dans l'espoir chimérique d'empêcher les guerres sur la planète, on a créé l'OMC pour introduire une règle du jeu dans cette gigantesque loi de la jungle que sont les marchés mondiaux.

Quelle supercherie ! J'ai assisté à tous les sommets de l'OMC depuis cinq ans. Il s'agit d'un organisme dur comme une pierre, où l'on parle de la manière la plus sauvage des matériaux et des marchandises sans aucune considération de l'humain. Côte à côte siègent les représentants des pays indépendants, mais aussi le représentant de l'Europe. Ce qui aboutit à cette caricature : un siège pour l'Andorre, un siège pour le Liechtenstein, un siège pour l'Union européenne. Lui-même doit tenir compte des intérêts contradictoires des pays membres et ne représente donc rien. À l'OMC, il n'y a donc pas de politique européenne possible. De plus, contrairement aux usages en vigueur, il n'y a même plus de traduction dans les quatre ou cinq langues officielles : on ne prend même pas la peine de sauver les apparences ! Avec la délégation parlementaire de notre pays, composée de trois députés et d'un sénateur, représentant les quatre groupes officiellement constitués au Parlement, nous nous sommes rendus à l'une des assemblées générales de l'OMC, où plusieurs centaines de délégués étaient réunis dans un immense amphithéâtre. Les orateurs de la tribune avaient commencé à parler et nous avons vainement demandé les casques de traduction aux charmantes hôtesses qui se tenaient à l'entrée : *« No, no ! »*... Il n'y en avait pas ! Alors, suivant mon vieux principe personnel « moins je comprends, plus je m'approche », je me suis dirigé vers le premier rang. J'ai trouvé un fauteuil, miraculeusement vide devant le pupitre, et j'y ai pris place. Lorsque, au bout de trois bons quarts d'heure, l'orateur a eu terminé, j'ai cru comprendre qu'il donnait la parole au public. Juste à mes côtés se tenait une hôtesse : je lui ai pris doucement le bras et très gentiment elle m'a confié son micro. Je me suis levé et j'ai déclaré : « Je suis un député français. Je voulais vous poser une question, mais je n'ai rien compris à tout ce que vous avez dit. Je n'ai même pas idée de ce dont vous avez parlé. Alors ma question est simple : monsieur, de quoi avez-vous parlé ? »

Un vif embarras s'empara alors de la tribune. Après maints conciliabules, l'orateur reprit en anglais pour appeler certainement une autre question dans la bonne langue. Mais j'avais conservé mon micro à la main et reposai ma question. L'agacement succéda à l'embarras et, finalement, après un nouveau conciliabule, un homme s'adressa à moi en français pour expliquer qu'il s'agissait de choses très sérieuses. Je repris : « Un représentant de la France peut-il savoir quelles sont ces choses-là ? » La tension monta d'un cran, d'autant qu'Espagnols, Portugais et Allemands prenaient manifestement mon parti. J'eus alors droit à un bon quart d'heure d'explications en mauvais français : il s'agissait d'infléchir la culture du tabac, du coton et du vin pour sauver le marché. Un autre orateur vint à son tour à la tribune et fit un nouvel exposé dans la même langue que le premier. À ce moment-là, je sentis qu'on me tapait sur l'épaule. C'était Jean-Louis Bianco, ancien ministre et représentant du PS. Il était accompagné des deux autres parlementaires. Ils me demandèrent si je comprenais mieux à présent. Je me levai, et nous quittâmes tous les quatre les lieux. L'affaire de la sortie de la délégation eut l'heur d'améliorer très légèrement les choses. Le lendemain, il y avait une traduction en français...

Enfin, à l'OMC, les grands perdants sont les plus pauvres, leur voix est complètement étouffée par celle des grands États à coups de menaces ou de promesses. Tout marche dans le sens des plus puissants.

Ces réunions se tiennent dans des décors de rêve : mers d'opale, vastes plages de sable blanc au bord de palaces où nous sommes gracieusement hébergés. Seule ombre au tableau : les énormes navires de la flotte américaine qui mouillent à quelques centaines de mètres de là, et le vacarme assourdissant des hélicoptères de combat surveillant le site. Juste en face, tenues à distance respectable par une formidable armada, se tiennent des centaines de milliers d'hommes de toutes origines. Eux n'ont que leur rage et leur désespoir comme arme. À Cancún, n'y tenant plus, j'ai réussi à tromper la surveillance étroite dans laquelle nous étions soumis pour aller à leur rencontre. Ils étaient en état de choc. La veille, un Coréen s'était donné la mort en public, en se plantant un poignard dans la poitrine... Comme me l'avait dit l'orateur à l'OMC, s'il faut infléchir la culture du tabac, du coton ou du vin pour sauver le marché, infléchissons. 100 millions d'hommes vont en souffrir, quelle importance si cela est indispensable à l'équilibre du monde ? Face à une telle gabegie, les marchands ne peuvent que crier leur joie, à la manière dont les dictateurs se sont toujours amusés des débats sans fin de l'ONU et de ses résolutions inapplicables. Puisqu'il n'y a plus de régulation citoyenne et politique, à eux les bonnes affaires. Par le biais des fonds de pension, les mouvements financiers subissent une dérégulation qui les rend opaques même aux agents boursiers, et les multinationales prospèrent plus que jamais. Au départ elles se sont livrées à une concurrence féroce, avant de fusionner entre vainqueurs et vaincus et de devenir hégémoniques. Maintenant elles passent d'un continent à l'autre pour maîtriser le monde entier, à la manière des grands singes qui sautent d'une branche à l'autre pour contrôler l'ensemble de la forêt.

Caricatural ? Pas le moins du monde. J'illustre mon propos par un exemple à la fois dérisoire et tragique. Il y a un an et demi environ, un groupe indien a fait connaître sa décision de racheter Arcelor, entreprise pour laquelle Français et Européens avaient accompli un travail remarquable qui avait permis de sortir de la crise de l'acier et de construire une stratégie rentable pour les décennies à venir. Le prix de toutes ces restructurations avait été terrible, puisqu'il avait fallu sacrifier des dizaines de milliers d'emplois. Du moins avait-on réussi quelque chose et gagnait-on enfin de l'argent alors qu'on en perdait depuis des décennies. Sur ce, un père et son fils nous débarquent des Indes lointaines et lancent leur OPA. L'émotion est énorme. Je me souviens qu'un mardi, devant l'Assemblée nationale, le ministre des Finances et de l'Industrie, Thierry Breton, confia avec amertume que l'État ne pouvait rien faire et que telle était la loi du libre marché. Tohu-bohu général, à la Chambre, dans la presse, dans l'opinion. Dès le lendemain, devant le même hémicycle, le même Thierry Breton annonça qu'avec le Premier ministre, Dominique de Villepin, il entendait développer le patriotisme économique afin d'empêcher de tels rachats. À vingt-quatre heures d'intervalle et sur le même sujet, un ministre déploya donc des argumentaires diamétralement opposés. La morale de l'histoire est simple : puisqu'on peut dire une chose et son contraire, c'est qu'elles sont aussi fausses l'une que l'autre. Où en est cette affaire aujourd'hui ? Difficile de le savoir quand on ne partage pas le secret des dieux. Car l'information est comme les légumes, il faut la jeter lorsqu'elle a perdu de sa fraîcheur.

Bientôt se met en place le dernier maillon d'une chaîne dans laquelle les politiques vont se trouver enfermés et pouvoir juger de leur impuissance : les États eux-mêmes tendent à disparaître. Leurs dirigeants se détournent de la grande ambition européenne dont ils délèguent la charge à des ministres prétendument spécialisés. Les technocrates bruxellois voient alors devant eux s'ouvrir un boulevard. Ils réglementent à tout-va et dans tous les domaines, d'autant plus qu'ils fonctionnent en circuit fermé, autant dans l'ignorance des populations que dans celle des gouvernements. En un bel aveu d'impuissance, ces derniers s'empressent d'ailleurs d'affirmer au moindre problème que c'est Bruxelles qui décide de tout. À qui la faute ? Que penserait-on de maires qui enverraient à la préfecture leurs secrétaires de mairie négocier des mois durant les dossiers fondamentaux, et auxquels ils iraient rendre visite de temps à autre histoire de signer un protocole ?

Et voilà qu'un jour un projet de constitution nous est soumis, qui oriente l'avenir de l'Union vers le fédéralisme. Comment s'étonner qu'elle soit rejetée par le pays qui, dans son histoire, n'a jamais voulu de fédéralisme ? La France s'est constituée en agrégeant progressivement des éléments très disparates jusqu'à devenir ce qu'elle est aujourd'hui : la terre de plusieurs peuples et même de plusieurs nations.

Je suis convaincu que chaque être humain doit être de quelque part, appartenir à une terre, une langue, une culture. Si l'institution qui le gouverne ne lui reconnaît pas cette appartenance, voire la détruit au nom d'un pseudo-progrès, il arrachera cette appartenance par la force. Car nos deux besoins fondamentaux sont la satisfaction de la faim et la reconnaissance de notre identité. Dès que le premier est satisfait, des questions surgissent tout de suite : qui suis-je, d'où suis-je, et d'où étaient les parents qui m'ont mis au monde ? Proposer un ensemble aussi mou, sans âme, dépolitisé et « technologisé », à des citoyens dont l'histoire individuelle et collective est aussi fortement marquée était donc pire qu'une faute : une erreur. Rien de plus efficace pour réveiller les nationalismes que nous étions jusqu'alors parvenus à intégrer. Les nationalismes belliqueux ne sont pas si anciens qu'ils ne puissent un jour ressurgir. Aucun peuple n'aime qu'on nie son histoire. Mais si les États demeurent forts, leurs citoyens conserveront la fierté de leur identité propre et ne se laisseront pas absorber par une Europe sans âme. Et pourtant l'Europe doit être forte pour contrebalancer la suprématie des États-

Unis et les périls de la mondialisation. Elle doit redevenir cette grande voix qui porte et balance sans cesse entre la tentation du grand large atlantique et celle de l'intimité méditerranéenne, entre giron et départ. Comment avancer dans ces voies *a priori* inconciliables ? Je crois que rien ne vaut les attitudes pragmatiques : que peut-on construire et faire avec tel partenaire ? Dès lors que l'identité de l'autre est aussi affirmée que la sienne propre, et que chacun agit d'égal à égal, il est plus aisé de passer de vrais contrats.

Car personne ne signe de bons contrats avec des gens dont il pense qu'ils sont petits, minables ; et personne ne signe de bons contrats pour l'éternité. Pour que ceux-ci soient solides, ils doivent pouvoir être remis en cause. Les gens qui s'engagent doivent pouvoir se désengager sans perdre la face et sans cultiver un sentiment d'échec par rapport au chemin qui a été accompli. On n'a pas trouvé meilleur moyen pour avancer d'un pas ferme et sans se décourager que de savoir qu'à tout moment on peut faire marche arrière. Cessons donc de vouloir travailler pour l'éternité et d'entreprendre des tâches tellement démesurées que le moindre effort se révélera vain.

François Bayrou connaissait une position que je ne lui avais jamais dissimulée. Bien sûr il en était mécontent, mais tenter de modifier mon point de vue était peine perdue. Il sait aussi que je n'appartiens pas à la catégorie des anti-Européens farouches. À l'inverse de nombre de mes concitoyens, j'estime même que l'intégration des ex-pays de l'Est a eu de grands mérites. D'abord l'Europe centrale constitue l'un des cœurs historiques et culturels de l'Europe. Puis cette réunification a dans une certaine mesure permis de contrebalancer la tentation atlantiste, de cicatriser les blessures du passé et de réduire la fracture Est-Ouest. Peut-être avons-nous ainsi sauvé la grande idée européenne : faire cohabiter des gens que l'histoire a souvent dressés les uns contre les autres.

L'espace européen regroupe aujourd'hui quelques-uns des pays les plus avancés en matière de démocratie, de savoir, de conscience des peuples, quelques-uns des pays qui figurent au rang de ceux qui ont eu le plus à souffrir de l'histoire et à se réjouir de la paix, quelques-uns de ceux dont le PNB est l'un des plus élevés au monde. Mais l'espace européen n'a toujours pas trouvé le type de gouvernance qui lui permettra, tout à la fois, de construire l'avenir en respectant le passé et de travailler ensemble sans pour autant fusionner. Cette dimension reste donc à inventer. Nous, ou nos enfants, le ferons, j'en suis convaincu. À condition de respecter l'histoire, de réhabiliter les peuples et de leur redonner les capacités de s'exprimer et de faire. Si nous restons éveillés et lucides, si nous intégrons la dimension du temps, nous saurons, forts d'une expérience sans pareille, trouver le juste moyen de faire travailler ensemble, selon un modèle taillé à la mesure de notre histoire, de notre réalité, ces patries sœurs qui ne demandent que ça. Travaillons encore pour construire une famille au sein de laquelle elles pourront vivre à la fois solidaires et indépendantes.

complètement d'accord

*

J'ai parfois vécu avec François Bayrou des périodes difficiles durant lesquelles, si nous restions attachés aux mêmes valeurs, nous différions sur les méthodes à adopter. La pression qu'il a exercée sur moi durant la grève de la faim n'est pas de celles qui vous laissent inertes. Mais les deux dernières campagnes, présidentielle et législative, m'ont conforté dans ma position. Je suis à ses côtés, et je le vis très bien. Il est vrai que ces semaines furent enthousiasmantes de bout en bout. J'en garde des images et des émotions d'une force incroyable.

La présidentielle, d'abord. Nous fûmes quelques-uns à vivre de l'intérieur la montée en puissance qui, en quelques semaines, fit passer notre candidat de 6 % d'intentions de vote à presque 20 %. Moments inoubliables durant lesquels nous avons tous eu le sentiment que l'insoupçonné était à portée de main ; moins parce que la lecture des sondages nous invitait à le croire que par ce que nous vivions dans les meetings et les rencontres avec nos concitoyens. Le temps était proche où notre Ve République allait vivre un événement considérable : voir un centriste porté par le peuple à l'Élysée. Après tout, était-ce si surprenant ? Cette constitution a prouvé qu'elle était capable de s'adapter à toutes les circonstances, à tous les choix des Français. Mobiliser les forces politiques autour de De Gaulle pour reconstruire la France aux yeux du monde. Puis assurer la continuité, d'abord gaulliste, ensuite giscardienne. Mettre en place l'alternance avec la venue au pouvoir de la gauche en 1981. Permettre même ce régime insensé, la cohabitation, qui maintient à la tête de l'État le chef d'une majorité devenu chef de l'opposition. Il lui restait donc une dernière chose à faire : placer à la tête de la République un homme qui n'appartienne ni à la majorité ni à l'opposition : un homme qui appartienne aux Français.

*

La première force de François Bayrou fut d'apporter un élément de surprise imprévu au cœur de la campagne. Non seulement il était l'un des seuls à croire qu'il allait être le troisième homme, mais en plus, dès le début, il fut convaincu de l'emporter. En revanche, pas un instant il n'avait imaginé que Nicolas Sarkozy pouvait gagner. Par différence avec Alain Juppé dont il a longtemps redouté qu'il n'entre en campagne, il estimait que les Français ne pouvaient pas élire le ministre d'État ; trop à droite, trop fougueux, pas assez rassurant. Quant à Ségolène Royal, il la jugeait dès le début dangereuse et savait qu'il faudrait lui prendre des voix pour l'éliminer au premier tour et se retrouver face à Nicolas Sarkozy. Car il ne doutait pas qu'il serait au second tour. Évidemment, force est de constater qu'avec le recul ce scénario ne s'est pas réalisé. N'oublions cependant pas qu'il s'en est fallu de bien peu. À la veille du premier tour encore, bien des analystes politiques prévoyaient qu'un second tour opposant François Bayrou à Nicolas Sarkozy verrait le centriste l'emporter. Depuis le début, donc, François estimait que cette élection était la sienne. Cela est conforme à la première image que j'ai conservée du jeune homme assuré d'être un jour président de la République.

Il faut dire que François avait tiré beaucoup d'enseignements de sa défaite de 2002. Régulièrement, au sein de l'UDF, où chacun pouvait s'exprimer librement, il réunissait la petite équipe des députés, sénateurs, eurodéputés et collaborateurs. François écoutait avec la plus grande attention les enseignements et les attentes que les élus remontaient de leurs électeurs et de leurs territoires. Ensuite, quand la campagne a démarré, la réunion est devenue hebdomadaire et de plus en plus suivie. L'équipe, dynamique et enthousiaste, couvrait parfaitement le territoire français. Il fallait cela : dès les premiers jours, l'écoute de nos concitoyens a constitué l'une des valeurs fortes de notre engagement. Ces deux heures de réunion permettaient donc à la fois de galvaniser les troupes et d'avoir des retours instructifs de la base militante et citoyenne. Quant à la machine électorale, elle était menée par Marielle de Sarnez, remarquable tacticienne, maîtresse en organisation, d'une efficacité à toute épreuve, autant à son aise pour animer une équipe technique que pour répondre aux journalistes sur un plateau de télévision.

Du début jusqu'à la fin, la machine électorale est restée ultralégère, beaucoup plus que celle de nos deux concurrents. Quelqu'un avait eu l'idée de ne pas encombrer l'appareil UDF, en mettant en place dans chaque canton des référents capables de faire remonter les informations jusqu'à nous. La plupart étaient de jeunes militants qui brûlaient de s'engager et apportaient ainsi du sang neuf à la vie politique. Grâce à ce maillage, notre réactivité aux mouvements de l'opinion et à ses attentes a été extrême et a permis à François d'oser parfois des déclarations qui auraient pu heurter les électeurs s'il n'avait su que leur grande masse n'attendait que cela. Par exemple, son projet de réduire les dépenses publiques afin d'alléger la dette, projet non démagogique s'il en fut, mais auquel il savait les Français attentifs. Le plus extraordinaire est que rapidement les notables dont nous pouvions penser qu'ils freineraient le mouvement se sont sentis partie prenante. Tout le monde avait compris que faire de la politique autrement signifiait d'abord écouter les gens, et pas seulement flatter l'électeur. Et c'est ainsi que, peu à peu, la mayonnaise s'est mise à monter.

Autre point crucial, qui marche de pair avec le précédent : François était entré en campagne avec très peu d'idées, pas de programme mais des idées aussi crédibles que fortes. La plupart ont fait un véritable tabac, comme sa proposition de créer deux emplois non soumis à charges sociales par PME. D'autres avaient la simplicité des valeurs généreuses qu'attendaient les Français, telle cette volonté sans cesse affirmée de vouloir réconcilier le pays et d'en finir avec l'opposition ancestrale de deux blocs antagonistes. Rappeler à nos concitoyens qu'unis nous sommes plus forts qu'en étant déchirés relevait peut-être du truisme ; il fut cependant le seul à l'affirmer avec autant de constance. C'était bien le moins qu'on pouvait attendre d'un homme qui inscrivait au premier rang des priorités l'urgence pour la France à se redresser.

Tout au long de la campagne, de nombreuses personnes, tant dans l'entourage de François que parmi les électeurs, partagèrent une même impression : l'homme savait où il allait et n'avait pas peur de s'engager sur ses actions futures, même si ses propos demeuraient en toutes circonstances mesurés. Lorsqu'il revalorisait le travail, il ne semblait pas le faire avec l'obsession un peu revancharde qu'y mettait Sarkozy. Le travail est une vertu, un nécessaire réflexe face à la vie, pas la peine d'en faire une arme de combat. Aussi, lorsqu'il se mit en colère, par exemple contre le pouvoir financier qui contrôle trop de médias, les Français le suivirent parce qu'ils comprenaient qu'il dénonçait un système pervers et ne réglait pas de comptes personnels. Il aurait pourtant eu beau jeu de le faire, tant sa caricature de benêt de service qu'accompagnaient la tantine de Bagnères-de-Bigorre et la cousine de Lourdes pouvait apparaître dégradante. Mais lui s'en moquait.

Surtout il suscita un phénomène incroyable : faire se lever une nouvelle génération politique et une autre forme de militantisme, toutes deux différentes de celles de Nicolas Sarkozy et de Ségolène Royal. Car il s'agissait d'un militantisme décomplexé et vrai, composé de gens qui s'engageaient de nouveau dans un mouvement sans se croire pour autant obligés d'en épouser tous les aspects. Ils voulaient redevenir des citoyens utiles et actifs, participer à la remise à jour de la vie politique que leur proposait celui qui était devenu leur candidat, en qui ils reconnaissaient une authenticité humaine et pas seulement une efficacité tactique. J'ai vu, lors de réunions, des enseignants se mettre à pleurer d'émotion et dire qu'ils allaient revoter alors qu'ils ne votaient plus. J'ai vu des gens quitter un meeting avec la joie et l'émotion sur le visage et dire des choses comme : « On reprend goût à notre pays, Bayrou nous réhabilite, il nous explique l'utilité de notre travail, on va aller revoter. » D'où l'aspect totalement transversal et hors clivages classiques de cet électorat, que les sondages à la sortie des urnes ont permis de mieux cerner : à peu près 40 % venant du centre droit, autant du centre gauche, et les 20 % restants composés de citoyens qui ne votaient plus. Telle fut, peut-être, la plus grande qualité de François – et sa plus grande force pour l'avenir : avoir ramené à la politique des citoyens que la politique n'intéressait plus.

Sa singularité a été de jouer à la fois de leviers irrationnels, presque sentimentaux, par exemple en insistant avec force sur l'urgence de l'unité nationale, et de mettre en avant des mesures d'un extrême réalisme, telles que la diminution de la dette. Il a su ainsi concilier discours précis et envolées lyriques, le tout répondant à parité aux attentes des Français ; et sans le moindre populisme – répéter aux électeurs qu'il faut payer ses dettes plutôt que de dépenser et creuser la dette est le contraire d'une attitude populiste. À côté de telles propositions, les catalogues de ses concurrents faisaient parfois figure de programmes d'une époque révolue.

La campagne a connu plusieurs phases. Je les ai vécues au cœur des réunions et meetings qui, chaque soir, réunissaient sympathisants et électeurs. Jusqu'à la mi-février, les choses ne bougèrent guère. Les bons soirs, cinq cents personnes, guère plus, venaient écouter les orateurs de l'UDF. Il s'agissait de notre base militante, prête depuis des années, assidue aux congrès, engagée autour de notre projet depuis un certain temps. Au début nous étions peu nombreux à nous déplacer partout ; quatre, cinq, parmi lesquels Jean-Marie Cavada, auréolé de son prestige de grand journaliste et d'eurodéputé, président de la Commission des libertés publiques, militant convaincu et orateur chaleureux ; Jean-Marie Vanlerenberghe, maire d'Arras et sénateur du Pas-de-Calais ; les omniprésentes Marielle de Sarnez et Jacqueline Gouraud, et moi-même. Puis l'atmosphère changea de façon presque brutale. Soir après soir, malgré les efforts colossaux des organisateurs pour trouver en dernière minute des espaces plus vastes, les salles étaient devenues trop petites. En une semaine, la moyenne d'un millier de personnes par soir fut atteinte. Elle serait à son tour rapidement dépassée. Cette montée en puissance se prolongea jusqu'aux environs du 15 mars, puis le mouvement s'accéléra encore, jalonné de sondages de plus en plus porteurs. L'apothéose fut atteinte début avril, où l'inimaginable se produisit. Quelles que soient les villes et quelles que soient les salles, la venue de François Bayrou remplissait tout. Dix, douze mille personnes se pressaient désormais à ses meetings. Point d'orgue : la soirée au Palais omnisports de Bercy, archicomble, avec au-dehors des écrans géants qui diffusaient les discours pour les personnes n'ayant pu trouver place à l'intérieur.

Quelque temps auparavant, j'avais décroché des grands meetings, où j'avais l'impression de ne plus rien apporter.

Pour faire campagne autrement. François Bayrou avait donné l'estampille d'orateurs nationaux à quelques-uns d'entre nous. Ils pouvaient ainsi mener leur propre campagne en parallèle, hors des grands meetings. C'était le cas, entre autres, d'Hervé Morin, de Maurice Leroy, de Ruddy Salles, de Jean-Christophe Lagarde, de Phillipe Folliot... J'ai ainsi parcouru trente-cinq départements, un par jour.

Le programme était varié et variable. Le matin, visite d'usines, de laboratoires, de coopératives, afin d'aller à la rencontre des gens et de les écouter. Je sentais que l'impatience avait remplacé la lassitude. Quelque chose montait que nous pensions alors inexorable, sans encore vraiment croire en la victoire. Je me rappelle une exploitation agricole du côté de Perpignan dont le propriétaire a fondu en larmes en me voyant : « On va redémarrer, répétait-il ; on va remettre toute notre économie en marche, se réapproprier notre territoire. » Ou cet autre endroit, une usine agroalimentaire en Bretagne employant quatre cents salariés ; la ferveur des employés comme des cadres et celle du patron... Mon émotion, aussi, dans les banlieues des grandes villes du Nord, un univers que je croyais mal connaître mais où je me suis trouvé très à mon aise avec mon accent rocailleux. Et puis ces viticulteurs sinistrés de l'Hérault, que j'ai écoutés pendant des heures. Ces gens-là ont un tel déficit d'expression qu'ils en crèvent. Tout comme ceux de l'Aveyron, de l'Ardèche ou de Seine-Saint-Denis. Alors, pour une fois qu'on leur donnait la parole, qu'on les écoutait, avec des journalistes tout autour pour relayer leurs dires, ils ne s'en privaient pas, et ils avaient bien raison. Quand ils avaient fini d'exposer leurs doléances et leurs problèmes, je synthétisais : « Vous avez accompli toutes les étapes de la qualité, aujourd'hui votre vin tient debout. Mais vous êtes concurrencés par les vins espagnols et portugais. Que faire ? Quelles sont vos propositions ? » Je leur garantissais que la France défendrait ses propres produits et ne se contenterait pas de dire qu'il faut faire l'Europe à marche forcée, que leurs plaintes seraient entendues, que nous ferions tout notre possible pour faire évoluer Bruxelles ; et qu'avec un président aussi européen que François Bayrou, mais aussi conscient des difficultés des paysans français, ce serait bien le diable si nous n'engagions pas une autre politique.

C'était une sensation incroyable, que je n'avais jamais ressentie jusqu'alors. Après le déjeuner, les jeunes militants organisaient des après-midi citoyens où tout le monde pouvait venir et discuter librement. Certains jours, ils rassemblaient plus de deux cents personnes. Et le soir, meeting. Le miracle se poursuivait. Nous, les lieutenants, on arrivait à réunir cinq cents personnes, autant que François au début. Nous étions submergés de demandes, et notre programme changeait chaque jour ou presque sous la pression des événements.

*

Un matin, un institut de sondage a annoncé que François Bayrou avait atteint les 20 % d'intentions de vote. Du jamais vu en matière d'élections présidentielles : une progression qui avait multiplié sa cote par plus de trois en moins de deux mois ! C'était une dizaine de jours avant le premier tour. Jusqu'alors, il se voyait président. Mais là, nous avons bel et bien cru qu'il l'était déjà. Ce fut peut-être notre erreur. Il manquait peu de chose, c'est vrai, et sans doute certains jours était-il même passé devant Ségolène Royal. J'ai gardé en mémoire l'état d'esprit qui était alors celui des militants du Parti socialiste, d'abord étonnés de notre succès populaire, puis inquiets, jusqu'à en être déstabilisés au point que nombre d'entre eux se posaient désormais la question de leur vote personnel... Mais les sondages ne font pas les élections. Nous l'avons encore vérifié, à nos dépens cette fois.

Pourquoi ce spectaculaire élan s'est-il arrêté net, amorçant même la décrue qui devait finalement le placer en troisième position ? Les avis divergent. Le mien repose sur une constatation précise. Depuis des années je sentais ce pays exaspéré et las que personne ne lui parle de lui-même, de son essence historique et géographique. La France n'était plus qu'une des formes déclinées de l'Europe et de la mondialisation, une forme d'ailleurs victime, sinon martyr. Il ne s'agit pas ici de faire l'éloge de je ne sais quel nationalisme étriqué, mais de reconnaître la force de notre enracinement et notre capacité à le prendre en compte. Or, comme tout ce qui a été longtemps refoulé, tout à coup ce thème a surgi dans la campagne. Alors que depuis le début nous avions su nous mettre à l'écoute attentive de l'opinion et de nos électeurs, nous n'avons plus tout à fait perçu le dernier murmure de notre pays, qui en cette toute fin de campagne aimait de plus en plus qu'on lui parle encore et encore de lui. J'avais par exemple observé que *La Marseillaise* que nous avons toujours entonnée à la fin de nos meetings s'accompagnait d'une ferveur nouvelle et était porteuse de sentiments forts. La France éprouvait soudain le désir irrépressible de redevenir le centre de toutes les attentions. Je percevais l'expression d'un besoin éperdu de symboles communs et collectifs, la force qui poussait de nouveau les gens à se parler, à retrouver petit à petit cet art un peu trop oublié du vivre ensemble. Je sentais parmi les multiples compatriotes que je rencontrais une fabuleuse envie de se revivre une belle histoire d'amour en bleu, blanc, rouge, comme elle l'avait fait en 1998 en black, blanc, beur. Les coups de boutoir de Nicolas Sarkozy, du genre « France éternelle, France française », quand ce n'était pas plus, trouvaient en ce printemps politique un écho rarement aussi attentif. Et lorsque Ségolène Royal a sorti à son tour le petit drapeau tricolore chez soi pour le 14 juillet et *La Marseillaise* à l'école, cela a confiné au délire... Je suis convaincu que, sans doute par pudeur, nous avons raté ce dernier virage. François Bayrou avait pourtant été le premier à raconter à nouveau, et avec quel talent, la France devant des salles combles. Ce dernier épisode a fortement titillé dans les derniers jours la frange des 40 % d'électeurs indécis et les a soudain massivement fait s'en retourner à leurs choix traditionnels. Du coup, Nicolas Sarkozy a crevé le plafond et Ségolène Royal a distancé François Bayrou.

La politique n'est pas toujours l'addition de choix rationnels soumis à analyses elles-mêmes rationnelles. Je crois moins aux vertus des programmes et des chiffrages sur l'opinion qu'à la force des mouvements collectifs et de l'émotion qui soudain s'emparent d'elle, à l'énergie des lames de fond qui la portent là où les politologues ne l'attendaient pas. Il existe certes une frange d'électeurs qui étudie les propositions, vérifie les budgets, lit les articles dans la presse, en un mot s'intéresse à la vie politique et se rapproche ainsi du monde des militants. Mais je les crois relativement peu nombreux quand l'élection devient vraiment populaire et que carillonnent les cloches du scrutin. C'est dans les derniers jours que tout bascule.

*

À sa manière, chacun des trois candidats a su montrer de grands mérites lors de cette campagne.

Nicolas Sarkozy est parvenu à décomplexer la droite avec un programme dénué de toute ambiguïté. Il a ainsi ruiné un Front national dont le leader n'a pas su indexer ses prises de position sur les tendances actuelles de la société française. Il est vrai que, face à lui, il a trouvé un adversaire de poids qui non seulement a très vite annexé drapeau, *Marseillaise*, Résistance et autres grands moments nationaux, mais n'a pas hésité à parler de caractères innés chez l'être humain... Malgré ces excès, Sarkozy a su rendre la droite attractive aux yeux de nombreux électeurs ; il l'a en quelque sorte « déringardisée », quitte à la « peopoliser » de façon caricaturale. Par ailleurs, il a réintroduit dans la vie politique un volontarisme farouche, une énergie sans limites et une véritable culture du résultat dont ses expériences ministérielles avaient donné un avant-goût.

Ségolène Royal est la première femme que la France voit figurer dans une compétition d'un tel niveau. Face à elle, ce pays qu'on présente parfois comme machiste s'est pris à rêver d'une victoire possible que, dans les premiers temps du moins, les sondages rendaient plus que probable. Une sorte de « Ségomania » a ainsi saisi tout le monde. D'où, sans doute, son mérite d'arriver à porter un programme économique aussi irréaliste qu'incompréhensible et contradictoire. Comme elle voulait toucher directement l'électeur et le jeune militant, elle a su court-circuiter les anciens de son parti, d'abord pour son investiture et ensuite durant toute la campagne ; ce qui lui a permis d'aller bien au-delà des terres traditionnelles des socialistes. Tel Sarkozy à droite, elle a siphonné les forces de l'extrême gauche. Mais la comparaison s'arrête là. Car tandis que par cette opération Nicolas Sarkozy assurait sa victoire, Ségolène Royal courait plus sûrement à sa perte au second tour. Quand l'un prenait des forces à son adversaire, l'autre épuisait ses réserves.

Mais son apport le plus important reste d'avoir réussi à réhabiliter le dialogue citoyen. Au début, ses propos ont fait sourire beaucoup de gens, à gauche comme à droite. Je n'en faisais pas partie. À une époque où l'absence de travail et une vie stressante consomment entièrement l'énergie de chacun, je trouvais que cette apologie de l'échange avait quelque chose de revigorant. Qu'une jolie femme vienne vous dire qu'elle va faire parler tous les gens ensemble : c'est là une nouveauté qui décoiffe ! D'où la foule qui, dès le début, n'en déplaise aux mauvaises langues et aux esprits ricanants, a fréquenté ses réunions citoyennes. Dans un monde où de trop nombreux puissants nous intiment l'ordre de ne pas parler mais d'agir, Ségolène Royal a eu le courage d'inverser l'ordre des priorités : parlons d'abord, agissons ensuite. Elle a apporté là une vraie contribution à la vie politique qui, à mon avis, va rester. Comme celle de François Bayrou, sa victoire fut celle de la sincérité sur les calculs, de l'écoute sur le dogme.

Autre point commun aux trois candidats : avoir su s'affranchir de leur propre parti. François Bayrou, je l'ai dit, a fait émerger une nouvelle génération de militants, démonétisant ainsi tout un appareil vieillissant et assez crispé. Nicolas Sarkozy, d'une certaine manière, a commencé à faire éclater l'UMP, dont il est pourtant issu et qu'il contrôle d'une main de fer, pour pratiquer un semblant d'ouverture qui s'est généralisé après sa victoire. Quant à François Bayrou, il se retrouve isolé, avec des millions de voix derrière lui, mais sans appareil encore clairement défini à ses côtés. D'autres y verraient une faiblesse, cela me paraît au contraire être sa véritable force. D'abord, il ne craint rien ni personne. Il est libre. Fort du formidable niveau de notoriété et de popularité dont il bénéficie malgré tant d'adversité, il apparaît comme le seul qui ait réellement pris la mesure de l'ampleur de la mutation en cours qui secoue notre vieux monde. Il sait

D'accord

que, le moment venu, les doutes du pays s'estomperont à mesure qu'il retrouvera ses forces de proposition, d'action, de génie et de rêve.

*

On l'aura compris : j'ai bien aimé cette campagne, somme toute revivifiante, menée – enfin ! – par trois jeunes quinquagénaires. Ils ont indiscutablement fait bouger les lignes. Mais avec un peu de recul, à la lueur de ma petite expérience et de l'effroyable douleur que suscite en moi l'évolution actuelle de notre société, je me demande si à l'avenir il ne faudra pas aller plus loin encore.

D'abord, sur le lien à rétablir entre politique et économie. Au fil des années il ne s'est même plus distendu ; il s'est fait invisible et presque inexistant. Qu'on se rappelle les déclarations de François Mitterrand affirmant, à propos du chômage, qu'on avait « tout essayé », terrible aveu d'impuissance de la part d'un étatiste convaincu ; ou celles, plus récentes, de Lionel Jospin déplorant comme un état de fait incontournable l'impuissance des pouvoirs publics face aux agissements des grands groupes économiques dans leur politique de délocalisations et de licenciements. Lorsque les hommes d'État eux-mêmes baissent les bras, la catastrophe n'est jamais loin. L'opinion, lentement mais sûrement, s'est donc habituée à ce que ses gouvernants n'aient plus aucun impact sur la vie économique de leur pays.

Dans ce monde moderne qui change tous les jours, ne faudra-t-il pas se poser les questions mêmes de notre gouvernance, se demander comment l'homme issu du peuple, parce que choisi par lui, pourra réellement reprendre les rênes du pouvoir dans son ensemble pour assurer entièrement les responsabilités de la cité, et pas seulement des petits bouts fragmentés ? L'histoire ne nous enseigne-t-elle pas que ce sont des périodes ressemblant à la nôtre qui engendrèrent les pires monstres ? N'est-ce pas parce que nous endurons ce que nous endurons qu'il nous faudra trouver le courage, la folie ou la sagesse, sans doute les trois à la fois, d'agir autrement ? Il y a près de vingt-cinq siècles, Platon a affirmé que les citoyens de la cité choisissent des hommes en son sein pour s'occuper de l'ensemble des problèmes de la cité, et pas seulement de quelques-uns de ces problèmes. Si aujourd'hui l'économie est devenue le problème majeur de nos sociétés, il est du devoir de l'homme politique de la reprendre à bras-le-corps. Ne faut-il pas commencer à en parler, et à en parler encore pour reconstituer une base militante décomplexée, engagée, qui ne demande qu'à s'épanouir pour mieux porter ceux des siens qui accepteront de mener ce combat-là en son nom ? Ne serait-ce pas une formidable occasion de relancer un militantisme qui n'ose plus dire son nom, pas plus qu'il n'ose prononcer celui de bénévolat ou d'engagement, qui ne cherche qu'à croire en tout ce que l'on peut faire ensemble en s'affranchissant enfin, ou à nouveau ? Ne permettrait-il pas au politique d'imposer raison et responsabilité à ce capitalisme sans maître ? N'est-ce pas ce que fit Roosevelt à la fin des années trente ou de Gaulle lors de son retour aux affaires ? Comme le dit très joliment Jean Peyrelevade : « Ce n'est pas avec l'argent qu'il faut réconcilier les Français, c'est avec les entreprises. » Ces dernières, libérées du joug qui aujourd'hui les oppressent, referont alors à nouveau leur métier : entreprendre.

Un autre mouvement n'accompagne-t-il pas depuis des années ce phénomène, une autre désertion en rase campagne ? Aussi bien sous des gouvernements de gauche que de droite, la puissance publique n'aurait-elle pas pris l'habitude de se défaire de ses plus solides bastions ? Par une folie dans laquelle ce qu'il est convenu d'appeler les technocrates voyaient le meilleur moyen de renflouer des caisses vides et de sauver l'État providence, ou bien au prétexte louable de rendre certaines de nos institutions compétitives face à l'Europe et au monde entier, ce même État se séparait de tout ce qui avait fondé sa puissance et souvent de revenus substantiels. Il avait encore la capacité à organiser en tout point du territoire les moyens de l'égalité et de la fraternité. On a privatisé à tout-va les entreprises nationales et les services publics, accroissant ainsi encore plus les forces économiques du marché et diminuant d'autant les capacités de résistance des citoyens. Et lorsqu'on ne privatisait pas, on faisait appel aux sacro-saintes lois du rendement pour justifier ou non, pêle-mêle, du maintien de tel bureau de poste ou de tel service hospitalier, de la fermeture d'une école, de l'apprentissage du grec et du latin dans les lycées de province ou d'une voie ferrée. Mais depuis quand l'utilité sociale se mesure-t-elle à l'aune du profit ? Et par quelle perversion de l'esprit en est-on arrivé à considérer de telles équations comme vérifiées ? Notons au passage l'ambiguïté d'une telle politique, qui suffirait à en montrer la fausseté essentielle. Répéter du matin au soir à des citoyens que la seule chance de gagner des batailles consiste à accepter les lois de la concurrence et brader à l'adversaire ses dernières forces, cela revient à refuser précisément la concurrence : tout, dans les mains des mêmes. Par un mouvement irrépressible l'État s'appauvrit toujours plus et voit disparaître ses ultimes pouvoirs de contrôle économique. Au cercle vertueux de l'enrichissement collectif succède alors le cercle vicieux de la concentration des richesses au sein de grands groupes anonymes.

Je crois au lien social. Je crois que là où l'État et ses services publics sont présents, ce lien est renforcé alors que, partout où l'État abdique, le désert et le désespoir économique et humain s'accroissent. En un mot je crois au bien commun, à ses vertus sociales et humaines, à ses possibilités de progrès au service de tous plutôt qu'au profit de quelques-uns. L'État ne doit pas déserter le terrain économique. Rien ne sert d'ouvrir un tunnel pour accroître la circulation des hommes et des biens si, dans le même temps, on sabre dans les services publics. Rien ne sert d'agrandir une usine si, pour gagner quelques points en productivité, on ruine une vallée entière. Je crois, pour résumer d'une phrase, à la nécessité du retour de l'État et du citoyen dans le jeu économique.

Cette double prise en compte, d'une part du retour de l'économique dans le champ du politique, d'autre part du rôle de l'État au service de tous, marque selon moi le renouveau d'une certaine éthique. Adossés à cette redistribution générale des idées et des valeurs, les élus, à condition qu'ils l'acceptent, peuvent jouer un rôle décisif. Il leur revient désormais d'être les sentinelles et les bergers qui d'un pas assuré, même s'il est lent, tracent de nouveaux chemins, et tant pis s'ils n'en parcourent qu'un petit bout ou seulement quelques pas : ils ont la certitude que d'autres viendront juste après eux prendre la suite. Parce qu'il se trouve toujours plus facilement des hommes pour marcher là où d'autres se sont levés.

*

La rencontre de la peur et de l'ambition peut entraîner de lourdes conséquences sur le comportement des êtres. Nous en avons eu la preuve dès le soir du premier tour, lorsque l'entourage de Nicolas Sarkozy a pris d'assaut la forteresse Bayrou. Comme toujours en cas d'attaque, il convient de porter l'effort là où la ligne de défense est la plus faible. Les stratèges de l'UMP, rodés de longue date à ce genre de combat, y ont fait merveille. Leur victoire fut à peu près complète.

Il est vrai qu'un certain nombre de mes camarades se sont trouvés embarqués dans la campagne de François Bayrou en traînant un peu les pieds – onze d'entre nous seulement avaient voté la motion de censure, tandis que vingt autres s'abstenaient. Quelques-uns avaient même déjà noué des contacts avec Nicolas Sarkozy dès le mois de février. Puis, quand notre campagne a commencé à porter ses fruits, nous avons tous vibré à l'unisson. Devenus adeptes d'un centre enfin libéré, nous avons cru dur comme fer à la victoire. Dans les derniers jours, leur sens aigu de l'observation des phénomènes politiques a averti certains d'entre nous que le vent tournait. À l'ambition de quelques-uns est alors venue s'ajouter la peur de la défaite chez le plus grand nombre, et un douloureux vertige les a saisis : ils étaient déjà mûrs pour un virage sur l'aile droite. Quand on a toujours été élu député grâce au désistement UMP, comment retrouver son siège lors des prochaines élections ? Que faire si la tentative de réconciliation des Français au-delà des traditionnels clivages venait à échouer, puisque droite et gauche se retrouveraient apparemment face à face ? Passer ainsi en quelques jours de l'espoir de tout remporter à la crainte de ne même plus être député dans deux mois, cela n'est pas facile à vivre...

J'avais toujours pensé qu'un certain désenchantement se ferait jour si François Bayrou perdait, mais pas d'une telle ampleur. À mes yeux le fait d'avoir obtenu près de 20 % des voix nous mettait à l'abri des catastrophes, tant nous avions fait la démonstration de l'émergence d'un vrai centre démocrate, indépendant, et d'une nouvelle génération politique. Je m'étais trompé. Les départs, que j'imaginais nombreux, ont été presque généraux. Et pourtant ! Notre position d'après premier tour ne se justifiait que dans une neutralité absolue face aux deux blocs de gouvernement et une entière liberté de choix laissée à ses électeurs. Il suffisait alors de rester soudés, sans états d'âme, continuer à croire en nous puisque les Français y avaient cru si fort, pour faire un tabac aux prochaines législatives. Au lieu d'être obnubilés par des ralliements qui n'étaient pas de mise compte tenu de la force et de la nouveauté de la campagne que nous venions de réaliser, il suffisait tout simplement de croire qu'unis, les Français, loin de nous abandonner, allaient nous pousser plus haut encore. Il suffisait d'arrêter un moment sa réflexion pour voir que, des deux cent cinquante triangulaires qui auraient inévitablement lieu en France, la totalité d'entre nous pouvait sortir vainqueurs, et qu'avec une telle amplification de ses scores antérieurs, François Bayrou sortirait de ces élections avec au moins quatre-vingts députés. Il n'avait pas économisé son énergie pour l'expliquer de toutes ses forces. Mais peut-être était-il déjà trop tard.

J'arrivai au siège de l'UDF en ce soir de premier tour vers 19 h 30. En fait, je n'avais pas tellement envie de monter à Paris car j'adore suivre le résultat des élections chez moi, à Lourdios-Ichère. À 18 heures on ouvre l'urne, on dépouille la centaine de bulletins qui s'y trouvent, on se retrouve au café, on boit un coup bien mérité, parfois même on s'engueule un peu, puis on se réconcilie en riant avant de rentrer chez soi suivre l'annonce officielle des résultats à la maison et vivre la soirée qui s'ensuit. Mais ce jour-là, comme je l'avais déjà fait cinq ans auparavant, je me faisais une obligation de monter à Paris et de me retrouver quoi qu'il arrive aux côtés de François, en présence de tous les frères d'armes. Il est vrai qu'on me reconnaît une qualité que je ne dénie pas non plus : ma capacité à être très vite heureux et à le rester longtemps en cas de bonne nouvelle, mais ma volonté d'afficher aussi durablement et ostensiblement le même état d'âme en cas de défaite. Ainsi, lors du penalty victorieux des Italiens à la dernière Coupe du monde de football, à l'issue de ce terrible suspens qui avait figé tout le petit village de Lourdios-Ichère et ses invités devant le premier écran géant qu'on eût installé au foyer rural, je perçus, en même temps que le mien, l'abattement de toute cette jeunesse, de tous ces hommes et de toutes ces femmes qui étaient venus pour faire la fête, qui s'y étaient préparés, et sur lesquels le ciel venait de s'abattre. Du fond de mes entrailles meurtries, je sentis instantanément que la soirée risquait d'être gâchée. Je devins donc immédiatement joyeux, bus quinze bières, exécutai autant de poiriers, finis par dérider la banda et rentrai chez moi aux premières lueurs du jour, épuisé mais heureux comme un veau qui tète. La question d'Amaury, mon petit dernier, lors du repas du soir, me sidéra et me réjouit :

« Mais dis donc, papa, pourquoi tu étais pour les Italiens, toi ? »

Ce soir du premier tour, à peine entré dans le taxi qui venait de me prendre en charge à Orly, le chauffeur mit ma montre à l'heure :

« Oh putain, j'aurais jamais cru Sarko si haut ! Par contre la mégère m'a étonné. Quant à Bayrou, bon débarras ! J'espère maintenant qu'on va arrêter toutes ces c... et tous se mettre derrière Sarko, il est temps que ce pays soit dirigé. »

Au bout d'un moment, il rajouta, en me regardant dans son rétroviseur :

« Je tiens l'info de la Radio Suisse romande, vous voulez écouter ? »

Je lui fis signe que oui et lui demandai s'il voulait bien me conduire rue de Solférino. Il me répondit :

« Oui, mais à condition de ne pas trop approcher, je ne tiens pas à cabosser ma voiture. Je viens de l'avoir, vous comprenez, et le leasing n'est pas donné ! »

Je vis à quelques mètres de là une masse heureuse et colorée. Le chauffeur me demanda :

« Vous ne voulez pas aller chez Sarko ? »

Nous aperçûmes là aussi le même rassemblement aux mêmes accents joyeux, des cornes de brume et des drapeaux par milliers. Je demandai alors au chauffeur :

« Est-ce que vous pourriez maintenant me déposer au siège de l'UDF, rue de l'Université, parce que en fait c'est là que je vais.

– Mince, excusez-moi pour tout à l'heure, mais je préfère Sarko. »

Je le payai, le remerciai chaleureusement de toutes les informations qu'il m'avait fournies comme du petit tour que nous avions fait et m'approchai d'un pas décidé de la grande foule qui était là aussi massée devant nos locaux. J'éprouvais du plaisir à être reconnu, et encore plus à la clameur que suscita mon entrée par la porte que l'on m'ouvrait. Visiblement, ils n'avaient pas encore tous écouté la Radio Suisse romande. Je fus heureux de retrouver ces pièces où nous nous étions tant de fois, et avec quelle passion, réunis. Les murs étaient couverts d'immenses écrans plasma sur lesquels les présentateurs d'une bonne demi-douzaine de chaînes avaient déjà lancé le compte à rebours. Il était 19 h 30.

Je cherchai un comparse pour partager une flûte de champagne dont les bouteilles étaient généreusement disposées sur les tables – un peu de bon carburant n'a jamais nui au rendement d'un moteur dont j'imaginais la mise en route un peu difficile. Pour tout dire, ma gorge était nouée. Un comparse ? Impossible ! Ils étaient là, pour la plupart, mais tous au téléphone. J'en accostai un qui venait de raccrocher d'un air très las. Il était blanc comme un linge. Je m'inquiétai.

« Mais dis donc, tu en fais une tête, tu viens de perdre ta femme ou quoi ?

– Fillon vient de m'apprendre que chez moi Bayrou arrive troisième, avec 19 % des voix. Je suis foutu. »

J'en avisai un autre qui me dit :

« J'ai eu Douste-Blazy qui m'a annoncé que dans ma circonscription François fait 17 %. On ne s'en relèvera pas. Les législatives sont cuites, et même les municipales de l'an prochain. »

Et puis un troisième... La plupart étaient pendus au téléphone avec des ministres du gouvernement ou des conseillers de Nicolas Sarkozy. Dans la bouche de ces derniers, une seule phrase revenait : « Et comment tu vas faire maintenant avec les 17 % de ton candidat ? » Les visages de mes collègues avaient pâli, autant par la fatigue de la campagne que par le spectre de leur prochaine défaite. Pendant des semaines ils s'étaient vus en haut de l'affiche, et voilà que tout l'édifice s'écroulait. Ma gorge se dénoua un peu mais c'est mon ventre qui se nouait à son tour. Et les coupes de champagne que j'y déversais, finalement seul en désespoir de cause, n'avaient pas l'air d'y améliorer grand-chose. Je lançai à l'un de mes camarades :

« Merde ! Vous n'avez trouvé personne d'autre pour vous annoncer les résultats que des ministres ou des proches de Sarko ? Il n'est même pas 20 heures et vous vous lamentez déjà ! »

Alors je suis monté voir François. Il se tenait dans son bureau, attentif et serein, en compagnie de Jean-Marie Cavada et de Marielle de Sarnez. J'ai été l'embrasser affectueusement et je l'ai félicité de tout mon cœur :

« Je suis fier de toi, François, je suis fier de ce que tu nous as fait vivre, je suis fier de l'avenir que nous avons tracé. Je m'y retrouve complètement. »

Puis il est descendu lui aussi, a échangé quelques mots par-ci par-là. Il n'était ni dupe ni déprimé. Le verdict de 20 heures était tombé. François nous annonça qu'il allait très vite prendre la parole devant les militants et les médias en nombre dans la rue. Je ressortis pour mieux le voir. Il commença par une très belle phrase : « J'ai une bonne nouvelle à vous annoncer. À partir de ce soir, la politique française a changé et elle ne sera plus jamais comme avant. » Elle me réjouit, et il me sembla que j'aurais pu dire la même chose tellement je le ressentais. La suite fut de la même veine. François avait l'air confiant et apaisé, et cela avait de la gueule. Lorsqu'il termina en disant : « Je ne sais pas encore pour qui je voterai, mais je sais déjà pour qui je ne voterai pas », je compris que rien ne lui avait échappé du sentiment que j'avais eu lors de mes tout premiers échanges avec les quelques amis avec qui je venais de converser.

Nous nous retrouvâmes le mercredi suivant au siège. D'une manière que je trouvais très lucide, notre candidat tira les enseignements du premier tour et nous invita immédiatement à reprendre du collier dans le même esprit pour les législatives. Il nous fit part de son sentiment pour le deuxième tour des présidentielles en expliquant calmement qu'avec l'estimation sortie des urnes et les 7 millions de Français qui s'étaient retrouvés sur notre démarche, il lui semblait difficile de prendre parti ou pour l'un ou pour l'autre. Car si nous le faisions, nous trahirions forcément une partie de l'électorat en ruinant du même coup la belle aventure que nous avions engagée pour l'avenir. S'ensuivit un long débat de quatre ou cinq heures, durant lesquelles la plupart d'entre nous donnèrent leur sentiment. À l'heure des conclusions, la grande majorité s'accorda sur cette ligne que deux seulement, sans la remettre en cause, souhaitaient contourner en annonçant leur soutien à Nicolas Sarkozy. Personne ne s'insurgea. Mais François mit en garde :

« Attention, mes amis ! À ce jeu-là, on met le petit doigt et on ne sait plus où ça s'arrête. »

Nous nous retrouvâmes tous sur la pelouse pour fêter l'équipe de campagne qui avait si magistralement conduit les opérations. La suite appartient à chacun d'entre nous mais en ce qui me concerne, en voyant ce qui se déroula dès le lendemain et les jours d'après, je ne fus pas à proprement parler surpris de l'acharnement de François à vouloir organiser un face-à-face avec Ségolène. Et pas plus lorsque quelques jours avant le second tour, il fit savoir qu'il ne voterait pas pour Nicolas Sarkozy. Je crus simplement y retrouver une certaine ressemblance avec le coup de boule de Zidane. Je ne pus toutefois m'empêcher de penser que tout cela ressemblait à un beau gâchis. Cette phrase dont je comprenais les motivations profondes allait en outre fournir une formidable justification à tous ceux qui avaient déjà depuis longtemps fait leur choix. Elle allait même faire douter ceux qui hésitaient encore. Une partie de moi-même voulait cependant encore croire qu'après les défections de 2002 et le combat farouche que nous avions mené tous ensemble, apparemment soudés comme les doigts de la main, chacun avait définitivement choisi son appartenance. Ce ne fut pas le cas. Pour moi au moins, il n'y avait pas de problème. Je me retrouvais parfaitement dans l'épopée, auprès du berger sans troupeau, mais Dieu que les législatives allaient être difficiles ! Et que d'espoirs déçus.

*

À quoi se résume aujourd'hui le MoDem ? À une poignée d'élus restés fidèles à François Bayrou et à des milliers de sympathisants ou adhérents. Pour ma part, je n'en ai jamais croisé autant depuis que je suis en politique. Je n'ai jamais reçu autant d'e-mails, de messages d'encouragement, sauf pendant ma grève de la faim.

Manifestement, et bien que nous traversions une période difficile, sans tribune pour les quelques têtes d'affiche qui nous restent encore, sans organisation de terrain, en plein état de grâce pour un président de la République décidément très habile et combattant en diable, des dizaines de milliers de nos concitoyens n'attendent visiblement qu'un signe. J'ai le sentiment qu'une brise s'est levée, une de ces brises à la fois douces et chaudes, enveloppantes comme elles le sont chez nous les soirs d'été lorsqu'elles viennent de la montagne, et qui rendent les gens heureux et confiants. Elle connaîtra bien quelques coups de froid dans le courant de l'hiver et du printemps prochains, où les vents seront certainement tournants comme au temps des équinoxes. Mais je la crois assez solide pour leur survivre et nous envelopper à nouveau de sa douceur bienfaisante lorsque les beaux jours reviendront.

Sans doute suis-je assez atypique dans le paysage actuel et je ne sais toujours pas si c'est une bonne ou une mauvaise chose, mais c'est comme ça : pour m'engager j'ai besoin de perspectives lointaines plutôt que proches. Lorsque je n'y vois pas clair, je ne m'engage pas. J'ai tellement connu l'épais brouillard sur ces hautes montagnes de ma jeunesse que j'ai toujours suivi le conseil des anciens : lorsque le brouillard est trop épais, arrête-toi et attends qu'il se lève. Car il finit toujours par se lever. Et lorsqu'il s'est levé, tu reprends facilement ta route parce que tu ne t'es pas perdu. Tu ne t'es pas brisé au fond d'une crevasse et tu te sens plus fort. Tu as échappé aux pièges de la nature et à l'affolement de ton cœur, tu as simplement perdu un peu de temps. Mais tu es dispos et en pleine forme. Le ciel s'éclaircissant, tu y vois de nouveau très clair. Je n'aime donc pas les petits accommodements entre amis, voire entre ennemis, je préfère consacrer le temps qu'il faut à trouver le juste accord qui m'apaise. Je n'ai là aucun mérite ; telles sont ma nature et mon éducation.

N'est-ce pas pourtant le contraire qui se produit trop souvent en politique ? En 2002, après la victoire de Jacques Chirac, de nombreux élus UDF sont allés grossir les rangs de l'UMP. Plus tard, on a vu comment les plus convaincus des chiraquiens sont devenus sarkozistes en à peine deux ans. Ensuite, quelques jours ont suffi pour que des hommes restés fidèles à François Bayrou au point d'accomplir avec lui une traversée du désert de cinq ans rejoignent le camp du vainqueur ; est-ce d'ailleurs tellement différent du côté socialiste ? N'oublie-t-on pas trop souvent que la responsabilité et l'honneur de l'Assemblée nationale résident en cela : n'être pas plus un clone de l'exécutif que l'antichambre des fonctions ministérielles. D'ailleurs une chambre d'enregistrement ne nécessiterait pas 577 députés ; une vingtaine suffirait, avec, par exemple, douze députés pour la majorité, et huit dans l'opposition. Si nous sommes si nombreux, c'est pour que chaque nuance idéologique, chaque parcelle de territoire soit représentée dans sa diversité.

Fort de ces idées et de ces questions qui depuis toujours sont les miennes je me suis présenté aux élections législatives de juin. Malgré tous mes défauts constitués d'autant d'excès que de limites, malgré les turpitudes traversées, malgré les pesanteurs de la vie, j'avais au moins une certitude : celle d'être resté fidèle au camp choisi. Bien sûr je disposais aussi d'un bilan, mais depuis le premier tour de la présidentielle les coups assenés étaient si durs qu'au fond de moi, j'en étais convaincu, la différence se ferait moins sur le bilan de mandat ou un projet futur que sur une question, que d'ailleurs à mon sens peu se posent en politique : la fidélité constitue-t-elle une force ou une faiblesse ? Et ce n'était pas moi qui allais y répondre, même si j'avais le sentiment que je n'avais pas failli, mais le peuple qui s'apprêtait à se rendre aux urnes. Si je sortais battu de ce nouveau combat, ce n'est pas la perte de mon mandat qui me souciait ; j'avais la ferme intention de reconstruire ma vie. Par contre, dresser le constat qu'on ne peut pas aller au bout de ses conviction et être élu en restant soi-même et j'aurais arrêter la politique, comme je pense qu'il faut le faire lorsque on est désavoué. Je n'ai donc jamais douté, confiant à la fois dans ma légitimité de député sortant, dans la portée que ma voix avait pu avoir et dans la fidélité des gens de chez nous. Mais je savais que ces élections allaient être les plus difficiles qu'il m'ait jamais été donné d'affronter.

« Si je suis réélu, disais-je aux électeurs, je continuerai comme j'ai toujours fait. C'est-à-dire que je n'en ferai qu'à ma tête, ce qui est la meilleure façon de vous représenter. Mais attention ! En faire à sa tête, ce n'est pas faire n'importe quoi. C'est agir comme son intelligence et ses convictions vous le commandent. Et cela, quels que soient les pouvoirs en place, quel que soit le fameux principe de réalité, qui est la forme la plus aiguë du conservatisme. »

Car je n'ai guère varié dans mes convictions : je crois que les qualités politiques de base que les électeurs attendent de nous sont la loyauté, l'honnêteté et l'engagement.

Au fur et à mesure que la campagne avançait, j'avais la double satisfaction de maintenir le cap et de constater que mes propos étaient entendus. Après tout, nous ne sommes pas si nombreux à pouvoir parler de ce qui nous est si cher, de ce pays, de ces campagnes, de ces montagnes, de ces villages. Et les électeurs le sentaient. Comme ils sentaient que je ne lâcherais rien sur l'essentiel, que je resterais moi-même, toujours à leur écoute. Car avoir l'honneur d'être le député d'un grand pays comme le nôtre, l'élu d'une des plus grandes circonscriptions de France, le représentant des Basques et des Béarnais, c'est une chance exceptionnelle et elle doit se mériter. Je ne savais pas, avant, quand j'étais plus jeune, même si j'en rêvais tout de même au fond de moi, que ce serait un tel bonheur que de pouvoir s'épanouir en représentant ce coin de France à la fois si beau et pourtant à la croisée des chemins.

Fort de cet état d'esprit, je ne croyais pas que la victoire puisse m'échapper. Toutefois, profondément démocrate, je sais que le peuple a toujours raison, puisqu'il est souverain. Si j'avais été battu, je l'aurais accepté, avec tristesse mais sans esprit de revanche. On combat des adversaires, mais pas le peuple. J'estimais donc qu'il s'agissait pour moi d'une élection vérité ; avais-je raison ou pas dans mes engagements sans cesse répétés ? Ce qui me confortait, c'est que les gens me disaient : « Ne change pas ; reste toi-même. » Mais si j'avais été battu, j'aurais compris qu'il était très difficile de garder la ligne contre vents et marées. Et même si je n'aurais pas pu m'empêcher de me dire que la politique que je connaissais depuis une trentaine d'années avait fait son temps, je me serais soumis au verdict populaire. J'aurais mis un point d'honneur à trouver du travail à tous ceux qui, depuis des années, m'avaient fait confiance en travaillant à mes côtés, et je me serais tourné dans une autre direction.

Je savais déjà laquelle. Nous manquons aujourd'hui d'une ingénierie anticipative, capable d'aider à la réalisation des grands projets d'aménagement ou d'équipement. Pourquoi ? À cause de ce que j'ai appelé le syndrome Somport. Parce que depuis cet immense débat que j'ai eu la chance de vivre aux premières loges, chacun de nous est intéressé par ce que vont devenir sa maison, son paysage, son village, sa rue, l'équilibre de sa ville ; ce qui constitue plutôt une bonne nouvelle, mais aussi un frein considérable à tous travaux de quelque importance. Si une route est prévue, les gens veulent savoir avec précision d'où elle vient, où elle va, par où elle passe, ce qu'elle va rapporter, les nuisances qu'elle va entraîner. Toutes les grandes infrastructures soulèvent les mêmes questions. Exemple : aujourd'hui tout le monde réclame à cor et à cri le ferroutage afin que les camions disparaissent des routes. Mais l'accord n'est à peu près unanime que sur un seul tracé : la liaison Turin-Lyon. Du coup le Val d'Aoste se retrouve en plein conflit interne. Où passera la voie ferrée ? Où se situera l'entrée du tunnel ? Où s'effectueront les mises en place des remorques sur les plates-formes ferroviaires ? Comment les paysages seront-ils protégés ? L'utilité même du tunnel que tout le monde demandait il y a quelques mois encore est une fois de plus remise en cause. Pour apaiser les esprits et trouver les solutions acceptables par tous, il faut donc lancer le débat avant que les ingénieurs ne se mettent au travail, puis attendre que les débats soient clos pour construire les projets. Car une fois que ceux-ci sont lancés, la consultation citoyenne est pipée. Comme au départ les gens concernés ne savent que très vaguement de quoi il s'agissait, le doute leur vient au vu des premiers tracés. Ils commencent à prendre peur et à tout rejeter en bloc. Il ne reste plus alors aux déstabilisateurs professionnels qu'à débarquer avec leur panoplie de principes aussi vagues que farfelus, souvent empruntés aux lieux communs de la philosophie soi-disant écologique. La guerre civile s'installe, au détriment à la fois des intérêts de la région et d'un progrès harmonieux.

L'ingénierie anticipative et de participation telle que je la conçois prendrait au contraire les choses en amont et travaillerait de concert avec les gens. Elle se donnerait du temps pour que chacun puisse exprimer son point de vue et entendre celui des autres. Sans doute le dossier apparaîtrait-il alors d'une grande complexité, mais qui, en dehors des technocrates, pourrait en douter ? Et quelle personne de bonne foi ne comprendra pas qu'à problème compliqué, solution elle-même compliquée à mettre en œuvre ? D'où la nécessité de médiateurs capables de dégager des arbitrages. Je suis convaincu que les citoyens, parce qu'ils n'auraient pas seulement été informés mais véritablement consultés et associés, les accepteraient dans leur immense majorité.

Il faudra à ces médiateurs bien du savoir-faire, des connaissances techniques mais aussi des connaissances d'ordre sociologique et géographique autant qu'économique. Il leur faudra surtout beaucoup d'intuition et de respect des autres afin de parvenir à dégager un plan d'action élaboré en commun, parce qu'il doit précisément s'inscrire dans le bien commun. Au lieu de construire des projets perçus comme destructeurs, on pourra alors élaborer des solutions utiles et adaptées. Et on réunira ainsi deux systèmes de valeurs trop souvent opposées. Celles qui regardent vers l'avenir et le progrès, et au nom desquelles il faut toujours aller de l'avant, chercher sans relâche ce qui va développer de nouvelles activités et permettre aux jeunes de vivre avec leur temps. Et celles qui appartiennent à un passé commun et perpétuent ce qui a enflammé nos pères. Alors le présent pourra tenir le passé d'une main et de l'autre empoigner le futur ; le bien commun deviendra à la fois transmission raisonnée du patrimoine et projection intelligente vers l'avenir. Ayant eu la chance d'être nommé lors de la mandature précédente par le président de l'Assemblée comme son unique représentant au tout nouveau Comité national du débat public, je sais que cette approche qui n'en est pourtant qu'à ses balbutiements peut fonctionner et apporter des résultats étonnants. Par ce métier j'aurais donc poursuivi la politique sous une autre forme : celle de la médiation. Durant toute la campagne, cette idée m'a soutenu.

Elle n'était pas de trop car rien ne me fut épargné. Avec mon suppléant Jacky Coumet, nous nous sommes trouvés confrontés aux meilleurs problèmes de société actuels : urbanisme et disparition des permis de construire, explosion du prix des terrains notamment agricoles, tant au Pays basque qu'en Béarn, installation d'une grosse décharge publique, projet de route internationale à travers la Navarre, projet d'ouverture de carrières, élevage de porcs, construction de pénétrantes urbaines, sans oublier les délices de la route du Somport où durant la fin de campagne un camion espagnol tombait au gave chaque semaine, entraînant d'ailleurs pour l'un d'entre eux une belle pollution. Et c'est bien entendu sur le député sortant que la pression maximale s'exerçait. Partout je fis face sans démagogie ni promesses.

Au soir du premier tour, lorsque je me suis vu en deuxième position derrière le candidat UMP qui me distançait d'un millier de voix, et précédant de sept points le candidat du PS qui disposait d'assez de suffrages pour se maintenir au second tour, j'ai su que c'était gagné. C'était loin d'être l'avis de mes adversaires, et même de mes plus proches amis. Crayon et papier en main, chacun faisait et refaisait ses additions. L'arithmétique me donnait d'autant plus battu que, comme le répétaient les commentateurs, j'avais fait le plein des voix. Ils assuraient aussi qu'un sortant confronté à une triangulaire la perdait toujours. Il n'y avait plus rien à faire, qu'attendre ma défaite et la victoire du candidat UMP. Comme à la présidentielle.

Moi j'étais très fier de cette triangulaire. La formidable équipe qui m'a depuis toujours accompagné était à la manœuvre : calme, sang-froid, détermination tranquille. Parmi eux, mes amis fidèles : André Labarthe, mon attaché parlementaire et directeur de campagne, Marthe, Bernard, Catherine, Lysiane, Maguy, Denise, Jacques, Lémy et tant d'autres encore. Tant d'autres encore, et tous ces nouveaux venus, plus enthousiastes encore que les vieux grognards. Jacky Coumet enfin, mon suppléant, qui pétait le feu. Oui, j'étais fier de cette triangulaire, la seule de France. Je trouvais qu'elle faisait honneur aux Basques et aux Béarnais, à leur irrépressible quête de démocratie et d'engagement. Aussi j'attaquai ce second tour à fond les manettes. Du matin jusqu'au cœur de la nuit, comme je le faisais depuis des semaines, je continuais à arpenter villes, villages et hameaux de cette circonscription montagnarde hors norme qui s'étend sur plus de 200 kilomètres... Inlassablement, de réunion de mairie en rencontre à la salle des fêtes, sans oublier la demi-douzaine de débats dans les radios, télévisions et journaux locaux que nous avons la chance d'avoir gardé en nombre, j'ai continué à expliquer et à expliquer encore le sens de mon combat et les valeurs qui m'habitent ; et continué à ne faire aucune promesse. Je répétais aux électeurs :

« Ce que vous ne savez pas, c'est que là-haut, à l'Assemblée, les grands partis ont mis des colliers électroniques à leurs députés, comme aux ours. De sorte que, quoi que fassent et que pensent beaucoup de mes collègues, où qu'ils aillent, ils restent sous surveillance. Vous les croyez libres ? Vous vous trompez. Ils sont aux ordres. Alors si vous voulez un député qui dise oui à tout, votez pour le candidat UMP. Si vous voulez un député qui dise non à tout, votez pour le candidat PS. Mais si vous voulez un député qui vous ressemble, qui ne vote pas systématiquement pour ou contre, qui examine les textes en fonction de l'intérêt général des citoyens, votez pour moi. Il ne faut pas envoyer des moutons à l'Assemblée, mais des bergers. Et puisque je suis un berger, vous vous doutez bien que je ne serai jamais un mouton. »

La campagne fut propre : correcte mais virile comme il se doit au pays du rugby. J'avançais pas à pas sur mon chemin, retrouvant un état d'esprit que j'affectionne et qui ponctue toutes les étapes décisives de ma vie : l'esprit de résistance. Le soir du second tour, au milieu des miens, à Lourdios-Ichère, dans l'attente des résultats, j'étais serein. Ils finirent par tomber. Je l'emportais de plus de six points sur mon concurrent UMP, et plus encore sur le candidat du Parti socialiste. Entre le premier et le second tour, j'avais gagné près de 8 000 voix. Comme si souvent en politique, pronostiqueurs et arithmétique s'étaient trompés.

J'avais la réponse à la question qui me taraudait depuis si longtemps. Oui, en politique comme ailleurs, la loyauté est une vertu, non une faiblesse. L'aventure continuait donc. Et c'était tant mieux, car il y avait du pain sur la planche.

# 8

## QUEL AVENIR ?

Fin juin, lorsque je suis arrivé à l'Assemblée nationale pour siéger à la session extraordinaire, tout le monde m'interrogeait sur l'attitude que j'allais adopter face à mes ex-collègues de l'UDF aujourd'hui ralliés à la majorité présidentielle sous l'emblème du Nouveau Centre. Pour moi, ce n'était pas un problème.

« Mais, insistaient les mêmes, ils ont bien publié un communiqué invitant à voter pour ton adversaire et te faire battre ! »

Dès que je les ai vus, je les ai embrassés en les félicitant pour leur réélection. Spontanément. Dans le fond je les aimais bien. Et puis de quel droit leur en vouloir ? Ils étaient des élus de la nation tout autant que moi, et nous nous retrouvions dans la même Chambre pendant cinq ans ! Mes chaleureuses embrassades ont réchauffé l'atmosphère. Ensuite quelques-uns sont venus me voir dans mon bureau pour parler de choses et d'autres, prendre des nouvelles de François. Certains m'avaient laissé des messages amicaux sur mon portable pendant la campagne. Je les mettais à leur aise en leur disant : « Dans le fond on est tous des rescapés. » J'ai aussi embrassé les socialistes, et aussi des communistes dont mon copain Dédé le Rouge, député du Puy-de-Dôme, des UMP... J'ai passé une semaine à embrasser la plupart de ceux que je croisais. Ça coupait court aux supputations et aux rancœurs. Dans l'euphorie de la victoire tout le monde est heureux d'être félicité et de féliciter l'autre.

Mais les embrassades ont leurs limites. Je n'ai pas voté la confiance au nouveau gouvernement. C'était bien le moins que je puisse faire. Je n'ai pas voté contre non plus. Seuls les actes comptent, et c'est bien parce que nous feignons de l'ignorer trop souvent que nous nous sabordons. Nous nous jetons à corps perdu dans la communication tout en abandonnant les dossiers les plus lourds aux technocrates alors qu'ils devraient se contenter de nous préparer le travail après commande précise. À cet égard, le pragmatisme et le volontarisme dont le président de la République fait preuve depuis son élection me surprennent plutôt agréablement. On sent chez lui une volonté forte de réimpliquer le politique dans la vie publique. Oh, je reste toujours aussi inquiet à propos de la question européenne, d'autant que le traité ne change pas tellement du projet de constitution rejeté par le peuple, bien au contraire ! La différence ? Cette fois-ci, plus besoin de débat ni d'urnes : le Congrès réuni à Versailles l'avalisera à près de

80 %. Notez bien que c'est exactement ce qu'il avait déjà fait, tout comme le Parti socialiste trois mois avant le référendum de 2005. C'est quand même plus facile sans le peuple... Il n'empêche qu'en flattant la fierté de la France et en voulant réhabiliter le travail, au moins fait-il bouger la réflexion et la pensée. Je suis par contre assez dubitatif devant son besoin effréné de com' et ce qui pourrait être perçu comme une ostentatoire allégeance aux États-Unis, bien éloignée de l'attention sourcilleuse que portait à cette indispensable relation le général de Gaulle tout comme ses successeurs. Est-ce l'état de grâce dont bénéficie tout président ? Les Français verront à l'usage ce que donne cette omniprésence à la fois sympathique et vaguement inquiétante ; ils verront s'il s'agit d'un mirage ou s'il existe une réalité derrière. Mais indiscutablement il se passe quelque chose à quoi on n'avait plus assisté depuis 1981 et la première élection de François Mitterrand. Ensuite, le second mandat socialiste, puis les deux élections de Jacques Chirac, malgré le caractère triomphal et unanimiste de la seconde, n'ont pas constitué les électrochocs dont la France avait l'impérieux besoin.

Quelle énigme que Jacques Chirac ! Ses deux mandats à la tête de l'État, précédés de tant d'années dans des postes ministériels ou à Matignon, me laissent l'arrière-goût amer d'un rendez-vous manqué. Pourtant, au départ, il y avait chez cet homme plus que le banal appétit de pouvoir, moteur de tout animal politique. Jacques Chirac a désiré la France comme peu d'hommes politiques l'ont désirée, à la façon dont on peut désirer une femme si séduisante qu'elle en devient inaccessible. Mon impression est que, l'ayant enfin obtenue, il n'a pas su lui parler, la caresser, la rendre fière d'elle-même. Il est passé à côté de ce qui aurait pu être une formidable histoire d'amour, ce qu'aucun autre président n'avait osé envisager. Les autres s'inscrivaient plus dans une domination machiste, jouaient aux mâles sûrs d'eux face à Marianne, ou bien lui faisaient la cour à la manière d'un Don Juan. Mais Chirac, lui, aimait la France d'une façon charnelle, de toutes les fibres de son être. Les Français ne s'y sont pas trompés, puisque, amis ou adversaires, tous le trouvaient chaleureux et sympathique. Mais cet homme si à l'aise dans la fraternité et la complicité amicale semblait inhibé en amour. Son erreur, à mes yeux : croire que si l'on devient copain avec les 60 millions de Français on est capable de diriger le pays. Sans doute n'a-t-il pas compris la solitude que l'amour de la France impose, ce face-à-face angoissé et formidable qui permet au chef de l'État de comprendre ce que les autres ne devinent même pas. Chacun à leur façon, de Gaulle, Giscard au début, Mitterrand jusqu'en 1984, ont su capter ce moment fugitif. Et avec quel succès ! Tous, durant des périodes variables, furent de grands présidents. Je crois que Jacques Chirac est passé à côté. D'où quelques-uns de ses revers infortunés. Tout au long de sa carrière, il a voulu s'occuper de l'agriculture, caressant le cul des vaches dans les comices, blaguant avec chacun, arrachant à Bruxelles des compensations financières. Résultat : la France est passée de 2 millions de paysans à 750 000. La culture et l'élevage intensifs ont ramassé des milliards de subventions tandis que la paysannerie traditionnelle se fanait.

En politique étrangère, il a connu quelques beaux succès et n'a jamais mieux parlé de la France et de ses valeurs que lorsqu'il voyageait loin de nos frontières ; sans doute est-il plus facile d'évoquer la femme que l'on aime devant des tiers que de s'adresser à elle. Face aux États-Unis, il a tenu ferme sur la guerre en Irak et redonné voix à la France dans le concert des nations. Elle lui en a été très reconnaissante. Quant aux autres puissances, elles ont retrouvé avec bonheur la France de toujours, celle qui sait envoyer des signes forts à l'humanité tout entière – je pense en particulier au formidable discours de Dominique de Villepin devant le Conseil de sécurité de l'ONU. Mes nombreux voyages à l'étranger dans le cadre de l'Association des populations des montagnes du monde me l'ont confirmé aux quatre coins du globe. Jacques Chirac a aussi su, au tout début de son mandat, alors que la tâche ne lui avait pourtant pas été rendue facile, achever les essais nucléaires, nous confirmant ainsi dans le carré des rares nations capables de peser sur la paix du monde. Quelques coups de gueule fracassants et efficaces jalonnent ainsi ses mandats ; il s'est engagé sans compter en faveur de la lutte contre le cancer, pour la sécurité routière, dans la lutte contre la pauvreté et pour le développement à trouver la très sympathique taxe sur les billets d'avion... Chaque fois qu'il se retrouvait lui-même, il a été à la hauteur, et ses propos ont été suivis d'effets. Il est dommage que de tels moments aient été si rares et que cette énergie tatillonne et débordante qu'il consacrait, dit-on, à retravailler jusqu'au moindre mot de ses discours, il ne l'ait pas mise au service d'une action plus ambitieuse au lieu de la cantonner à de simples paroles.

Il a eu de vraies intuitions, mais récupérées par des causes dont il ne saisissait pas toujours la néfaste portée. Nul ne peut nier, par exemple, que son discours de Johannesburg sur l'état de la planète était empreint de grandeur. Mais il n'a pas su mettre la préoccupation écologiste dans le bon sens, mêlant trop souvent causes et effets, ni voir que les proclamations de maints lobbies servaient trop souvent les intérêts de la mondialisation capitaliste. Lui, le fervent démocrate, n'a pas perçu combien ces mêmes lobbies étaient parvenus à le placer sous influence, le faisant approuver des ukases dont certains relevaient d'une démarche autoritaire, pour ne pas dire totalitaire. Personnellement, sa décision de réintroduire cinq ours dans le massif des Pyrénées par la force, en humiliant tout un peuple et en dédaignant un électorat qui lui avait toujours été aussi fidèle, restera pour moi un très grand mystère. Comment cet homme a-t-il pu se laisser gruger à ce point ?

L'homme restera une grande énigme. Il s'est tellement retenu, a tellement contré sa propre nature, qu'il a fini par en changer. De Gaulle disait : « Il n'y a rien de pire que quand la France s'ennuie. » Sous Chirac, la France s'est ennuyée plus souvent qu'à son tour en se traînant d'une élection à l'autre, s'amusant un temps de ce jeu pervers inventé par Mitterrand et que Chirac a également été contraint d'expérimenter en se plaçant de l'autre côté de la barrière : la cohabitation. Les Français l'aimaient bien car il leur ressemblait. Pas seulement par une certaine faconde fleurant bon le dortoir de service militaire, mais par l'angoisse. Ce faux décontracté sans sérénité intérieure a véhiculé des tonnes d'angoisses personnelles. Sa moindre apparition à la télévision nous en apportait la preuve : gestes brusques, lapsus, sourires crispés, tics de langage, agitation mal contrôlée, mouvements d'exaspération, volonté constante d'expliquer les choses, de distribuer des bons et des mauvais points, de justifier l'action de son gouvernement, d'affaiblir ses ennemis et de descendre ses amis... un tel homme ne pouvait être apaisant, car il n'était pas apaisé.

Toute cette vitalité qui bouillonnait en lui, ces tonnes de puissance qu'on le sentait capable de mobiliser soudain, il les déployait finalement sur le seul terrain où il se sentait à l'aise : celui d'une campagne électorale. Là il savait foncer, recevoir des coups et en donner, conquérir l'opinion, promettre la lune avec un aplomb dont on ne savait trop s'il lui venait d'un cynisme bonhomme ou d'un reste d'esprit ludique venu de sa lointaine enfance. Quelques siècles plus tôt il aurait fait un formidable conquistador : prendre d'assaut des villes, ruiner des empires, en construire d'autres, découvrir de vastes terres vierges, les mettre en coupe réglée en grand prédateur anarchique qui dicte sa loi aux princes... Il lui fallait la conquête, non les périls, devant lesquels il se retrouvait démuni, la tête hantée de scénarios aussi divers et contradictoires que dangereux, hésitant jusqu'à douter de lui-même, et alors capable des plus grands revers au seul motif de « tenter un coup ».

Sans doute Jacques Chirac rentrera-t-il dans la légende, car il fait déjà partie du cercle très restreint des hommes que les Français ont détestés, puis aimés, avant de s'en détourner. Mais je demeure persuadé qu'il méritait mieux, et qu'il a finalement raté de peu la vraie légende, la noble, celle qui accueille en son panthéon les très grands hommes d'État, celle dont le pouvoir était si prêt de lui ouvrir les portes. Sans doute cette époque de transition entre deux mondes a-t-elle desservi son action et fut-il plus victime du cours des choses qu'artisan du combat qui aurait pu les modifier. Mais quel homme d'État, de droite comme de gauche, en France comme à l'étranger, a fait mieux que lui ? Les autres ne semblant même pas en mesure de comprendre ce qui se jouait dans cette période dramatique. L'entreprise que Chirac n'a pas su ou pu mener, qui d'autre que lui l'a vraiment conduite ?

Je n'ai jamais eu l'honneur de parler avec lui, si ce n'est lorsqu'il me sauva la vie au cours de deux entretiens téléphoniques au travers desquels je ressentis tant de sincérité et de sympathie. Là aussi, j'aurais voulu plus et mieux ; pouvoir l'approcher, le connaître, le comprendre, car j'ai voté pour lui à plusieurs reprises, et notamment deux fois lors des présidentielles. Je n'ai en effet pas compris qu'il laisse en l'état le formidable projet de conférence intergouvernementale sur l'avenir de la montagne. L'Association des populations des montagnes du monde, aidée par une demi-douzaine de ses ministres, l'avait pourtant préparé sur mesure pour Jacques Chirac, président d'une France au caractère universaliste. Il avait là le premier la possibilité de donner un signe de réalisme et d'humanité au village mondial. Car à mes yeux le paradoxe de son long règne est total : cet homme qui exécrait le grand capitalisme, qui a longtemps rêvé d'une France aux doux relents de IIIe République, ce président paterne qui aimait la charcuterie de comptoir et les remises de médailles, a assisté impuissant, durant ses douze années de mandature, à l'une des formidables montées en puissance que le capitalisme ait jamais connue. Telles sont les forces et les faiblesses du vieux fond de sauce radical-socialiste dans lequel Jacques Chirac a voulu mitonner sa politique. Résultat : face à ces deux périls que sont la mondialisation du libéralisme et la technocratisation du pouvoir, il n'a pu que brancher le pilotage automatique et laisser les choses se faire sans lui. Mais comme le personnage n'a pas le cynisme désinvolte de son prédécesseur, il vécut cette situation comme un cauchemar. Face à des événements qu'il n'approuvait pas mais était incapable de contrer, il ne put que répondre par un laisser-faire angoissé. La perspective de se retrouver empêtré dans un processus européen, qu'au fond de lui-même il n'avait jamais voulu, n'a rien arrangé. Aussi Jacques Chirac a-t-il été souvent contraint d'accomplir les choses à contrecœur. Il a voté pour le traité de Maastricht quand tous ses amis votaient contre, une blessure qui a mis longtemps à cicatriser. Convaincu que son Parlement ne correspondait plus à l'état réel de l'opinion, il l'a dissous, avec une certaine bravoure, perdant ainsi une Chambre qui lui était acquise et s'empêtrant encore un peu plus dans sa propre impuissance.

Une impuissance d'autant plus grave qu'elle dure pratiquement depuis une génération, remontant en deçà des deux mandats de Jacques Chirac, aux années 1984-1985. C'est à cette époque que François Mitterrand, après un début de septennat flamboyant et prometteur pour lequel j'ai éprouvé une sincère admiration, fit litière de tout volontarisme et désavoua la politique engagée pour se mouler dans le libre-échangisme européen et mondial. Par la suite, il aurait fallu être bien naïf pour imaginer que les cohabitations en série constitueraient de grandes périodes de réveil politique. Malheureusement pour nous, le monde a plus changé durant ces vingt années d'atonie française que depuis des siècles.

*

Il est grand temps que la politique et ceux qui la servent retrouvent ses principes fondamentaux. Qu'outre les vertus dont ils doivent faire preuve, honnêteté, fidélité, courage, ils s'appuient sur ce qui, de tout temps, a construit la vie des hommes et des sociétés : l'histoire et la géographie.

L'homme d'aujourd'hui a trop oublié la géographie, ses permanences, les leçons qu'elle lui donne, les rendez-vous qu'elle lui impose. C'est elle qui crée les rencontres, bonnes ou mauvaises, entre les hommes, et décide le plus souvent de leurs choix. Il y a des sites sur lesquels de tout temps les hommes se sont installés, ici parce que coule un fleuve, là parce que s'étend un plateau bordé de collines, mais le plus souvent parce qu'il s'agit d'un lieu charnière offrant des possibilités de rencontres et d'échanges. C'est en considération de tels principes que Pierre Rémy, homme de conviction, visionnaire déterminé, un des leaders du syndicalisme agricole dans les années soixante, eut l'idée de créer une association nationale des élus de la montagne. Ensuite elle s'est élargie à l'Europe, puis au monde entier. Ainsi est née l'Association des populations des montagnes du monde.

Cette dernière est composée à la fois d'élus nationaux ou locaux, de chefs de communautés, de grandes ONG à dimension mondiale et d'experts engagés. Tout citoyen peut aussi y adhérer librement. Son objectif est aussi simple qu'ambitieux : redonner une voix et un horizon aux populations des montagnes du monde dans le jeu complexe et transversal du monde d'aujourd'hui. Le territoire des montagnes représente tout de même 35 % des terres émergées de la planète et accueille encore plus de 1,5 milliard d'habitants. Il s'agit bien là de l'un des sujets les plus sensibles de notre temps, car la montagne est aussi le sein maternel de la planète, avec les plus grandes réserves d'eau naturelle, de chlorophylle, de biodiversité, de paysages, d'air pur et de misère... La montagne a été la mère d'un si grand nombre de cultures, de langues, de savoir-faire ! Sa singularité : dès qu'il y a du relief, les conditions de vie des hommes changent complètement. Le climat est plus rude, les déplacements plus longs, les conditions de travail plus fatigantes, en un mot la vie y devient plus ingrate qu'ailleurs. Toutes ces raisons expliquent pourquoi, en Europe comme ailleurs, les habitants des montagnes sont les premiers à avoir déserté leur région pour s'entasser dans des villes tentaculaires. C'est une loi générale. Les montagnards sont pacifiques. Pourtant, la plupart des conflits armés recensés aujourd'hui à la surface du globe trouvent leurs racines sur des territoires montagneux. La montagne constitue souvent la frontière entre deux pays. Elle accueille et cache le général défait dans la plaine tout comme le leader minoritaire à la recherche de son destin. Il était donc grand temps de redonner une voix à ceux qui depuis si longtemps y vivent et la font vivre, au lieu de toujours laisser les autres s'exprimer à leur place et piller leurs ressources sans jamais apporter ni contrat ni compensation. Si cette aventure hors norme fait son chemin, elle éclairera peut-être l'humanité dans sa quête d'une nouvelle organisation, comme me l'avait murmuré le pape Jean-Paul II la seule fois où je l'ai rencontré et lui ai expliqué ce que nous avions entrepris. Lui au moins avait tout compris, et tout de suite. Les hommes des hautes terres sont malheureusement suivis dans leur exode (leur exil ?) par ceux des plaines, et, quand les villes de proximité sont à leur tour bourrées à craquer, elles s'exportent elles-mêmes. Tant que ce phénomène n'affectait que de petits pays, le mal restait limité. Mais il concerne maintenant tous les continents et de vastes territoires aussi peuplés que l'Inde, la Chine, le Pakistan, d'autres encore.

Je suis étonné que si peu de personnes prennent conscience de cette réalité glaciale et aujourd'hui inexorable, alors qu'il faudrait de toute urgence agir sur un double front : encourager tous ces hommes à rester chez eux et les aider à y reconstruire les moyens d'y vivre dignement pour eux et leus enfants. C'est ce à quoi s'emploie notre association. Lorsque pères et mères déplorent à la fois le départ de leurs enfants et s'en réjouissent car ils n'ont connu jusqu'ici que la guerre et la misère, nous leur donnons notre point de vue avec la plus grande franchise.

« Vous vous trompez, la vie n'est pas meilleure dans les villes, au contraire. Il faut que vos enfants découvrent le monde puis reviennent sur leur territoire. Vous ne savez pas ce que sont ces villes d'aujourd'hui. Eux non plus. Ils en entendent parler, mais lorsqu'ils découvriront la vérité, ils comprendront. »

J'ai parfois le sentiment de revivre les débats de ma jeunesse et d'entendre mon père s'exprimer par ma voix. Comme il me le répétait, et comme je le répète à tous ceux que je rencontre dans ces pays vidés de leurs fils :

« Il faut maintenir la porte ouverte. Parce qu'un jour ceux qui sont partis doivent pouvoir revenir. Mais si toutes nos maisons sont tombées en ruine, ou si l'âme qui habitait une telle communauté a été remplacée par des gens venus en résidence secondaire, ce ne sera plus le même pays. Oui, tenir la porte ouverte ; que des gens du pays restent. Et si l'on vous accuse de vivre au crochet des gens des villes et de leurs subventions, moquez-vous de telles paroles. Vos maisons et vos villages entretenus avec goût donneront un jour envie à nos frères partis au loin de revenir et d'amener leurs enfants et d'autres gens encore. Veillez sur vos métiers, qu'ils soient maintenus et valorisés. Que le savoir-faire ne meure pas. Parce que les métiers qu'on fait chez nous ne s'apprennent pas en une génération. Grâce à l'école n'importe qui ou presque peut devenir avocat, médecin ou ingénieur. Mais pas berger. Il lui faut une connaissance ancestrale et intuitive du troupeau, sinon les bêtes disparaissent, elles attrapent des maladies mystérieuses et difficiles à soigner. Et si ces mille traditions et savoirs accumulés ne disparaissent pas, un jour les enfants voudront et pourront refaire le métier d'antan en l'adoptant aux réalités de notre temps. Ces enfants seront des greffes qui prendront. Tant qu'un arbre a gardé ses racines, même s'il a été touché par la tempête, on peut le greffer et faire pousser des fruits. Mais si les racines sont touchées, il faudra planter un petit arbre et attendre des décennies pour que le chêne grandisse. De toutes nos forces il nous faut empêcher que cet exode massif ne devienne irréversible, empêcher qu'un jour le dernier homme du village ne parte en refermant la porte derrière lui. Étrangement cet homme en tirera fierté parce qu'il aura été celui qui aura tenu plus que les autres. Et qui retourne dans la maison du mort quand le fossoyeur est passé ? »

Je vois se profiler, comme d'autres l'écrivirent à la fin du siècle dernier puis dans les années trente dans des conjonctures économiques capitalistes étrangement ressemblantes à la nôtre, le risque d'une nouvelle guerre mondiale. Oh, fort heureusement, nous avons encore les moyens de nous reprendre et de gérer cette terrible crise mondiale de manière pacifique ! Mais il est moins cinq. Encore une fois, il est impératif que le pouvoir politique se reprenne. Car celle-ci ne sera pas uniquement l'affrontement de quelques nations les unes contre les autres mais verra la révolte des pauvres, des affamés, des déracinés, lesquels représentent désormais la partie la plus importante de l'humanité, contre le monde de la richesse et de la prospérité – 1 milliard d'hommes. Les déplacements de population ont pris une ampleur telle qu'il n'en existe aucun précédent dans l'histoire. Quand Nicolas Sarkozy parle d'immigration choisie, il rêve. Le terme d'« immigration » lui-même n'est plus adapté. Il s'agit d'une vague déferlante qui agite la planète entière, et vouloir dresser des digues pour seulement la freiner relève d'un désir chimérique. D'autres prétendent qu'il faut aider ces gens-là. Mais comment ? En leur donnant quelques euros ? Bien sûr, il faut le faire, mais l'essentiel passe par une prise de conscience : celle de leur manière de vivre ou de ne plus vivre. Pour cela il faut approcher ces populations, étudier leurs problèmes, s'inspirer de ce qui a pu être fait ailleurs, les instruire, inventer avec eux des solutions ; là aussi, privilégier la modestie de l'écoute et la finesse de la médiation. Le but étant de détecter des talents, puis d'apporter sur place à ces garçons et ces filles des formations pour leur apprendre à communiquer avec leurs concitoyens et à élaborer un programme de développement qui leur soit adapté. L'ONU, le FMI, la Banque mondiale, l'OMC, mais surtout intellectuels et décideurs doivent immédiatement s'emparer de ce problème. Cessons de déraisonner : la pollution de la planète n'est pas la cause mais la conséquence d'un phénomène beaucoup plus grave – celui que je viens de tenter de décrire. Mobilisons-nous pour aider ces hommes à retrouver leur pays, à le réinvestir. À se le réapproprier plutôt que de le quitter ou de laisser le soin à d'autres d'accaparer leurs biens ou d'établir partout des parcs nationaux – on en compte actuellement 47 au Venezuela. Travaillons avec eux à l'élaboration de leur propre développement local. Il y a là un filon exceptionnel pour tant de jeunes de chez nous ou d'ailleurs qui rêvent de faire quelque chose de leur existence, qui rêvent d'entreprendre, de créer, donnant ainsi un sens à leurs vies désœuvrées et sans perspectives. Oui, il y a là un filon, un filon honnête. Un vrai dessein pour l'humanité. Et que de perspectives pour demain, que de possibilités d'échanges équitables, de commerces nouveaux, basés sur le respect de l'autre ! Imaginons le dispositif qui leur permettra de s'organiser par régions entières. Nous avons besoin de leurs bras, ils ont besoin de notre savoir-faire.

On l'aura compris : au bout du compte je n'aime pas les parcs nationaux (sauf quand j'en préside un !) et autres réserves naturelles imposées tant vantés par les écologistes de tout poil. Outre qu'ils sont l'expression d'un mensonge hypocrite, car j'aimerais savoir ce qui resterait du respect de l'environnement si l'on découvrait un jour dans un parc national une mine d'or ou un champ pétrolifère, ils ne servent à rien. Seuls les arpentent ceux qui ont déserté des terres semblables et en gardent la nostalgie. Il reste qu'aujourd'hui où tous les pollueurs de la planète continuent à polluer en toute quiétude, ceux qui se prétendent « écologiquement corrects » ont trouvé une astuce extraordinaire : flatter la nature restée vierge partout où on peut la voir, sauvegarder à tout prix ces espaces immenses, réservoirs d'oxygène, de pureté et d'émotions authentiques pour que tous ces gens entassés, stressés, pollués, puissent par le rêve venir s'y refaire une santé. C'est une folie furieuse. Toute la pensée écologique officielle et notamment la très fameuse protection de la biodersité sont aujourd'hui fondées sur cette base : ne pas s'en prendre à celui qui pollue mais à celui qui continue, peut-être maladroitement parfois, à vivre sur place ; le rendre responsable de la dégradation de la nature en lui expliquant qu'en ville on sait mieux la protéger. Ce serait risible si ce n'était tragique.

TROP VRAI

L'humanité aborde donc un tournant qui peut être enthousiasmant ou terrifiant selon les décisions que nous allons prendre ou ne pas prendre. Aujourd'hui, ce mouvement effrayant et qui paraît à beaucoup d'entre nous inévitable, ces migrations rurales concernent l'humanité entière et non plus quelques pauvres paysans français chassés de leurs terres par le phylloxera ou quelques paysans américains expulsés par la crise comme les décrivait John Steinbeck dans *Les Raisins de la colère.* C'est un raz de marée qui, d'après les prévisions des experts, aura balayé dans les quinze ans à venir les trois quarts du monde des campagnes au profit des villes. Ce mouvement de population sans précédent dans l'histoire de l'humanité s'amplifie de manière si irrésistible que dans les vingt ans à venir 70 % des individus de la planète devraient alors vivre sur 20 % ou 30 % du territoire. Les villes de 40 ou 50 millions d'habitants seront devenues monnaie courante. Et comme ces villes ont été conçues pour fonctionner avec 5 millions d'habitants, et non dix fois plus, rien ne marchera. Tous les systèmes d'eau, de gaz, d'électricité, la voirie, les égouts, les postes et les télécommunications, qui dans l'intervalle auront été privatisés, seront réservés aux riches qui vivront enfermés dans des sortes de nouvelles forteresses. Le monde reviendra alors à une situation primitive, sauf que les miséreux découvriront à la télévision des images de rêve, des situations mirifiques auxquelles ils sauront que jamais ni eux ni leurs enfants n'accéderont. J'ignore comment on gérera ce vaste désordre mondial. Mais de ce chaos un mal immense peut sortir à tout moment.

Je sais bien que notre combat, à l'Association des populations des montagnes du monde comme ailleurs, ressemble à celui du pot de terre contre le pot de fer. Mais toutes les résistances commencent ainsi. Tout acte de refus est fondateur d'une nouvelle démarche : non, le monde, ce n'est pas ça. Les représentants de l'association ne cessent de le répéter à tous les niveaux de leur action. En ce moment ils aident le président Evo Morales à élaborer la nouvelle Constitution bolivienne. Ils se trouvent confrontés à deux aspects. D'abord la Bolivie possède une faible culture en matière de droit constitutionnel, ensuite le régime au pouvoir se revendique comme révolutionnaire.

Pas facile, dans ces conditions, de construire un texte crédible et efficace ! La solution qui paraît se profiler mêlerait des éléments empruntés à la Constitution française, parce qu'elle place l'État dans un rôle modérateur et permet d'équilibrer les forces politiques ; mais aussi à celle de l'Espagne qui laisse de grandes marges de manœuvre à certaines provinces. La Bolivie seule ne peut pas grand-chose. Il lui faut envisager de travailler avec les pays voisins, aux yeux desquels à son tour elle sera porteuse d'un mouvement progressiste. Je souhaite vraiment qu'Evo Morales, qui m'a invité à son investiture, réussisse. Il marque, cinq cents ans après, la sortie des Indiens de leurs réserves.

Voilà un exemple de ce que nous accomplissons dans notre association. Nous tentons d'y fédérer toutes les ardeurs en protégeant toutes les identités. Nous ne nous limitons jamais à une intervention de type humanitaire ou médicale. Bien sûr nous travaillons avec des ONG ou la FAO et nous en sommes heureux ; mais en remettant de l'humanité au cœur de cette action autour et en essayant d'instaurer une responsabilité étatique organisationnelle. Nous nous refusons à tendre des euros aux pauvres et à rentrer chez nous, bonne conscience en bandoulière. Ainsi en cinq ans seulement, avons-nous réussi à créer nos réseaux aux quatre coins de la cordillère des Andes, ou de l'immense Himalaya, mais aussi dans les montagnes subsahariennes, et surtout chez nos voisins kabyles. Ou encore chez nos amis les Touaregs, pourchassés de toutes parts.

Et l'on retrouve partout, la même chaleur humaine, le même amour de la terre appelée mère, le même sentiment d'abandon. Et les mêmes espoirs aussi qui reviennent en boucle, la même quadrature du cercle enfin dès lors qu'il faut répondre à des questions tellement effrayantes que nul n'ose les poser. Exemple : savoir si l'on doit ou non continuer à planter l'antique fleur de coca qui a permis à des générations successives, pendant des siècles, de se maintenir en vie, ou l'éradiquer parce que des criminels sans âme l'ont transformée en effrayante substance de mort, capable de venir empoisonner jusqu'à leurs enfants.

*

Pour l'homme politique, parler aux foules est l'activité la plus facile qui soit au monde ; et parler aux gens, la plus difficile. Car la parole est évidente lorsque le tribun s'adresse à une foule. En parlant à tout le monde, il ne s'adresse à personne en particulier ; sauf à lui-même. Il parle pour lui, il s'enivre de ses mots devant une masse qui l'applaudit, parfois il ose une improvisation, un envol lyrique, une confidence. C'est magique, tout marche. Il s'admire. Il ne doute d'aucune des réponses à apporter aux questions, puisqu'il les pose lui-même de façon purement rhétorique. Il se trouve dans la position merveilleuse d'un acteur qui écrirait son propre texte et ferait son numéro devant une salle tellement conquise d'avance qu'elle l'acclamerait avant qu'il n'ait prononcé le premier mot de son discours.

Tandis que parler à une, deux ou trois personnes, c'est beaucoup plus compliqué. Diversité des interlocuteurs, échange, comprendre l'autre, tenter de le convaincre... J'écoute, je dois réagir à des propos que je ne peux prévoir, comme celui qui me fait face à son tour réagit aux miens. L'échange avec l'autre n'est jamais donné d'avance. Il se construit au fur et à mesure des paroles. Deux qualités y sont impérativement requises, le respect de l'interlocuteur et la sérénité ; parce que la sérénité appelle la sérénité, et que la sérénité engendre la confiance, en soi et en l'autre. Rien à voir donc avec la parole du tribun, qui est d'autant plus efficace qu'elle préfigure le futur pouvoir dont cet homme va être investi ; il lui faut être forte. La parole à taille humaine doit contourner toute stratégie de prise de pouvoir. Elle doit être modeste.

J'ai personnellement vécu une aventure que je n'oublierai jamais tant elle a été riche. Ce fut lors d'un de ces voyages qu'on appelait pudiquement « d'études » et qu'organisaient tous les ans nombre de conseils généraux en France. Le nôtre n'y dérogeait pas. Ces voyages à l'étranger ne manquaient pas d'intérêt, bien qu'ils fussent systématiquement dénoncés par *Le Canard enchaîné*. La première décision de François Bayrou, élu président du conseil général, fut d'ailleurs de les supprimer.

L'un d'entre eux nous avait conduits aux États-Unis. De passage à New York, le guide nous parla longuement de Harlem, du Bronx, et des multiples périls que présentaient ces quartiers. De nombreuses lectures sur le sujet me revinrent en mémoire. Je conçus de suite l'irrépressible nécessité de m'y rendre seul la nuit qui suivait. Découvrir le Bronx seul ! Je ne pouvais pas rater ça. Aussi, après le dîner officiel, je pris un taxi et lui signifiai la destination. Il faisait chaud et j'étais seulement vêtu d'une chemise blanche dans la poche de laquelle j'avais glissé un billet de cent dollars. Soudain le taxi s'arrêta et le chauffeur, en proie à une agitation évidente, se mit en peine de m'expliquer qu'il lui était impossible d'aller plus loin. Il est vrai que mes connaissances dans la langue de Shakespeare ont toujours été très limitées : je sais compter jusqu'à 10, dire « *Welcome* », demander l'heure... et c'est à peu près tout. Il sortit de son véhicule et je compris qu'il me demandait de m'en retourner avec lui. Les explications qu'il ponctuait de gestes expressifs me confirmèrent les dangers de cette promenade. Je le payai et continuai ma route à pied. Le chauffeur me regarda m'éloigner durant de longues minutes puis finit par disparaître. Je marchai trois kilomètres au moins et, à mesure que j'avançais, l'ambiance devenait de plus en plus insolite. Tout au long de la rue, des tas de pneus brûlaient, répandant une épaisse fumée noirâtre et une forte odeur de caoutchouc. Les mines se faisaient de plus en plus patibulaires et les « filles de joie » (si j'ose dire) de plus en plus insistantes.

Il était près de minuit lorsque, assoiffé, j'entrai dans l'un des nombreux débits de boisson aux enseignes criardes. L'intérieur était proprement saisissant. Je m'emparai d'un des rares tabourets qui restaient libres juste devant le bar. Je commandai une bière et jetai un œil discret sur mes voisins. C'était tout aussi saisissant. On m'apporta ma bière, je me précipitai dessus : mais avant même d'avoir le temps de la porter à mes lèvres, une main s'en empara prestement. Je ne bougeai pas et sentis dans mon dos la présence aussi rapprochée que pressante de quelques individus. L'homme qui avait pris ma bière m'empoigna et me fit faire un quart de tour sur mon siège. Je me retrouvai face à lui. Il portait une casquette de travers, mais je n'eus pas le temps de le détailler plus avant car il vida la bière sur ma tête et brisa le verre contre le comptoir. Je m'essuyai les yeux et le vis en compagnie de deux comparses. Je réalisai alors qu'à l'image des milliers de personnes que je venais de côtoyer chemin faisant, ils étaient de couleur. Ils étaient coiffés comme lui. Leurs yeux étaient exorbités : je croisai le regard de celui qui venait de me rafraîchir, aussi acéré que le rasoir qui pendait à son cou. Il me parut judicieux de ne pas soutenir davantage ce regard et recommandai une autre bière en indiquant au barman, qui m'observait d'un air abattu, que, ce coup-ci, il m'en fallait *« four »*. Je sortis mes billets et en posai un sur le bar. Profitant du moment d'incrédulité que je crus percevoir chez mes tout nouveaux compagnons, je leur donnai une bière à chacun en souriant. À ma grande surprise, ils la prirent et, dans un même mouvement, nous trinquâmes ensemble. L'un d'entre eux s'y refusa cependant et allait engager sa bière dans la même direction que la première que j'avais commandée. Mais mon premier interlocuteur l'en empêcha en lui retenant la main. Il se mit à parler nerveusement et je lui fis signe que je ne comprenais rien. *« French, french ! »* leur répétai-je doucement.

Leurs regards avaient baissé d'intensité, alors je bus très lentement et l'un d'entre eux fit de même. Je commençai à les regarder plus franchement en souriant toujours. La tension restait vive. Lorsque nous eûmes terminé nos boissons dans cette ambiance intenable, à ma très grande surprise mon interlocuteur repassa commande. Je ratai de peu une seconde aspersion mais la même main s'interposa à nouveau. Manifestement, l'attitude de cet homme changeait à mon égard. Il me prit par le bras et me fit signe de le suivre. Nous sortîmes tous les quatre mais eux stoppèrent net sur le trottoir. Je continuai à marcher quelques instants, puis me retournai très naturellement vers eux. Ils m'épiaient et avaient retrouvé leur expression mauvaise. Je revins sur mes pas et pris par le bras celui qui avait pris le mien à l'intérieur. Je le sentis se cabrer. Il hésitait sur la conduite à adopter. Je lui souris de nouveau et tirai un peu plus fort. À mon grand soulagement, il suivit, d'un pas très incertain d'abord, plus assuré ensuite, tandis que j'éclatais de rire.

Ils me guidèrent toute la nuit dans l'une des plus incroyables visites que j'aie faites de ma vie. Je découvris donc ce Bronx comme je n'aurais jamais rêvé de le faire, et ce que j'en vis resta à jamais gravé dans ma mémoire. À 6 heures du matin, aux premières lueurs de l'aube, je leur indiquai, en pointant ma montre, que je devais rentrer. Ils insistèrent pour une visite supplémentaire et me raccompagnèrent pratiquement à l'endroit où le taxi m'avait laissé quelques heures plus tôt. Malgré leur refus, je leur notai sur un bout de papier mon adresse et pris congé d'eux après des accolades libérées. J'ai compris ce jour-là que, à condition de ne jamais perdre son sang-froid, d'avoir beaucoup d'envie et une solide baraka, on pouvait entrer en contact et vivre une expérience *a priori* impossible.

La pratique du tout petit comité n'est pas chose facile... Si l'on remettait au goût du jour les veillées funéraires, on s'en rendrait compte. J'en ai vécu de nombreuses, puisque chez nous c'était la tradition. J'avais observé comment mon père s'y comportait, quel poids humain il apportait à de tels moments pour qu'ils soient supportables. Quatre ou cinq personnes viennent tenir compagnie aux proches du défunt. S'il s'agit d'un ancien, mort à 90 ans, la difficulté n'est pas extrême. La surprise et la douleur passées, chacun évoque ses souvenirs, les traits de caractère du défunt, et bientôt les anecdotes fusent, racontées parfois avec humour, toujours avec tendresse. La douceur baigne de tels moments, entre nostalgie et émotion. Mais si l'on pleure le fils de 20 ans mort dans un accident de voiture, c'est autre chose. Que dire à ces parents foudroyés de chagrin ? Vous verrez, ça ira mieux demain ? Alors personne ne dit rien, et chacun fait l'apprentissage que beaucoup de choses passent dans le silence, par la simple proximité des corps, par ce temps donné à la douleur des autres. Les minutes s'écoulent. Au bout d'un moment, il se produit l'incroyable. Quelque chose se libère. L'un évoque le défunt avec un souvenir particulièrement touchant, et peu à peu la famille reprend pied. Elle découvre que le meilleur de ce jeune mort est toujours là, parmi eux, inscrit dans leur histoire. Ce sont toujours les moments les plus heureux qui reviennent. Mais ils ne peuvent revenir que si les personnes présentes sont authentiquement elles-mêmes, parviennent à effacer l'immense trac qui les envahit, libèrent une vraie parole. À cet égard, j'ai toujours été très admiratif devant la force et le cœur dont peuvent faire preuve les prêtres. Il m'est arrivé de fermer les yeux au début de certains offices funéraires tellement j'avais peur à leur place, puis de trouver progressivement espoir et réconfort dans leur parole, leur présence, la justesse de leur attitude. Et je ne pense pas là seulement aux paroles religieuses qu'ils pouvaient tenir, mais simplement à la formidable capacité humaine qu'ils possédaient de gérer l'émotion, de la bonifier peu à peu, de faire reculer l'horreur du chagrin pour laisser place petit à petit, en le laissant entrevoir, à la douceur du souvenir ; à la force du souvenir.

De ces moments existentiels forts, que peut-on tirer pour l'exercice de la politique ? J'aime le rôle tenu par les maires. Le maire crée au jour le jour du lien, entretient, favorise, il est peut-être le dernier à le faire encore, l'intégration. Je souhaite de toutes mes forces que la France, au fond si singulière, sache garder longtemps et longtemps encore ces 36 000 maires qui constituent aujourd'hui l'un des derniers remparts humains qui cultive encore un semblant d'équilibre. Encore faudrait-il leur en procurer ou les aider à s'en donner les moyens. La seule vraie responsabilité du maire, c'est précisément la responsabilité. Il est responsable de tout ce qui ne va pas et, si un jour survient un grand malheur dans sa commune, il n'est pas sorti de l'auberge. Après des années de procédure qui blanchiront successivement les ministres (déjà sous d'autres cieux), puis les hauts fonctionnaires, c'est finalement sur lui que s'abattra la condamnation. Et au pénal, s'il vous plaît !

Mais de ces moments existentiels forts, que peut-on tirer encore ? Une capacité à se reparler. Avec l'immense défi que cela constitue, parce qu'on n'a plus les mots pour échanger. Passé les rituels « bonjour, bonsoir », parler a toujours été très difficile. Par rapport à d'autres, j'ai eu la chance de vivre dans une société où la discussion s'installait spontanément : « Adieu, comment vas-tu ? » Et puis la conversation s'engageait. Trente ans plus tard, je me rends compte que même chez moi, dans le village, cette parole est devenue plus difficile. Les hommes sont saisis par la rapidité de la vie, par le sentiment aussi que parler fait perdre du temps. Met en retard. Alors que c'est le contraire qui est vrai : établir un lien fait gagner beaucoup de temps, facilite les choses. Le lien ne supprime pas toutes les difficultés, mais il aide à les résoudre. À une échelle plus individuelle, il joue le même rôle que les services publics : permettre aux gens de vivre ensemble, de franchir des caps difficiles comme de partager les moments heureux. Les uns et les autres tiennent à distance toute la violence que renferme notre société, et qui, si elle ne trouve personne à qui parler, explosera sous forme de colère individuelle ou de rébellion collective. Même si elle est difficile à établir, la parole, elle, construit toujours. Que de fois, alors que je suis déjà en retard, quelqu'un vient à ma rencontre ou me fait signe de m'arrêter ! Je l'écoute, il n'est pas là par plaisir : s'il va voir le maire, c'est qu'il a besoin de le voir ! Il attend de moi que je lui prête une oreille attentive et, si possible, que je lui apporte des solutions. Est-ce vraiment le moment pour lui dire que ma réunion est très importante ? Que je n'ai pas le temps ? Non, bien sûr. Alors la conversation s'engage. Il sent que je prends en compte son inquiétude et lui comprend aussi que je suis pressé. On évoque un prochain rendez-vous, il est rassuré. Moi aussi.

Coincé entre des promesses complexes qu'il sait ne pas pouvoir tenir et une écoute simple qu'il sait frustrante pour des individus en désarroi, l'homme politique se tient donc dans une position difficile. À lui d'inventer les solutions. Un tel constat n'a pas de quoi surprendre. Si les recettes efficaces existaient, il y a beau temps que les hommes politiques les appliqueraient.

Je ne reproche à personne de ne pas détenir aujourd'hui la clé ou la méthode ; nul ne les possède. Je nous en veux seulement de ne même pas nous poser la question de la clé ou de la méthode et, faisant mine de savoir ouvrir toutes les portes, de se préparer des lendemains difficiles. Parler avec honnêteté aux autres, c'est se livrer. Or tout le jeu humain consiste à se livrer le moins possible. C'est trop dur de se livrer, cela mobilise trop d'éléments confus, trop d'épisodes douloureux, trop d'événements enfouis. On ne le fait guère qu'en thérapie. Ailleurs, chacun bétonne, et la vie suit son cours. Mais l'exigence politique relève d'un autre ordre. L'homme qui choisit cette voie ne doit pas se livrer pour mieux se comprendre lui-même, mais pour permettre aux autres de se libérer, d'exprimer leurs demandes, leurs angoisses, sinon leurs rêves. Il doit parler vrai afin que les autres lui donnent cette confiance dont trop souvent ils ne savent plus quoi faire, à qui la déléguer. Parce qu'au-delà de chaque individu, il lui faut prendre en compte l'ensemble des citoyens de son pays et l'humanité entière, sa tâche est l'une des plus nobles qui soient et l'une des plus délicates. À la façon des anciens curés ou instituteurs, l'homme politique doit se livrer et s'engager pleinement, comme les travailleurs sociaux d'aujourd'hui. S'agissant d'eux précisément, je ne comprends absolument pas que l'on ne développe pas davantage ce métier. Je ne comprends pas que l'on ne procède pas à un recrutement massif et à une formation appropriée de ces hommes et de ces femmes. Leur place et leur rôle sont aujourd'hui indispensables. Ils recréent du lien, inspirent de la confiance, éduquent, parlent à ceux qui n'ont personne à qui parler. Il faut non seulement les multiplier mais mieux les organiser, leur donner de vrais moyens d'agir. Il convient aussi, je crois, d'accentuer leur rôle de facilitateur, d'intégrateur. Comment en effet oser parler d'intégration si nous n'avons personne sur le terrain pour l'accompagner au quotidien, jour après jour, de nuit comme de jour ? Voilà un métier à développer ! Et que d'emplois à créer ! Que de vocations à susciter, par l'exemple dans les quartiers les plus sensibles !

Il faut procéder de même dans les campagnes. Certes, le métier sera un peu différent, encore que... La campagne a perdu tous ses assistants bergers, tous ses techniciens dévoués, tous ses animateurs de foyers ruraux. Il n'y a plus personne pour accompagner un berger ou un artisan seul. Du coup, ils n'ont pas de dimanche ni de vie de famille. Que de travail, et de travail intéressant, attendrait ces travailleurs sociaux ruraux, si l'on décidait enfin de construire une vraie politique d'accompagnement de nos villages ! Car les problèmes sociaux sont loin d'être l'apanage de la ville. Il existe chez nous aussi des hommes et des femmes qui n'ont plus rien et qui se retrouvent dans la même détresse morale que celle que l'on dénonce habituellement dans les cités. Malheureusement, je le vois bien avec l'Institution patrimoniale du Haut-Béarn ou l'association Estivade, de telles préoccupations sont décidément bien loin de nos orientations actuelles.

Malgré mes longues années de mandat, je reste surpris du nombre de gens qui viennent me voir lorsqu'ils sont au bout de tout et que personne ne les reçoit. Je suis ainsi devenu comme mes collègues celui que l'on vient voir en dernier ressort, celui qui s'efforce de recevoir le plus de monde possible et tente de trouver des solutions. Me frappent d'une part cette solitude individuelle, l'incapacité de tant de personnes à subvenir à leurs besoins et à se débrouiller pour résoudre un problème, et d'autre part l'impuissance de la société à apporter des réponses. Souvent je découvre des personnes prises dans des traquenards juridico-administratifs, autant de situations kafkaïennes souvent dérisoires à leurs débuts mais qui sont devenues des monstres inhumains, d'une violence inouïe sur la destinée des êtres et de leurs familles. Tout cela nous prend un temps fou, à moi et à mes collaborateurs, mais ce n'est jamais du temps perdu. Même si nous ne parvenons pas à débrouiller toutes les situations, loin de là, quelque chose est passé, qui a à voir avec l'humain, avec l'espoir.

Telle fut encore une des raisons de ma grève de la faim. Entre autres choses qui m'étaient devenues insupportables, il y avait cette image du politique omnipotent, capable de tout décider grâce à un texte législatif ou un coup de fil passé à la bonne personne. Le pire, c'est que nous accréditons nous-mêmes cette idée où notre narcissisme trouve à se satisfaire. La vérité, c'est que nous ne sommes pas capables de grand-chose, sauf à sortir les grands moyens, à jouer de nos mandats, voire de notre vie comme je l'ai fait. Et, je le répète, à écouter les autres, dialoguer avec eux.

Pour illustrer cette nécessité impérieuse du dialogue, deux souvenirs me reviennent en mémoire. Au centre de chacun, un personnage, Raymond Lacombe. Ancien syndicaliste, fondateur de Sol et Civilisation, il nous a tous inspirés dans notre combat pour le sauvetage des terres agricoles et des pays d'où nous sommes issus. L'idée de son association, après tant d'années consacrées au militantisme syndical, était de retrouver le sens de la gestion des terres en bien commun. Par des voies différentes il rejoignait donc les principes d'Henri Ollagnon dont j'ai dit quelle importance ils avaient revêtu pour moi.

Un jour de 1991 où je voyais l'horizon un peu plus bas encore que d'habitude, je me suis rendu en plein cœur de Paris. À l'invitation de Raymond, tous les territoires de France s'y étaient donné rendez-vous pour exprimer leur désespoir, leur détresse, leur sentiment d'être oubliés et inutiles. Mais une seule règle présidait à cette immense réunion : qu'elle s'exprime pacifiquement. Au milieu de la longue cohorte bariolée et gouailleuse qui déambulait tranquillement dans ces rues si belles et chargées de notre histoire commune, en voyant s'entrouvrir un à un d'abord les volets, puis les persiennes, en entendant toutes ces voix du peuple de Paris qui, doucement d'abord, avec force ensuite, se mirent à répéter « Courage, on a besoin de vous, on vous aime », j'ai su alors que tout était encore possible. Et lorsque la voix rocailleuse de Raymond a commencé à retentir, portée par mille baffles, j'ai compris que ce qui avait été annoncé comme la manifestation de trop, voire peut-être le début d'une guerre civile, était une grande fête, une ode à ces terres de France et à leur capitale pour un moment réunies dans ce qu'elles ont de meilleur. Ce dialogue qui a été possible un jour peut le redevenir et sous des formes restant à réinventer. Ce sera alors le début d'un nouvel âge et d'un authentique art de vivre.

Second souvenir : il y a une dizaine d'années, à l'invitation de l'association Sol et Civilisation de Raymond, j'ai été convié à une réunion qui se tenait pas très loin de Paris, dans la plaine près de Versailles, en pleines terres céréalières riches au-delà du croyable pour un homme comme moi. Sur le parking, nous avons souri, les amis qui m'accompagnaient et moi, en garant notre voiture qui avait bien piètre allure à côté des luxueuses berlines et autres 4 × 4. Pourquoi étais-je venu là ? Je me le demandais bien. Je suis entré et me suis assis sans dire un mot. Environ cent cinquante paysans composaient l'assistance.

Leur objectif : organiser la résistance pour ne plus vendre leurs terrains aux promoteurs immobiliers et aux grandes surfaces. Les responsables de l'association ont d'abord pris la parole pour expliquer, de façon remarquable, que la terre, il fallait lui prêter attention. On devait urbaniser, certes, mais en respectant certains équilibres. Et ne jamais perdre de vue que les petites exploitations devaient survivre afin que les enfants puissent un jour les reprendre.

J'écoutais de toutes mes oreilles. Tant que les barres d'immeubles et les zones commerciales s'étaient construites hors de leur zone de production, ces grands cultivateurs ne s'en étaient pas souciés. Et puis un jour, à coups de dérogation et d'achat de terres agricoles à prix faramineux, ils avaient commencé à prendre peur. Même eux, les puissants, la ville les menaçait. Et ce qu'ils n'avaient jusqu'alors jamais pu ou voulu entendre, cette inquiétude qui pesait sur le monde agricole, ils la vivaient désormais avec appréhension. Le moment était venu que je témoigne de ma propre vie. J'ai commencé par leur expliquer d'où je venais, mon enfance, la ferme sur les flancs de la vallée d'Aspe... Peu à peu l'émotion a monté dans l'assistance, et certains se sont mis à pleurer. Puis j'ai développé l'idée qui m'est chère, celle de ce patrimoine qui forme notre bien commun, dont nous sommes les dépositaires momentanés après que nos pères nous l'ont transmis et avant que nous-mêmes ne le transmettions à nos enfants. Avec les amis, nous avons proposé que se mette en place un organisme réunissant les paysans, les maires, les présidents de conseils généraux, la région Île-de-France, la Fédération des syndicats agricoles, mais aussi les investisseurs qui veulent acheter les terrains. Nous avons rappelé cette évidence, même si elle fait mal : « Tant que les intérêts contradictoires ne s'expliqueront pas en terrain neutre, vous, les paysans, serez condamnés, parce que les points de faiblesse se trouvent chez vous. » J'en prenais le pari : dans l'année à venir cinq ou six de ceux qui nous écoutaient auraient craqué devant l'avalanche de propositions et vendu leurs terres. Il fallait donc prendre l'initiative de la démarche et fixer des règles du jeu communes, dans lesquelles chacun pouvait se retrouver.

Ce fut un vrai moment d'échange. Beaucoup des agriculteurs présents auraient voulu que nous nous chargions de leur dossier, mais je ne le pouvais ni ne le voulais. C'était à eux de prendre leur destin en main, à eux d'ouvrir un espace de dialogue et de s'unir pour élaborer avec leurs interlocuteurs des solutions viables pour tous. Nous ne pouvions quant à nous que les accompagner et les mettre en relation avec d'autres personnes, ressources physiques ou morales. Après maintes difficultés, le système de gestion patrimoniale que nous prônions pu être mis en place. On m'a dit qu'il fonctionnait encore aujourd'hui. Il aurait permis de limiter les ventes de terres et de définir des zones d'extension urbaine acceptables par tous les partenaires. Les choses ne sont pas faciles pour autant. Les conflits d'intérêts sont souvent âpres, du moins sont-ils évoqués publiquement plutôt que réglés au coup par coup, et par une surenchère d'argent, ou devant le tribunal, qui est en train de devenir le dernier salon où l'on cause. Là au moins, le travail ne manque pas et le client vient sans qu'on aille le chercher. Ce n'est d'ailleurs pas étonnant, car le chemin qui mène à construire une solution qui n'oppose pas des gagnants à des perdants est forcément plus long que celui qui constate la victoire du plus fort sur le plus faible. Il m'a été rapporté que la même expérience était menée avec quelque succès autour de la ville nouvelle de Melun-Sénart, où les agriculteurs ont constitué une association patrimoniale. Des débats ne sortent pas que des miracles, mais en reprenant une certaine maîtrise de leur destin, les agriculteurs retrouvent un peu de leur moral.

*

Nous autres, les politiques, souffrons d'une image ambiguë : sommes-nous omnipotents ou impuissants ? N'importe qui, du 16e arrondissement comme de la Plaine Saint-Denis, répondra que les politiques passent leur temps à faire des promesses qu'ils ne tiennent pas. Et c'est effectivement en gros ce que nous faisons : des promesses impossibles à tenir. Et même si le citoyen ne se fait guère d'illusions, il est tout de même content d'entendre Sarkozy lui promettre qu'on va remettre de la sécurité, Royal lui promettre qu'on va remettre du social et Bayrou lui dire qu'on va remettre à la fois de la sécurité et du social. Ce coup-ci, il y a cru, encore... Combien de fois y croira-t-il encore si l'expérience engagée devait de nouveau échouer ? Combien de temps ?

Dans ces conditions, comment nous convaincre qu'il nous faut changer d'attitude à la fois dans l'écoute des citoyens et dans notre réflexion sur l'État et le bien commun ? Comment faire comprendre que la politique doit plus que jamais se nourrir d'émotion et de passion, alors que beaucoup pensent aujourd'hui qu'elle ne se résume plus qu'à de la technique ? Cette dernière n'est utile qu'au moment où les hommes ont retrouvé le chemin de la parole et élaboré les solutions dont ils savent qu'elles seront bonnes pour eux. Pour mener à bien notre tâche, nous devons donc inventer de nouveaux moyens de mise en relation, d'action et de communication. Si la certitude est un peu l'opium du technocrate, la recherche et l'enthousiasme doivent être celui de l'élu. Pour l'heure, nous sommes coupés des citoyens, lesquels ne savent pas, ne savent plus, ce que nous faisons. Puis-je oser aller jusqu'au fond de ma pensée : le savons-nous nous-mêmes ?

Pour arriver à tenir aujourd'hui des propos encourageants, il faut d'abord avoir surmonté soi-même beaucoup de doutes et de craintes. Je dois bien parvenir à les surmonter, car chacun d'entre nous éprouve au moins autant de difficultés à se convaincre lui-même qu'à convaincre les autres. Pour cela il lui faut déployer une énergie folle, toujours faire ce va-et-vient entre doute et espoir, questions et réponses.

Mais le rôle de l'élu dans la cité doit être d'incarner une vision. De fixer un cap. De présenter un projet à bâtir ensemble et susceptible de mobiliser l'enthousiasme et l'énergie de tous. Cela est vrai du plus petit des villages jusqu'au plus haut sommet de l'État. Le talent de celui qui a été choisi doit s'exercer en priorité sur la complexité, à la fois poison et cure de jouvence, en tout cas élément incontournable de notre temps. Pour arriver au résultat ainsi défini, une seule solution : faire bouger les lignes, créer la dynamique qui transformera l'empêcheur de tourner en rond en militant responsable. De la dynamique viendra l'action, et de l'action la confiance. Et quand la confiance est là... J'invite à s'engager tous les jeunes qui sentent leur cœur déborder d'une générosité qu'ils ne peuvent distribuer à personne. Oui, la politique est un art et, comme dans tout art, il faut des artistes. Il me semble que nous en manquons un peu aujourd'hui dans bien des domaines. Le nôtre n'y échappe pas. C'est pourquoi n'hésitez pas : engagez-vous ! L'art, c'est la conjonction magique du cœur, de l'esprit et de l'âme. Si nous les ramenons à la politique, nous aurons de beaux jours devant nous.

L'espoir m'anime, car je suis un être naturellement heureux. Pourtant l'inquiétude n'est jamais très loin. Et si je demeure quoi qu'il arrive en quête d'absolu, je sais aussi combien mon obstination peut sembler dérisoire. Je suis ainsi partagé entre l'espoir que l'intelligence de l'homme va permettre de juguler les périls qui le menacent par des méthodes pacifiques et généreuses et l'angoisse sourde qu'il n'y parviendra pas. Tout est lié. Dès que l'homme va vers l'homme, son identité, son histoire, sa géographie, il marche sur un fil tendu entre espoir et désespoir. Mais si le sommet le plus étroit de la crête est le plus dangereux, c'est aussi celui d'où la vue est la plus belle.

*

Il n'est de richesse que d'hommes qui respectent la terre. Remettre dans la marche du siècle un pays, ses langues, ses expressions culturelles, tel est le sens de ma vie. Je fais partie de ces fous qui ne renoncent jamais et ambitionnent de tout reconstruire. Je ne suis pas le seul. Je pense à cet ami, aussi attaché à sa vallée des Aldudes que moi à celle d'Aspe, et qui, il y a quelques années, s'est mis en tête de faire repartir l'élevage du porc noir du Pays basque, mais de façon durable, sans destruction de la nature et avec une exigence de qualité. Ses porcs vivent en liberté, dans les espaces vides alentour, entretenant ainsi le paysage et prévenant les incendies. Il a ensuite créé une usine agroalimentaire qui élabore les produits de son élevage. Sa charcuterie, qui a rapidement atteint un haut niveau d'excellence, commercialise désormais un ensemble d'autres produits, vin, miel, confiture, confiserie, qu'il exporte dans le monde entier. D'où de nombreuses créations d'emplois. Le succès est tel qu'il place désormais des bandes d'une quarantaine de cochons dans des fermes voisines dont les terrains escarpés sont difficiles à travailler. Avec son concours, les habitants de la vallée ont retrouvé une raison de vivre et une authentique fierté de leur territoire. Ils réalisent quelle chance est la leur de pouvoir mettre sur le marché des estampilles de qualité et de faire revivre les métiers ancestraux de production et de transformation. Il vient d'ouvrir à Paris un deuxième magasin.

À l'image de cet ami et de tant d'autres, je souhaite qu'un jour un jeune homme n'ait plus honte d'annoncer à sa fiancée qu'il est paysan ou artisan. Car on ne peut sauver l'âme d'un pays si on ne prend pas le temps de s'y arrêter et de s'en occuper avec amour et amitié.

Je suis étonné du nombre d'êtres qui vivent seuls, à la ville comme à la campagne. Si c'est un choix de vie, je le respecte profondément. Malheureusement, force est de constater que c'est souvent loin d'être le cas, notamment dans nos villages. Je suis sûr que l'on ne mesure pas, quoi qu'on puisse en dire, le désastre que constitue le célibat dans nos campagnes. Car ici, avec le départ de l'être seul, c'est souvent une ferme, une petite entreprise, un commerce qui s'éteignent. Des fermes qui meurent faute de fils, alors que tant d'hommes et de femmes restent trop souvent désœuvrés dans la solitude de leur appartement. Ces maisons qui s'éteignent, ces êtres qui portent en eux le désespoir d'être les derniers d'une si longue lignée m'ont conduit à organiser des rencontres entre des êtres que j'aimais. Je suis fier que quelques-unes d'entre elles aient donné lieu à mariage.

Je veux être une de ces voix qui parlent de ce que nous sommes encore et témoignent que tout est encore possible. C'est là ma fierté. La terre d'où je viens est attachée à mon cœur et je dois la servir ; comme Béarnais, comme Français, autant que comme habitant de la planète. Car celui qui entretient l'arpent de terre où son père a vécu et celui qui entretient l'Arc de triomphe que nos ancêtres ont construit ont le même devoir. Le respect de ce qui nous a été confié nous relie à tous les autres hommes. Il nous relie aussi à l'ensemble du patrimoine de l'humanité.

Je sais qu'il faut rêver beaucoup pour réaliser un peu et longtemps réfléchir avant d'agir. Que les choses arrivent au rythme des saisons et des cultures, c'est-à-dire quand elles doivent arriver. Mais je sais aussi que quelque chose va se lever dans ce pays qui s'est toujours voulu porteur de paix et de liberté. Car telle est la nécessité absolue, la grande affaire à initier dans un monde où nous ne trouvons plus notre place. Nous devons redevenir acteurs de nos propres vies pour corriger le tir d'un siècle qui a vu tout s'accélérer et nos volontés se briser ; si nous voulons laisser l'empreinte de notre génération sur le cycle éternel de la vie et montrer que les hommes qui auront connu cette mutation sans précédent ont su réagir de façon exemplaire, il faut remettre l'être humain et ses territoires au centre de l'actualité. Il faut remettre cette cause à la mode.

Nous en avons les moyens si nous le voulons vraiment. Ceux-ci sont exceptionnels, sans limites. Après le Grenelle de l'environnement dont, je le confesse, je n'attends pas grand-chose, pourquoi ne pas ouvrir le grand débat avec toux ceux qui le voudront bien, ceux de la télévision, ceux de la philosophie, sans oublier ceux de tous les jours ? L'on pourrait commencer par un petit jeu, comme le fit un jour le Petit Prince en demandant à Saint-Exupéry de lui dessiner un mouton : nous demander ensemble de redessiner la France d'aujourd'hui. Alors le débat s'engagerait. Je suis sûr qu'il serait passionnant.

La force de la France est d'avoir su réunir plusieurs patries et d'être parvenue à grandir grâce à toutes ces différences additionnées. Il lui revient donc de porter haut et fort ce message, comme jadis elle porta haut et fort les principes de 1789. Corses, Bretons, Normands, Parisiens, Provençaux, Basques, Béarnais, que tous ces peuples et les autres, hommes de la ville et de la campagne, ici et partout dans le monde, après des siècles d'histoire, parviennent enfin à se fédérer en restant eux-mêmes. Voilà l'idée, les mots pour la construire viendront plus tard... et trouver une place pour les fils des gens venus d'ailleurs !

*

J'aime le chant, peut-être parce que c'est la toute première expression humaine que j'ai découverte. Je suis heureux qu'il revienne à la mode. Si j'arrivais à pleurer, je crois que les larmes me viendraient aux yeux comme jadis, en écoutant ces merveilleuses mélodies remonter à nouveau de stades archicombles.

Le chant permet de tout exprimer. Il permet au cœur de dire la joie qui l'inonde le jour où vous tenez entre vos mains maladroites votre premier enfant. Il permet aussi à vos entrailles de dire la douleur qui les arrache quand vous perdez ce même fils à 20 ans. Le chant redonne confiance à un groupe d'amis qui l'instant d'avant était dispersé. Le chant prépare au combat parce qu'il sublime des forces que nous ne pensions même pas détenir et qui soudain se conjuguent. Le chant donne tout simplement aux hommes le courage d'avancer dans la vie. Le chant chante tout, le sublime comme l'horrible, lorsqu'il monte jusqu'aux plus hautes cimes telle une offrande poussée dans un même élan, dans un même cœur, par ceux qui croient au ciel et ceux qui n'y croient pas. Il peut en un instant les embrasser dans le sublime.

Le chant n'a pas de frontières, il n'a pas de langue ou il les a toutes, il passe à la télé, dans les faubourgs un soir de 14 Juillet, il va à l'école et à l'église aussi, il va chez ceux qui savent tout, et ceux qui ne savent rien, il peut même les réunir. Le chant est une des plus merveilleuses expressions de la vie, et c'est sur des chants que commence la fête qui réunit les hommes et d'où naissent parfois les plus belles idées, les plus grands desseins.

Si tu veux une existence, une maison, un pays qui vive, travaille, rayonne et même parfois rêve, ouvre ton cœur et chante...

# LES PYRÉNÉES

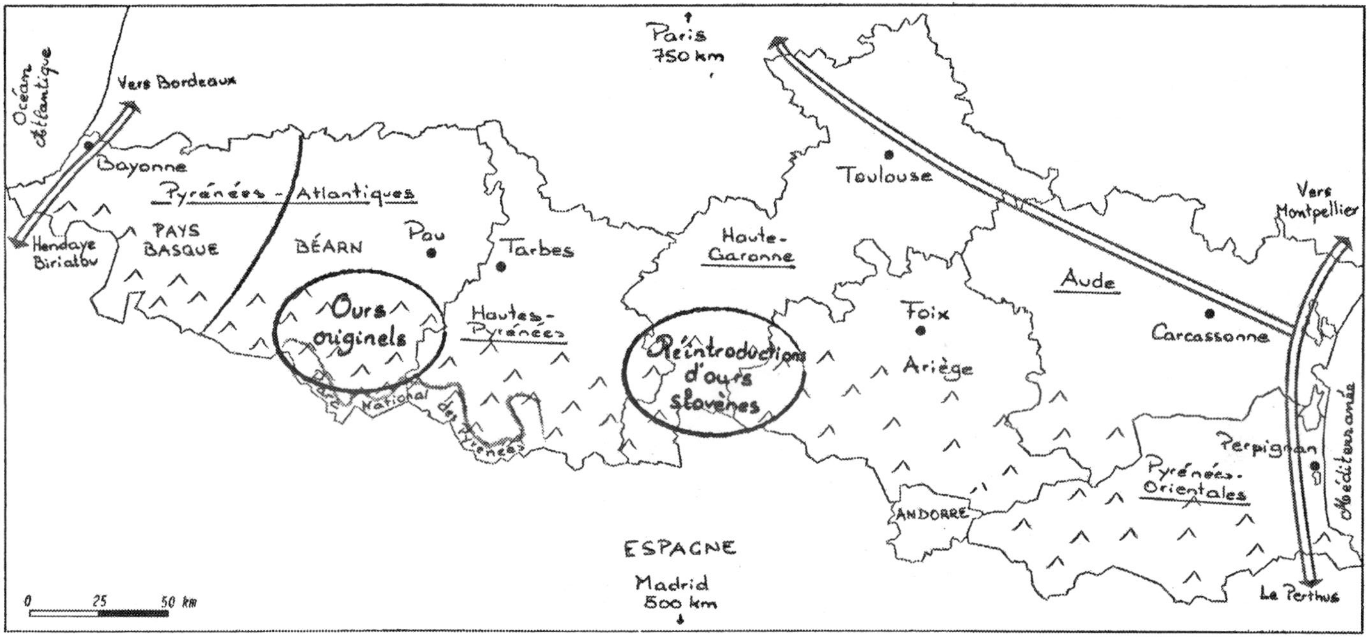

# LES PYRÉNÉES-ATLANTIQUES

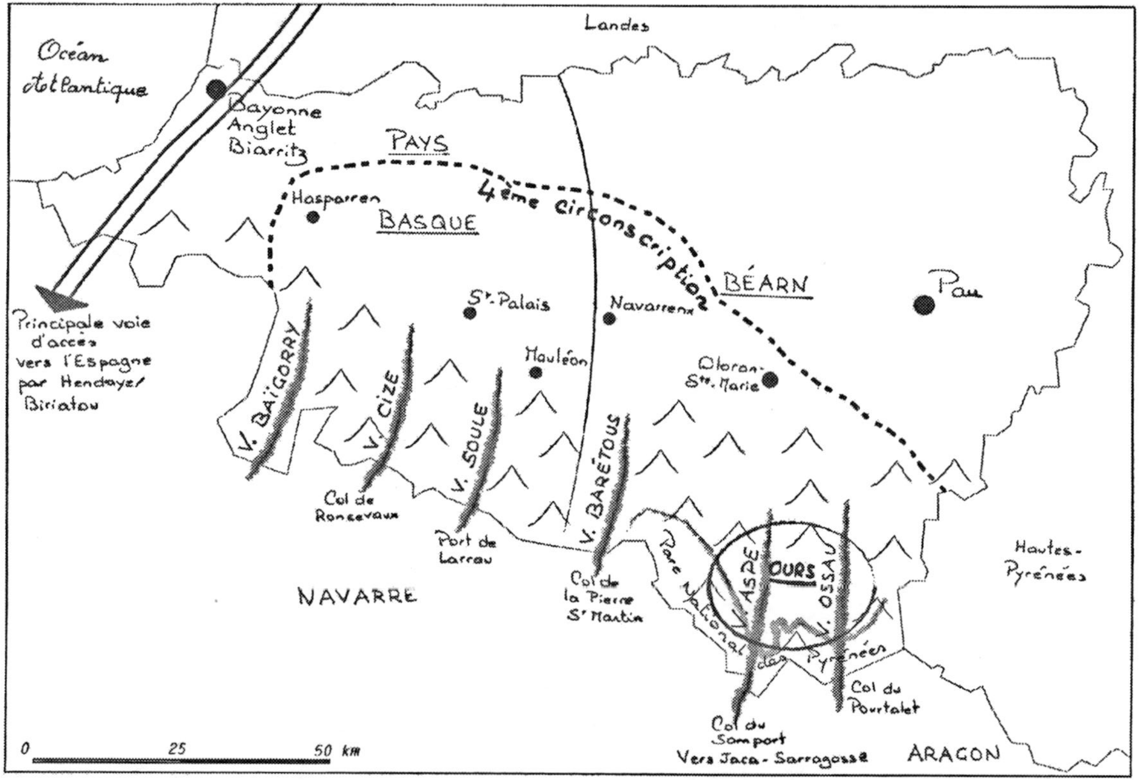

# LE HAUT-BEARN

# Adresses Internet

www.iphb.fr
iphb@wanadoo.fr

www.vallee-aspe.com/eco-musee/
ecomusee-aspe@wanadoo.fr

www.mountainpeople.org
c.stanislas@aprm-wnpa.org

www.assemblee-nationale.fr
jlassalle@assemblee-nationale.fr

www.vallee-aspe.com/hebergement/estivade

www.tourisme64.com

## REMERCIEMENTS

Je tiens à remercier toute l'équipe du cherche midi et en particulier Mireille Paolini qui a su me convaincre d'écrire ce livre. Elle m'a encouragé et soutenu au-delà du possible dans cette aventure. Un grand merci du fond du cœur à Bruno Tessarech pour sa belle intelligence et sa finesse. Merci à Gracianne Hastoy, à Sybille Deshedin et à Emmanuel Fourmont. Merci à Babeth pour ses cartes. Et toute ma reconnaissance à Romain Bernardon, étudiant en sciences politiques, qui m'a accompagné des nuits durant tout au long de cette réflexion.

Merci à l'actuel conseil municipal de Lourdios-Ichère et aux conseils municipaux passés avec lesquels j'ai eu la chance de travailler.

Merci à nos auberges, celle de Jacky et Jeanny Lamothe, de Jean-Louis et Annie Bellocq, et de François puis Lü Bellocq (celle-ci est aujourd'hui fermée).

Merci à tous les habitants de notre beau village.

Merci à tous les élus et responsables de la vallée d'Aspe et à l'ensemble de la population qui, depuis tant d'années, m'ont témoigné leur bouleversante confiance.

Merci aux innombrables Basques et Béarnais qui ont bien voulu faire de moi leur député.

Merci et pardon à Jean-Louis Laborde-Boy, président de l'Association des bergers tanshumants, Pierre Casassus-Lacouzatte, Jean Blaye et l'ensemble des bergers et vachers, que ma prise de position en faveur des ours a pu tant faire souffrir. Je veux simplement leur dire qu'elle était animée par une conviction et une sincérité totales.

Merci à Irène Chabanne et Jean Hourticq, qui furent mes tout premiers maîtres d'école, et à l'ensemble des enseignants et éducateurs que j'ai eu la chance de trouver sur ma route.

Merci à frère Pierre et à l'abbé Yoann Herbin, à eux et au nom de tous les autres.

Merci à André Eygun, le berger, l'éducateur, le directeur de l'école normale, le poète inspiré, l'homme qui écrit notre vallée.

Merci à François Pouey qui a décrit son hameau d'Ayrire du bout du monde et dans lequel ma grand-mère maternelle a vu le jour.

Merci à Karin Tourmente et Gérard Minvielle.

Merci à toutes celles et à tous ceux qui m'ont tant aidé, notamment en vallée d'Aspe. Il m'est impossible de les citer mais je sais qu'ils se reconnaîtront.

Une pensée émue à ceux qui hier, avant-hier, et même avant, s'en sont allés.

# Table

*Mis en pages par DV Arts Graphiques à La Rochelle*
*Imprimé en France par la Société Nouvelle Firmin-Didot*
Dépôt légal : janvier 2008
N° d'édition : 886 – N° d'impression : 88309
ISBN 978-2-7491-0886-5